特別目的事業体と
連結会計基準

威知 謙豪 [著]
Takechi Norihide

Accounting Standards for Consolidation
of Special Purpose Entities

同文舘出版

序

　特別目的事業体（SPE: Special Purpose Entities）の連結会計基準は，数度にわたって大幅な見直しが求められてきた。この背景には，証券化取引の複雑化・多様化や，SPEを用いた取引を通じて行われた不正な財務報告，サブプライム・ローン問題を契機とした金融市場の混乱（以下，サブプライム金融危機）とその後の世界金融危機の発生がある。

　本書は，米国会計基準，国際財務報告基準（IFRS: International Financial Reporting Standards），わが国会計基準におけるSPEの連結会計基準を対象として，1980年代後半から世界金融危機以後の現在に至る会計基準の設定経緯とその考え方について検討し，わが国のSPEの連結会計基準が直面している課題とコンバージェンスに向けた今後のあり方について検討するものである。本書の構成は以下のとおりである。

　第1章「証券化取引の考え方と特別目的事業体の役割」では，SPEの連結会計基準に関する検討に先立って，証券化取引の考え方と，各種の取引におけるSPEの役割を整理し，本書において検討するSPEの範囲を特定している。

　第2章「証券化取引と特別目的事業体の連結会計基準に関する論点の整理」では，証券化取引に関する会計上の論点の全体像を示し，その上で，SPEの連結会計基準と，SPEの連結会計基準に密接に関連する論点である金融資産の認識中止に関する会計基準の考え方を整理している。本書は，あくまでSPEの連結会計基準を検討の対象とするものであるが，SPEの連結に関する例外規定（一定の要件を満たすSPEを連結範囲から除外する規定）の設定根拠を考察するために，金融資産の認識中止に関する各会計基準の考え方を検討している。

　第3章「米国における特別目的事業体の連結会計基準の形成」では，米国財務会計基準審議会（FASB: Financial Accounting Standards Board）の緊急問題専門部会（EITF: Emerging Issues Task Force）によって行われたSPEの連結会計基準に関する検討内容と，FASB連結プロジェクトにおいて行われたSPEの連結会計基準に関する議論の経緯およびその内容について検討している。その上で，FASB連結プロジェクトの成果として，エンロン社破綻以後の2003

i

年に公表されたFASB解釈指針書第46号「変動持分事業体の連結－ARB第51号の解釈指針」の考え方について検討している。加えて，本章では，米国会計基準における例外規定の設定経緯とその背景について検討し，米国会計基準における例外規定の意義とその役割（設定根拠）について考察している。

第4章「国際財務報告基準における特別目的事業体の連結会計基準の形成」では，国際会計基準委員会（IASC: International Accounting Standards Committee）においてSPEの連結会計基準に関する検討が開始された経緯と，IASCの解釈指針委員会（SIC: Standing Interpretation Committee）において行われた検討内容，およびその成果として1998年12月に公表された解釈指針書SIC12号「連結－特別目的事業体」の考え方について検討している。加えて，本章では，金融資産の認識中止に関する会計基準であるIAS第39号「金融資産：認識及び測定」とSIC12号との間に生じるコンフリクトに関する議論について検討している。さらに，本章では，国際会計基準審議会（IASB: International Accounting Standards Board）への改組以後に発足したIASB連結プロジェクトにおけるSPEの連結会計基準の検討内容を整理し，サブプライム金融危機・世界金融危機以前の時点におけるSPEの連結会計基準に関するIASBの考え方を検討している。

第5章「わが国における特別目的事業体の連結会計基準の形成」では，企業会計審議会において行われたSPEの連結会計基準の設定に向けた検討経緯とその内容について検討している。本章では，SPEの連結会計基準の設定にあたり，「金融資産の認識中止に関する会計基準とSPEの連結会計基準との間に生じるコンフリクト」への対応を図ることのほか，証券化を推進するという当時のわが国の経済政策が，SPEの連結会計基準へ影響を与えたことを明らかにしている。

第6章「会計基準のコンバージェンスをめぐる初期の動向と特別目的事業体の連結会計基準の位置づけ」では，各会計基準設定主体間において行われた会計基準のコンバージェンスに向けたプロジェクトにおけるSPEの連結会計基準の位置づけと，SPEの連結会計基準に関するコンバージェンス・プロジェクトの審議内容について検討している。

第7章「サブプライム金融危機・世界金融危機と特別目的事業体の連結会計

基準の見直しをめぐる動向」では，サブプライム金融危機とその後の世界金融危機に至る経緯とその内容を整理し，米国政府および政府間機関による提言のうち，SPEの連結会計基準に関する提言の内容を検討している。その上で，サブプライム金融危機の表面化以後に各会計基準設定主体において行われたSPEの連結会計基準に関する見直しをめぐる議論，および，その成果として公表された基準書の内容について考察をしている。

　第8章「特別目的事業体の連結会計基準に関する国際比較とコンバージェンスの方向性」では，サブプライム金融危機・世界金融危機以前と以後の2つの期間に分割して，SPEの連結会計基準と，SPEの連結に関する例外規定について，米国会計基準，IFRSおよびわが国会計基準を比較検討している。その上で，わが国におけるSPEの連結会計基準が直面している課題と，コンバージェンスに向けた今後のあり方について検討している。

　補章Ⅰおよび補章Ⅱは，わが国におけるSPEの連結に関する例外規定を対象とした実証研究である。補章Ⅰ「特別目的事業体に関する開示情報の価値関連性」では，8条7項SPE（例外規定に基づいて連結範囲から除外されるSPE）を連結範囲に含めた場合に，連結財務諸表の価値関連性が向上するか否かについて検証している。補章Ⅱ「特別目的事業体の連結に関する例外規定の改訂と実体的裁量行動」では，例外規定の一部改訂が企業に及ぼす潜在的影響の程度と，例外規定の一部改訂に伴う実体的裁量行動の有無との関係について分析している。

　本書は，2007年9月に京都産業大学に提出した博士学位論文「特別目的事業体の連結会計基準に関する研究」に，その後の研究成果を反映させ，加筆・修正を加えたものである。主な加筆の内容は，サブプライム金融危機が表面化した2007年初夏以降の各会計基準におけるSPEの連結会計基準をめぐる動向を検討した第7章，サブプライム金融危機・世界金融危機以前と以後の2期間を対象としてSPEの連結会計基準に関する国際比較を実施した第8章，わが国におけるSPEの連結に関する例外規定を対象として実証研究を試みた補章Ⅰおよび補章Ⅱである。また，その他の各章についても，博士学位論文の提出以後に入手した文献・資料を基に加筆・修正を施している。

筆者が本書を上梓しえたのはひとえに，恩師である京都産業大学名誉教授藤井則彦博士のご高配によるものである。藤井先生には，学部，修士課程（現：博士前期課程），博士後期課程を通じて今日に至るまで，直接にご指導・ご鞭撻を賜っている。藤井ゼミナールへ入門させて頂いて以来，論文テーマの設定から研究方法，研究への取り組み方について，常に親身になってアドバイスを頂いている。本書を礎としてさらに研究に邁進し，藤井先生の学恩にわずかでも報いたいと期する次第である。

　関西学院大学教授　山地範明博士には，博士学位論文の学外副査としてご指導を頂いた。山地先生には，現在に至るまで公私にわたってお世話になっており，本書を取りまとめるにあたり有益なご指導を頂いた。本書の補章Ⅰは，山地先生との共同研究の成果であり，重ねて感謝申し上げたい。また，博士学位論文の副査としてご指導を頂いた元京都産業大学教授　禧道守博士に感謝申し上げたい。禧先生からは，統計学と計量経済学についてご指導を頂いた。

　国際会計研究会に所属する先生方からも，常に筆者の研究を暖かく見守って頂いており，感謝申し上げたい。現在の筆者の職場である中部大学経営情報学部では，経営情報学部長の高橋道郎先生，経営会計学科主任の澤村隆秀先生をはじめ，山北晴雄先生，阿部仁先生，仁川栄寿先生，田中智徳先生には公私にわたってお世話になっている。

　なお，本書の刊行に際しては，「平成26年度中部大学出版助成」の支援を受けており，この場を借りて御礼申し上げる。

　最後に，出版事情の厳しい折，本書の出版をご快諾頂いた同文舘出版株式会社の中島治久代表取締役社長，市川良之取締役編集局長，同社編集局の角田貴信氏並びに同社のスタッフの皆様に厚く御礼申し上げる次第である。

平成27年2月

威知　謙豪

特別目的事業体と連結会計基準

◆ 目　次 ◆

序　　i
主要略語一覧　　xv

第1章　証券化取引の考え方と特別目的事業体の役割 ─── 1

第1節　証券化取引の考え方 ……………………………………………… 1
1．証券化取引の起源と証券化市場の拡大 ……………………………… 1
2．サブプライム金融危機以後の証券化市場の状況 …………………… 3
3．各種の証券化取引の考え方 …………………………………………… 4
　(1)　証券化取引の分類　　4
　(2)　バランスシート型資産証券化　　6
　(3)　バランスシート型リスク証券化　　7
　(4)　アービトラージ型資産証券化　　8
　(5)　アービトラージ型リスク証券化　　9
　(6)　資産運用型証券化　　10

第2節　証券化取引に用いられる金融技術 ……………………………… 11
1．倒産隔離 ………………………………………………………………… 11
2．信用補完と流動性補完 ………………………………………………… 12
3．チャリタブル・トラストの活用 ……………………………………… 12

第3節　特別目的事業体の役割と
　　　　　本書における特別目的事業体の位置づけ ……………………… 14
1．特別目的事業体の一般的な考え方 …………………………………… 14
2．証券化取引に用いられる特別目的事業体の役割 …………………… 16
3．証券化取引以外の取引に用いられる特別目的事業体の役割 ……… 16
4．本書における特別目的事業体の位置づけ …………………………… 17

第2章 証券化取引と特別目的事業体の連結会計基準に関する論点の整理 ——— 21

第1節 証券化取引の会計処理に関する論点の全体像 ………… 21
第2節 特別目的事業体の連結会計基準に関する論点 ………… 22
1. 特別目的事業体の連結要否の判断基準に関する論点 ……………… 22
2. 金融資産の認識中止に関する会計基準と
特別目的事業体の連結会計基準との関係に関する論点 ……………… 23

第3節 金融資産の認識中止に関する会計基準の考え方 ………… 25
1. 米国における金融資産の認識中止に関する会計基準 ……………… 25
   (1) 財務構成要素アプローチの導入に至る経緯　25
   (2) 米国における金融資産の認識中止に関する会計基準の考え方　27
2. 国際財務報告基準における金融資産の認識中止に関する会計基準 …… 29
   (1) 財務構成要素アプローチの導入に至る経緯　29
   (2) IAS第39号「金融商品：認識及び測定」(1998年12月公表) における
       金融資産の認識中止の考え方　30
   (3) IAS第39号「金融商品：認識及び測定」(2003年12月改訂) における
       金融資産の認識中止の考え方　32
3. わが国における金融資産の認識中止に関する会計基準 ……………… 34
   (1) 財務構成要素アプローチの導入に至る経緯　34
   (2) わが国における金融資産の認識中止に関する
       会計基準の考え方　35

第3章 米国における特別目的事業体の連結会計基準の形成 ——— 39

第1節 米国における連結範囲の決定基準に関する原則的な考え方 ………… 39
1. ARB第51号「連結財務諸表」の考え方 ……………………………… 39
2. 異業種子会社の連結除外規定の見直し ……………………………… 40

第2節 緊急問題専門部会による特別目的事業体の連結に関する合意事項 ………… 40

1．緊急問題専門部会による特別目的事業体の連結に関する合意事項の概要 ……………………………………………………………………… 40

2．EITF論点第84-30号「特別目的事業体への貸付金の売却」の考え方 ……………………………………………………………………… 41

3．EITFトピックD-14号「特別目的事業体が関与する取引」の考え方 ……………………………………………………………………… 42

4．EITF論点第90-15号「リース取引における実態のない賃貸人，残余価値保証，およびその他の規定の影響」の考え方 …………… 43

第3節　FASB連結プロジェクトにおける特別目的事業体の連結会計基準をめぐる議論 ……………… 44

1．討議資料「連結方針および連結手続に関する諸問題の分析」における特別目的事業体の連結の考え方 ……………………………… 44

2．「連結方針に関する主要問題についての予備的見解」における特別目的事業体の連結の考え方 ………………………………………… 46

3．公開草案「連結財務諸表：方針と手続」における特別目的事業体の連結の考え方 ……………………………………………………… 47

4．改訂公開草案「連結財務諸表：目的と方針」における特別目的事業体の連結の考え方 ………………………………………………… 48

5．作業草案「連結方針－修正アプローチ」における特別目的事業体の連結の考え方 ……………………………………………………… 49

第4節　エンロン社の不正会計事件と特別目的事業体の連結に関する新たな会計基準 ……………… 51

1．エンロン社の不正会計事件の概要 ………………………………… 51
　(1) エンロン社の破綻に至る経緯と過年度財務諸表の修正事項　51
　(2) エンロン社による特別目的事業体を用いた取引　53

2．特別目的事業体の連結会計基準に関する再検討の経緯 ………… 55

3．FASB解釈指針書第46号「変動持分事業体の連結」の考え方 …… 56

4．FASB解釈指針書第46号「変動持分事業体の連結」の計算例 …… 59
　(1) 前提条件　59
　(2) 期待損失と期待残余利益の算出　60
　(3) 変動持分事業体の判定　60
　(4) 主たる受益者の特定　62

第5節　特別目的事業体の連結に関する例外規定 ………………… 64
　1．適格特別目的事業体の要件と連結に関する取扱い ……………… 64
　2．適格特別目的事業体の連結に関する論点 ………………………… 64
　　(1) 適格特別目的事業体の連結に関する論点の概要　64
　　(2) 緊急問題専門部会における適格特別目的事業体の連結
　　　　に関する議論の経緯　66
　　(3) 適格特別目的事業体を連結除外とする例外規定の根拠　68
　3．適格特別目的事業体に求められる要件の厳格化に関する動向 ……… 70

第4章　国際財務報告基準における特別目的事業体の連結会計基準の形成 ── 75

第1節　国際会計基準における連結範囲の決定基準
　　　　に関する原則的な考え方 ……………………………………… 75
第2節　国際会計基準における特別目的事業体の連結会計基準 …… 76
　1．特別目的事業体の連結に関する会計基準の検討経緯 …………… 76
　2．解釈指針書公開草案D12号「特別目的事業体の連結」の公表 ……… 77
　3．解釈指針書SIC12号「連結－特別目的事業体」の考え方 ………… 78
第3節　金融資産の認識中止に関する会計基準と
　　　　特別目的事業体の連結会計基準との間に
　　　　生じるコンフリクトをめぐる議論 ………………………………… 79
　1．コンフリクトが生じる背景 …………………………………………… 79
　2．解釈指針書SIC12号の検討過程におけるコンフリクトの指摘 ……… 81
　3．解釈指針書SIC12号およびIAS第39号（1998年12月公表）
　　　の公表後に行われたコンフリクトに関する議論 ………………… 84
　　(1) IAS第39号適用指針委員会による検討　84
　　(2) ジョイント・ワーキング・グループによる検討　85
　4．IAS第39号の改訂によるコンフリクトの解消 ……………………… 86
第4節　国際会計基準における
　　　　特別目的事業体の連結会計基準の新たな展開 ……………… 88
　1．特別目的事業体の連結会計基準に関する再検討に至る経緯 ……… 88

2．IASB連結プロジェクトの基本原則とその要件 ………………………… 89
     3．IASB連結プロジェクトにおける特別目的事業体の連結会計基準
       に関する暫定的合意と今後の方針 ……………………………………… 90

第5章　わが国における特別目的事業体の連結会計基準の形成 ─── 95

第1節　わが国における連結範囲の決定基準
　　　　　に関する原則的な考え方 …………………………………………… 95
　　1．支配力基準の導入経緯 …………………………………………………… 95
　　2．わが国における連結範囲の決定に関する原則的な考え方 …………… 96

第2節　特別目的事業体の連結に関する例外規定 ……………………… 97
　　1．特別目的事業体の連結に関する例外規定の設定経緯 ………………… 97
　　　　（1）特別目的事業体の連結会計基準の設定をめぐる議論の概要　97
　　　　（2）「連結財務諸表制度における子会社及び関連会社の範囲の見直しに
　　　　　　係る具体的な基準（案）」における
　　　　　　特別目的事業体の連結に関する取扱い　98
　　　　（3）「連結財務諸表制度における子会社及び関連会社の範囲の見直しに
　　　　　　係る具体的な基準（案）」に対する批判的コメント　99
　　　　（4）「連結財務諸表制度における子会社及び関連会社の範囲の見直しに
　　　　　　係る具体的な基準（案）」の再検討　100
　　2．特別目的事業体の連結に関する例外規定の考え方 ………………… 102
　　3．特別目的事業体の連結に関する例外規定の意義 …………………… 104
　　4．特別目的事業体の連結に関する例外規定と
　　　資産流動化法との関係 ………………………………………………… 105
　　　　（1）資産流動化法に基づく証券化取引の考え方　105
　　　　（2）資産流動化法の改正と特別目的事業体の連結に関する
　　　　　　例外規定　106

第3節　例外規定の要件を満たさない特別目的事業体の連結会計基準
　　　　　……………………………………………………………………… 108

第4節　わが国における特別目的事業体の連結会計基準の新たな展開
　　　　　……………………………………………………………………… 109
　　1．「特別目的会社（SPC）に関する調査結果報告」の公表 ………… 109

2．日本公認会計士協会による特別目的事業体の連結会計基準に関する提言 110
　　　(1) 日本公認会計士協会による特別目的事業体の連結会計基準
　　　　 に関する検討に至る経緯　110
　　　(2) 特別目的事業体の連結に関する監査上の留意点　111
　　　(3) 特別目的事業体の連結会計基準に関する提言　112
　　3．企業会計基準委員会による特別目的事業体の連結会計基準に関する検討
　　　　.. 114
　　　(1) テーマ協議会の提言と特別目的会社専門委員会の設立　114
　　　(2) 実務対応報告第20号「投資事業組合に対する支配力基準および
　　　　 影響力基準の適用に関する実務上の取扱い」の考え方　115

第6章　会計基準のコンバージェンスをめぐる初期の動向と特別目的事業体の連結会計基準の位置づけ —— 123

第1節　欧州連合による会計基準の同等性評価をめぐる状況と特別目的事業体の連結会計基準に関する評価 123

　　1．欧州連合による会計基準の同等性評価をめぐる状況 123
　　2．欧州証券規制当局委員会の技術的助言における
　　　 特別目的事業体の連結会計基準に関する評価 124

第2節　米国財務会計基準審議会と国際会計基準審議会とのコンバージェンス・プロジェクトにおける特別目的事業体の連結会計基準の位置づけ 125

第3節　企業会計基準委員会と国際会計基準審議会との共同プロジェクトにおける特別目的事業体の連結会計基準の位置づけ 127

　　1．企業会計基準委員会と国際会計基準審議会との共同プロジェクト
　　　 における特別目的事業体の連結会計基準の位置づけ 127
　　2．「プロジェクト計画」，「計画表」における
　　　 特別目的事業体の連結会計基準の位置づけ 128

第7章 サブプライム金融危機・世界金融危機と特別目的事業体の連結会計基準の見直しをめぐる動向 ─── 131

第1節 サブプライム金融危機・世界金融危機の発生と特別目的事業体の連結会計基準に関する見直しの要請 …… 131

1. 米国におけるサブプライム・ローンの証券化と再証券化 ……………… 131
2. サブプライム金融危機の表面化と世界金融危機への拡大 …………… 133
3. 特別目的事業体の連結会計基準に関する見直しの要請 ……………… 136
4. 特別目的事業体の連結会計基準の見直しに向けた検討の本格化 …… 137

第2節 米国におけるサブプライム金融危機以後の特別目的事業体の連結会計基準をめぐる動向 ……………… 138

1. 変動持分事業体の連結に関する会計基準の見直し ……………… 138
2. 特別目的事業体の連結に関する例外規定の見直し ……………… 139
3. 金融資産の認識中止に関する会計基準と特別目的事業体の連結会計基準との関係 ……………………………… 141

第3節 国際財務報告基準におけるサブプライム金融危機以後の特別目的事業体の連結会計基準をめぐる動向 ……… 142

1. 公開草案10号「連結財務諸表」における特別目的事業体の連結の考え方
………………………………………………………………………… 142
   (1) 公開草案10号「連結財務諸表」における支配の考え方　142
   (2) 公開草案10号「連結財務諸表」における特別目的事業体の連結に関する考え方　144
2. IFRS第10号「連結財務諸表」における支配の考え方 ……………… 146
3. IFRS第10号「連結財務諸表」における特別目的事業体の連結の考え方
………………………………………………………………………… 147
   (1) 仕組事業体の考え方　147
   (2) 仕組事業体の連結要否の判断基準　149

第4節 わが国におけるサブプライム金融危機以後の特別目的事業体の連結会計基準をめぐる動向 ……………… 150

1. 特別目的事業体の連結会計基準の見直しをめぐる議論 ……………… 150
   (1) 特別目的事業体の連結会計基準に関する検討の再開と当初の検討内容　150

(2) 第187回企業会計基準委員会において提案された
　　　　特別目的事業体の連結会計基準の考え方　153
　2．特別目的事業体の連結に関する例外規定の改廃をめぐる当初の議論
　　　　………………………………………………………………………154
　　(1) 例外規定の改廃をめぐる当初の検討内容　154
　　(2) 論点整理における例外規定の改廃に関する提案　155
　　(3) 論点整理に対して送付されたコメント・レターにおける
　　　　例外規定の廃止に関する見解　157
　3．例外規定の一部改訂に向けた検討に至る経緯とその成果 ……………158
　　(1) 例外規定の一部改訂に向けた検討に至る経緯　158
　　(2) 例外規定の一部改訂に関する公開草案公表と公開草案に対する
　　　　コメント・レターの内容　160
　　(3) 参考人からの意見聴取の内容　163
　　(4) 改訂後の例外規定の考え方と特別目的事業体の連結会計基準
　　　　に関する検討状況　163

第8章　特別目的事業体の連結会計基準に関する国際比較とコンバージェンスの方向性──────167

第1節　特別目的事業体の連結会計基準に関する国際比較 ……… 167
　1．サブプライム金融危機・世界金融危機以前の
　　　特別目的事業体の連結会計基準に関する国際比較 ………………… 167
　2．サブプライム金融危機・世界金融危機以後の
　　　特別目的事業体の連結会計基準に関する国際比較 ………………… 169

第2節　特別目的事業体の連結に関する例外規定の国際比較 ……… 172
　1．サブプライム金融危機・世界金融危機以前の
　　　特別目的事業体の連結に関する例外規定の国際比較 ……………… 172
　2．サブプライム金融危機・世界金融危機以後の
　　　特別目的事業体の連結に関する例外規定の国際比較 ……………… 174

第3節　特別目的事業体の連結会計基準および例外規定
　　　　　に関するコンバージェンスの方向性 ……………………………175
　1．特別目的事業体の連結会計基準に関するコンバージェンスの方向性
　　　………………………………………………………………………………175

2．特別目的事業体の連結に関する例外規定のコンバージェンスの方向性 ……………………………………………………………………………… 175

補章Ⅰ　特別目的事業体に関する開示情報の価値関連性 ── 177

第1節　はじめに …………………………………………………………… 177
第2節　特別目的事業体の開示に関する会計基準の考え方 ……… 177
第3節　先行研究のレビュー ……………………………………………… 180
第4節　リサーチ・デザイン ……………………………………………… 181
　　1．仮説の設定 ……………………………………………………………… 181
　　2．分析モデル ……………………………………………………………… 181
　　3．分析対象企業とデータの出所 ……………………………………… 182
　　4．外れ値の処理 …………………………………………………………… 182
第5節　分析結果と解釈 …………………………………………………… 184
第6節　むすび ……………………………………………………………… 185

補章Ⅱ　特別目的事業体の連結に関する例外規定の改訂と
　　　　実体的裁量行動 ─────────────────── 187

第1節　はじめに …………………………………………………………… 187
第2節　先行研究のレビュー ……………………………………………… 187
第3節　リサーチ・デザイン ……………………………………………… 189
　　1．仮説の設定 ……………………………………………………………… 189
　　2．分析対象企業とデータの出所 ……………………………………… 189
　　3．分析方法 ………………………………………………………………… 190
　　　(1) 潜在的影響の程度　　190
　　　(2) 実体的裁量行動の有無　　191
　　　(3) 潜在的影響の程度と実体的裁量行動の有無との関係　　191
第4節　分析結果と解釈 …………………………………………………… 192

1．潜在的影響に関する分析結果……………………………………………192
　　　2．実体的裁量行動に関する分析結果……………………………………193
　　　　(1) 東急不動産株式会社の実体的裁量行動　　193
　　　　(2) 東京建物株式会社の実体的裁量行動　　194
　　　　(3) 住友不動産株式会社の実体的裁量行動　　195
　　　　(4) 三井不動産株式会社の実体的裁量行動　　197
　　　　(5) 三菱地所株式会社の実体的裁量行動　　198
　　　3．潜在的影響の程度と実体的裁量行動の有無の関係に関する分析結果
　　　　……………………………………………………………………………199
　　第5節　むすび………………………………………………………………200

参考文献　　203
索引　　231

主要略語一覧

英文略称	正式名称	邦訳
ABCP	Asset Backed Commercial Paper	資産担保コマーシャル・ペーパー
ABS	Asset Backed Securities	資産担保証券
AICPA	American Institute of Certified Public Accountants	米国公認会計士協会
ASBJ	Accounting Standards Board Japan	企業会計基準委員会
CDO	Collateralized Debt Obligation	債務担保証券
CDS	Credit Default Swap	クレジット・デフォルト・スワップ
CESR	The Commission of European Securities Regulators	欧州証券規制当局委員会
CMBS	Commercial Mortgage Backed Securities	商業用不動産ローン担保証券
EITF	Emerging Issues Task Force	緊急問題専門部会
FASB	Financial Accounting Standards Board	米国会計基準審議会
FSF	Financial Stability Forum	金融安定化フォーラム
IAS	International Accounting Standards	国際会計基準
IASB	International Accounting Standards Board	国際会計基準審議会
IASC	International Accounting Standards Committee	国際会計基準委員会
IFRS	International Financial Reporting Standards	国際財務報告基準
IMF	International Monetary Fund	国際通貨基金
IOSCO	International Organization of Securities Commissions	証券監督者国際機構
MBS	Mortgage Backed Securities	不動産ローン担保証券
QSPE	Qualifying Special Purpose Entities	適格特別目的事業体
RMBS	Residential Mortgage Backed Securities	住宅用不動産ローン担保証券
SAC	Standards Advisory Council	基準諮問会議
SE	Structured Entities	仕組事業体
SEC	U.S. Securities and Exchange Commission	米国証券取引委員会
SIC	Standing Interpretation Committee	解釈指針委員会
SIFMA	Securities Industry and Financial Markets Association	米国証券業金融市場協会
SPE	Special Purpose Entities	特別目的事業体
TMK	Tokutei Mokuteki kaisha	特定目的会社
VI	Variable Interest	変動持分
VIE	Variable Interest Entities	変動持分事業体

第1章
証券化取引の考え方と特別目的事業体の役割

第1節　証券化取引の考え方

1．証券化取引の起源と証券化市場の拡大

　SPEを用いた取引の代表的なものに証券化（securitization）がある。証券化という用語は，2つの意味を有している。1つは，企業の資金調達の手段・形態が，従来の銀行等による貸付から，社債など市場で取引される証券によるものに移行することをいう。もう1つは，既存の債権などの資産等を元に，それを投資家向けの証券という形態に組み替えるプロセスをいう（北原. 2002b. p.37, 高橋. 2004. pp.305-307，藤井. 2010. pp.129-131）。本書でいう証券化とは，後者の意味での証券化である。

　Ranieri（1997. p.31, 邦訳. 2000. p.37）によれば，1970年代後半に米国において発行された不動産ローン担保証券（MBS: Mortgage Backed Securities）が証券化の起源であるとされる。これは，米国政府系金融機関である連邦政府抵当金庫（GNMA: Goverment National Mortgage Association）を通じて発行されたもので，S&L（Savings & Loan Association）やモーゲージ・バンク（mortgage bank）と呼ばれる住宅金融専門の金融機関が貸し出した住宅用不動産ローン債権を対象とし，プールされた住宅用不動産ローン債権から生じるキャッシュ・フローを裏づけとして組成された証券である。

　1980年代中頃より，米国では，自動車ローン債権，クレジット・カード債権，売掛債権，リース債権等の資産を対象とした証券化や，リスクを対象とした証券化が行われるようになる。それに伴って，MBSを含む広義の証券化商品である資産担保証券（ABS: Asset Backed Securities）[1]の発行規模が加速度的に

1

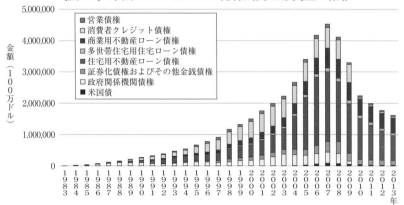

〔図1-1〕 米国におけるABSの発行残高と原資産の推移

出所：Board of Governors of Federal Reserve System. Data Download Programよりデータを抽出し作成（2014年6月30日アクセス）。

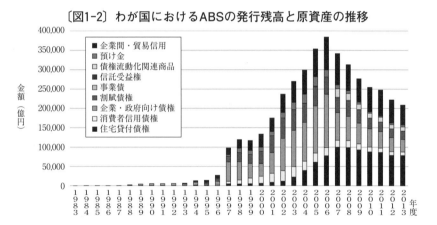

〔図1-2〕 わが国におけるABSの発行残高と原資産の推移

出所：日本銀行．時系列統計データ検索サイトよりデータを抽出し作成（2014年6月30日アクセス）。

拡大した。特に，2000年前後から2006年の間には住宅用不動産ローンを原資産とした証券化取引が急拡大した。米国連邦準備制度理事会（Board of Governors of the Federal Reserve System）が公表する資金循環統計によれば，2006年末時点の米国におけるABSの発行残高は，41,586億ドルであった〔図1-1〕。

わが国では，米国を参考として，1990年代より証券化が実施されるようになった。当初は，リース会社やクレジット会社などのノンバンクが保有するリー

ス資産やクレジット債権の証券化が主流であったが，1990年代後半には，バブル経済崩壊後の不良債権処理の手法の1つとして注目され，担保不動産を証券化するという動きが高まった。その後，2000年度から2006年度にかけて，政府や民間企業に対する貸付金を原資産とした証券化取引が拡大した。日本銀行が公表する資金循環統計によれば，2006年度末時点のわが国におけるABSの発行残高は384,282億円であった〔図1-2〕。

2．サブプライム金融危機以後の証券化市場の状況

2007年初夏に米国において表面化したサブプライム・ローン問題から生じた金融市場の混乱（以下，サブプライム金融危機）は，2008年9月のリーマン・ブラザーズ社（Lehman Brothers Holdings Inc.）の破綻を経て，世界規模の金融危機（以下，世界金融危機）へと拡大した（サブプライム金融危機および世界金融危機については，第7章において後述する）。

サブプライム金融危機が本格化した2008年以降，米国におけるABSの発行残高は急激に縮小した。前掲〔図1-1〕の米国の資金循環統計によれば，2013年末におけるABSの発行残高は16,151億ドルであり，最盛期である2007年末の発行残高と比べて約63％減少している。また，サブプライム金融危機・世界金融危機は，わが国のABS市場に対しても影響を及ぼした。前掲〔図1-2〕の日本銀行統計局の推計によれば，2012年度末のABSの残高は231,826億円であり，ピーク時である2006年度末の発行残高と比べて約40％減少している。

ただし，米国証券業金融市場協会（SIFMA: Securities Industry and Financial Markets Association）の調査によれば，米国において2013年に民間機関により新たに発行された商業用不動産ローン担保証券（CMBS: Commercial Mortgage Backed Securities）と住宅用不動産ローン担保証券（RMBS: Residencial Mortgage Backed Securities）の合計金額は，2012年の2倍強の規模となっている〔表1-1〕。報道によれば，米国における2014年のCMBSの新規発行額は1,000億ドル台になることが予想されている（蔭山．2014）。また，日本証券業協会・全国銀行協会（2014）によれば，わが国における2014年度のRMBSの新規発行金額は前年の約1.6倍となっている〔表1-2〕。このように，米国およびわが国では，一部の証券化商品については，若干ではあるが回復傾向にあるといえる。

〔表1-1〕米国の民間機関による
　　　　RMBSおよびCMBSの新規発行額

単位：億ドル

年	RMBS	CMBS	合計
2006	6,875	1,838	8,713
2007	5,095	2,292	7,387
2008	324	44	368
2009	92	89	181
2010	121	225	346
2011	28	343	371
2012	34	368	402
2013	81	799	880

出所：SIFMA（2014）を基に作成。

〔表1-2〕わが国の民間機関による
　　　　RMBSおよびCMBSの新規発行額

単位：億円

年度	RMBS[注]	CMBS	合計
2006	29,425	15,097	44,522
2007	10,058	19,093	29,151
2008	5,039	3,739	8,778
2009	2,643	1,321	3,964
2010	1,733	550	2,283
2011	2,098	1,850	3,948
2012	3,171	293	3,465
2013	5,014	276	5,289

注：住宅支援機構発行分を除く。
出所：日本証券業協会・全国銀行協会（2014）別紙記載
　　　の〔図表2〕および〔図表3〕を基に作成。

3．各種の証券化取引の考え方

(1) 証券化取引の分類

　証券化取引は，証券化の対象や，証券化の動機・目的，証券化の仕組み，証券化によって発行される証券の種類など，各種の観点より分類することができる。本書では，北原（2002b. pp.37-59）に依拠し，「証券化の対象」と「証

〔表1-3〕証券化取引の分類

証券化の対象		証券化の動機・目的		
		企業のバランスシートの改善，資金調達，保有資産に係るリスクの移転を図る。	投資家に対して，新しい金融商品・証券を提供する。	
			アレンジャーや運用業者が，アービトラージ（裁定取引）による利益を獲得する。	投資家に対する継続的な資産運用サービスの提供を通じて，運用業者が手数料収入を獲得する。
証券化の対象	資産	バランスシート型資産証券化	アービトラージ型資産証券化	資産運用型資産証券化
	リスク	バランスシート型リスク証券化	アービトラージ型リスク証券化	資産運用型リスク証券化

出所：北原（2002b. p.38）〔図表1〕「証券化の類型」を基に作成。

化の動機・目的」という2つの観点から各種の証券化取引を分類する。〔表1-3〕はその全体像を示したものである。

まず，証券化取引の対象が，現物の資産であるか，あるいはリスクそのものであるか，という観点から分類する。このうち，各種の債券や貸出債権，不動産等の現物の資産を対象とする証券化を「資産証券化」という。これに対して，リスクのみを対象とする証券化を「リスク証券化」という[2]。資産証券化は，資産を何らかの形で企業から切り離すことによって，その資産に伴うリスク（資産の保有に伴うリスク）を移転するタイプの証券化であり，リスク証券化は，クレジット・デリバティブという形で，資産を保有する企業から資産を切り離すことなしに，リスクのみを裏づけとするタイプの証券化である（北原. 2002b. p.42）。

次に，証券化の動機，およびその動機を有している者は誰であるか，という観点から分類する。このうち，証券化の対象資産等を保有する企業によって，企業のバランスシートの改善や資金調達を目的として実施されるタイプの証券化取引を「バランスシート型証券化」という。これに対して，投資家向けにより魅力的な金融商品を提供するために，既存の資産等を束ね，それを組み替え，提供するというタイプの証券化取引がある。このタイプの証券化取引のうち，アレンジャーや運用業者が裁定（arbitrage）による利益の獲得を主な目的とするタイプの証券化取引を「アービトラージ型証券化」といい，投資家に対す

る継続的な資金運用サービスの提供を通じて，運用業者が手数料収入を得ることを主な目的とするタイプの証券化取引を「資産運用型証券化」という（北原. 2002b. pp.38, 46, 51-52）。

(2) バランスシート型資産証券化

バランスシート型資産証券化は，証券化の最も基本的なものである。このタイプの証券化が行われる基本的な動機は，資産を保有する企業（原債権者，あるいはオリジネーター（originator）と呼ばれる）の側にある。すなわち，バランスシート型資産証券化とは，資金調達やバランスシートの調整等，資産を保有する企業のニーズを実現するために実施されるタイプの証券化である（北原. 2002b. pp.38-40）。なお，バランスシートの調整とは，証券化対象となる資産をオフ・バランス化[3]し，総資産の圧縮を図ることを意味する。バランスシート型資産証券化の考え方を示すと〔図1-3〕のとおりである。

バランスシート型資産証券化の特徴は，発行企業の信用力に基づいて発行される社債やCP等とは異なり，企業（資産を保有する企業）から切り離された，資産自体の信用力に基づく証券（すなわち，ABS）を発行するという点にある。言い換えれば，証券化の仕組みを通じて，企業の信用力を越えた，より高い信用力を有する証券を作り出すことを可能とする点が，バランスシート型資産証

〔図1-3〕バランスシート型資産証券化の考え方

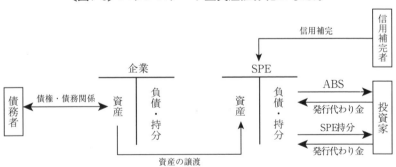

注：信用補完および信用補完者については，次節において後述する。
　　〔図1-5〕も同様。
出所：北原（2002b. p.39）〔図表２〕「バランスシート型資産証券化の仕組み」を基に作成。なお，
　　　企業が保有する不動産などの資産を証券化の対象とする場合には，債務者は存在しない。

券化の特徴といえる（北原. 2002b. pp.38-40）。

なお，〔表1-3〕では示していないが，本書では，バランスシート型資産証券化のうち，金融資産を対象としたバランスシート型資産証券化を「バランスシート型金融資産証券化」，不動産等の非金融資産を対象としたバランスシート型資産証券化を「バランスシート型非金融資産証券化」と表記している。

(3) バランスシート型リスク証券化

バランスシート型リスク証券化は，現物の資産自体を企業から切り離すのではなく，資産のリスクを移転することを主な目的として実施されるタイプの証券化取引である。このタイプの証券化取引では，企業とSPEとの間で結ばれたクレジット・デフォルト・スワップ（CDS: Credit Default Swap）契約におけるプロテクション料が，SPEが発行するクレジット・リンク債の購入者へ支払われる。CDS契約は，SPEにとって権利と義務の両方が存在するため，資産証券化とは異なり，バランスシート型資産証券化は，SPEに対してキャッシュ・インフローをもたらすだけでなく，キャッシュ・アウトフローをもたらすという二面性を持っている（北原. 2002b. pp.43-44）。

バランスシート型リスク証券化を実施する企業は，バランスシート上のリスク（すなわち，資産の保有に伴うリスク）をコントロールするという意図を果たすために，このタイプの証券化を実施する。とりわけ，国際決済を行う銀行は，バーゼル合意による自己資本比率規制（いわゆるBIS規制をいう）への対策として，このタイプの証券化を実施する場合が多い。なぜならば，CDS契約

〔図1-4〕バランスシート型リスク証券化の考え方

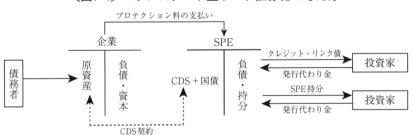

出所：北原（2002b. p.42）〔図表4〕「合成証券化の仕組み」を基に作成。

によって保有している資産に伴うリスクをSPEへ移転し、かつ国債によってSPEの契約履行能力は保証されるため、リスクは銀行から移転したことになり、バーゼル合意上で要求される自己資本が削減されることになるためである。ただし、このタイプの証券化では、企業が保有する資産あるいは資産のプールは、企業のバランスシートから取り除かれることはない（北原．2002b. 42-45）。バランスシート型リスク証券化の考え方を示すと〔図1-4〕のとおりである。

(4) アービトラージ型資産証券化

バランスシート型証券化とは異なり、投資家向けにより魅力的な金融商品を提供することを主たる目的とし、既存の資産等を束ね、それを組み替え、提供するというタイプの証券化がある。このタイプの証券化のうち、アレンジャーや運用業者がアービトラージによる利益を獲得することを主たる目的とするタイプの証券化を、アービトラージ型証券化という。アービトラージ型証券化は、これまで検討したバランスシート型証券化と同様に、資産を対象とするアービトラージ型証券化（以下、アービトラージ型資産証券化）と、リスクを対象とするアービトラージ型証券化（以下、アービトラージ型リスク証券化）とに分類できる。

アービトラージ型資産証券化は、既存の現物の債券や貸出債権を裏づけとして実施される証券化である。このタイプの証券化で発行される典型的な証券に、モーゲージ担保証券（CMO: Collateralized Mortgage Obligations）や債務担保証券（CDO: Collateralized Debt Obligations）がある。CMOとは、既存の

〔図1-5〕アービトラージ型資産証券化の考え方

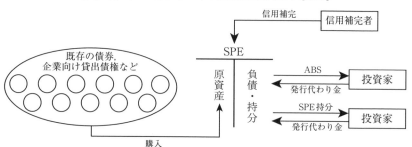

パススルーのMBS（不動産ローン債務者からの元利返済金をそのまま投資家に支払うタイプのMBS）を束ねて，償還期間の異なる複数のクラス（トランシェとも呼ばれる）に組み替えたものである。CDOとは，社債などの既存の債券や企業向け貸出債権を流通市場から買い集めて，優先劣後構造を有する債券に組み替えた証券である（北原. 2002b. p.46）。CDOは，さらに，CBO（Collateralized Bond Obligations）とCLO（Collateralized Loan Obligations）とに分類される。社債ポートフォリオを対象としたものがCBOであり，企業向け貸出債権を対象としたものがCLOである。

アービトラージ型資産証券化は，アレンジャーや運用業者がアービトラージによる利益を獲得するという点に注目したものであるが，特定の企業の保有資産を移転するのではないという点を除き，基本的には，バランスシート型資産証券化と類似した仕組みが用いられる。したがって，北原（2002b）では明示されていないが，アービトラージ型資産証券化の考え方を示すと〔図1-5〕のとおりである。

(5) アービトラージ型リスク証券化

アービトラージ型リスク証券化とは，アービトラージ型証券化のうち，既存の債券や貸出債権といった現物の資産ではなく，既存の債券や貸出債権のリスクを対象とするタイプの証券化をいう。アービトラージ型リスク証券化は，リスクを対象とするという点では，バランスシート型リスク証券化と同様である。

ただし，このタイプの証券化は，単一の企業とSPEの間で締結したCDS契約

〔図1-6〕アービトラージ型リスク証券化の考え方

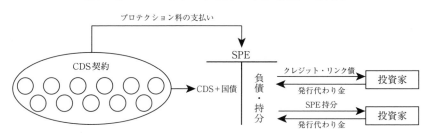

を証券化の対象とするのではなく、クレジット・デリバティブ市場や金融機関等から100社程度を対象とするCDS契約を買い集めてリスクを分散させ、CDS契約から受け取るプロテクション料を裏づけとした証券を発行する、という仕組みが用いられる（北原．2002b．p.47)[4]。したがって、北原（2002b）では明示されていないが、アービトラージ型リスク証券化の考え方を示すと〔図1-6〕のとおりである。

(6) 資産運用型証券化

　資産運用型証券化は、投資家向けにより魅力的な金融商品を提供するために、既存の資産等を束ね、それを組み替え、提供するタイプの証券化をいう。この意味ではアービトラージ型証券化と同じタイプの証券化である。しかしながら、資産運用型証券化は、投資家に対する継続的な資金運用サービスの提供を通じて、運用業者が手数料収入を得ることを主な目的とするという点で、アービトラージ型証券化とは異なるタイプの証券化である。

　また、バランスシート型証券化やアービトラージ型証券化では、確定利付きの高格付け債を好む投資家を対象として、基本的には確定利付きのデッド型の証券が発行されるが、これに対して、資産運用型証券化で発行される証券は、資産運用から生じる利益を出資者間で案分比例して受け取るというエクイティ型であり、専門家による資産運用からの収益をエクイティという形で受け取ることを好む投資家を対象としている（北原．2002b．pp.52-53）。

　資産運用型証券化は、これまでに検討した各種の証券化と同様に、現物資産

〔図1-7〕不動産投資信託（REIT）の考え方

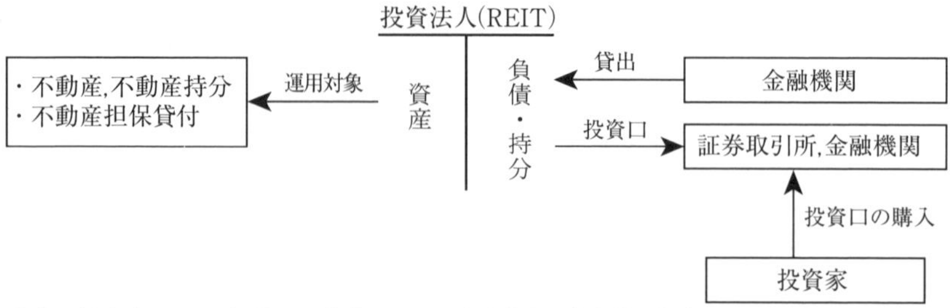

出所：小野（1991．p.70）〔図2-2-1〕「REITの一般的仕組図」を基に作成。

の裏づけを伴うものであるか否かという観点から，資産を対象とする証券化（資産運用型資産証券化）と，リスク自体を対象とする証券化（資産運用型リスク証券化）とに分類できる。ただし，通常は，不動産投資信託（REIT: Real Estate Investment Trust）や証券投資信託など，現物の資産を対象とするタイプの証券化（資産運用型資産証券化）をいう（北原. 2002b. p.53）[5]。このうち，REITの仕組みを示すと〔図1-7〕のとおりである。

第2節　証券化取引に用いられる金融技術

1．倒産隔離

　前節では，北原（2002b. pp.37-59）に依拠し，証券化取引を，証券化の対象，証券化の動機という2つの観点から分類し，各種の証券化取引を検討した。本節では，これまでに検討した各種の証券化取引のうち，最も基本的なタイプの証券化取引であるバランスシート型資産証券化（以下，「証券化」または「証券化取引」という）に用いられる各種の金融技術について検討する。

　証券化取引に用いられる金融技術の1つである倒産隔離（bankruptcy remote）には，(1)譲渡人や証券化取引の関係者の倒産に伴う影響をSPEから排除すること，(2)SPE自体が倒産する可能性を排除すること，という2つの意味がある。

　前者の意味での倒産隔離とは，譲渡人が倒産した場合に，譲渡人の債権者や管財人等によって，SPEが保有する資産を差し押さえられることを防ぐために実施される措置である。具体的には，譲渡人からSPEへの資産の譲渡取引が，法律上の真正売買（true sales）の要件を満たすために行われる手続きをいう。次に，後者の意味での倒産隔離とは，SPEが保有する資産のデフォルトやSPEの関係者（SPEの役員や株主，債権者等）による申し立てによって，SPE自体が倒産する可能性を排除するために実施される措置である。具体的には，証券化取引の際に，チャリタブル・トラスト等の仕組み（本節において後述）を用いることで，SPEに認められる活動をあらかじめ決められた事項に制限するこ

とをいう。

2．信用補完と流動性補完

証券化取引（バランスシート型資産証券化）は，証券化の対象資産の信用力に基づいて資金を調達するものであり，ABSの元利金等の投資家に対する支払いは，証券化の対象資産から生じるキャッシュ・フローに基づいて行われることになる。しかし，SPEが保有する資産は，原則として譲渡人より譲り受けた資産のみであるため，証券化対象資産から生じるキャッシュ・フローが当初の想定どおりに実現しない事象（貸倒れや延滞等）が生じた場合には，SPEは資金不足に陥り，ABSの投資家へ元利金等の支払いを行うことができない状況（債務不履行）に陥る可能性がある。このような状況を回避することを目的として，信用補完措置や流動性補完措置と呼ばれる各種の補完措置が施される。

これらの補完措置のうち，信用補完措置とは，証券化対象資産からの資金の回収が困難となった場合に，投資家に対する元利金等の支払いを補填する措置をいう。これには，証券化取引のスキームの内部で実施される措置（内部信用補完）として，優先劣後構造[6]の採用や超過担保[7]の設定，スプレッド・アカウント[8]の設定等がある。そして，証券化取引のスキームの外部で実施される措置（外部信用補完）として，保証契約，クレジット・デリバティブの締結等がある。なお，優先劣後構造の採用には，信用補完の役割に加えて，多様な投資家のニーズに対応した複数のタイプの証券を作り出すというクレジット・エンジニアリングの役割がある。

次に，流動性補完措置とは，証券化対象資産からの資金の回収が一時的に困難となった場合に備えて，外部から資金を調達して投資家に対する元利金等の支払いを行う措置をいう。具体的には，保証契約，信用状契約（L/C），クレジット・デリバティブ契約の締結などが実施される。なお，スプレッド・アカウントの設定は，信用補完措置の1つではあるが，流動性補完措置の役割も担う。

3．チャリタブル・トラストの活用

チャリタブル・トラスト（慈善信託: charitable trust）とは，「英米法上認め

〔図1-8〕チャリタブル・トラストによるSPEの株式取得の流れ

現地の弁護士等がSPEの当初の発起人となり，ケイマン法に基づき会社（SPE）を設立する。

↓

SPEのすべての株式をケイマン諸島の信託会社に信託宣言をする。

↓

受益者たる信託会社は，SPEの株式を信託財産として保有し，実在する慈善団体を受益者とする旨の信託宣言（Declaration of Trust）を行うことにより，信託を設定する。このとき，信託法の定めにより，当該株式の名義上の所有者は受益者たる信託会社となる。
信託財産の実質的保有者である慈善団体（受益者）は，受益者である信託会社に対して当該株式権の行使に対して指図できない。その代わりに，信託会社が信託宣誓書証書に従い，一定の期間，受益者たる慈善団体のために株主権を行使する義務を負う。また，受益者たる信託会社に対して，信託終了時までの間，信託財産たるSPE株式の処分の禁止や信託会社による議決権行使においてSPEの解散決議を行わないこと等，当該SPEの事業活動を妨げるような恣意的な活動を排除する手当てがなされる。

↓

信託会社は，信託期間中においてSPEに取締役を派遣する等，SPEの運営に必要なサービスを提供する。

↓

信託期間終了時点では証券化案件は既に終了しており，受益者たる慈善団体は，その時点で残存する信託財産（払込資本金のみ）を受け取ることとなる。

出所：久禮・齋木（2007. pp.14-15）を基に作成。

られた信託宣言（declaration of trust）に従って株主権を行使する義務を負い，信託契約満了時には会社の残余財産をすべて慈善団体に寄付することを最終目的とした仕組み」をいう。

　証券化取引の実施にあたっては，譲渡人または証券化取引の関係者からの倒産隔離を図ることや，SPEが証券化関係者の連結対象となることの防止，タックス・ヘイブン税制[9]や過小資本税制等の国内税制適用の回避等を目的として，ケイマン諸島等のタックス・ヘイブン地域にSPEを設立し，チャリタブル・トラストをSPEの普通株主とするスキームが実務上，頻繁に活用されている（久禮・齋木. 2007. pp.14-15）。具体的には，〔図1-8〕に示す手順によって，名目的株主であるチャリタブル・トラストにより株式が保有されるSPEが設立され

る。

　なお,わが国では,2000年に改正された資産流動化法(以下,改正資産流動化法)により,特定持分信託と呼ばれる制度が新たに導入されている(改正資産流動化法第31条の2,第32条第3項)。この制度は,わが国法制度上においても,チャリタブル・トラストと同様の仕組みの組成を可能とすることを目的とした制度であり,同法上のSPEである特定目的会社(TMK: Tokutei Mokuteki Kaisha)の特定持分(株式会社の株式に相当する)を信託銀行等に信託することを可能としている。ただし,小林編(2002. p.69)によれば,特定持分信託は,信託解除に係る法的リスクが排除できていないことなど,法的に未解決な問題点を有しているため,特定持分信託を用いた取引は活発に行われているとはいえないと指摘されている。

第3節　特別目的事業体の役割と本書における特別目的事業体の位置づけ

1.　特別目的事業体の一般的な考え方

　Hartgraves and Benston(2002. p.246)によれば,SPEとは,一般に「ある特定の企業に便益をもたらすために,限定された目的,設立期間,活動を行うように設立されるリミテッド・パートナーシップ,株式会社,信託,あるいはジョイント・ベンチャーという法的形態を採る事業体」をいうものとされる。このような事業体は,1970年代の後半から1980年代の初頭にかけて,投資銀行や金融機関が,資金調達のためのビークル(Vehicle)として顧客に提供したことがその始まりであり,銀行やその他の企業が保有する売掛債権の証券化を行い,当該売掛債権の証券化を促進することが主な目的であるとされる。

　Holtzman, Venuti and Fonfeder(2003. p.26)は,SPEとは「設立時の法的な文書に列挙されている特定の事業を成し遂げるために設立される信託,株式会社,リミテッド・パートナーシップあるいはその他の法的な事業体であり,スポンサー(SPEの設立者およびその関係者)の倒産から債権者を隔離し,ス

ポンサーの資金調達および流動性を提供することを目的とした事業体」としている。Holtzman, Venuti and Fonfeder（2003）は，SPEを通じた資金調達や企業のALM（Asset Liability Management）に用いられていること，および負の側面として特定の会計処理を回避することを目的としてSPEを用いられる場合があることを指摘している。

秋葉（1999. pp.27-28, p.31）では，SPEとは「限られた業務をあらかじめ定められた権利義務の範囲内で行う事業体であり，会社以外の組織形態も採り得るものであり，投資対象となる資産を，資産譲渡者やスポンサー（SPEの設立者），アレンジャー等のSPEの組成に関与する者から分離し，資産から生じるリスクとリターンを明確化させ投資家に帰属する役割を担う事業体」とし，SPEは，資産譲渡者等の倒産時においても，その倒産手続きに併合されないような倒産隔離の措置が施されるとしている。その上で，秋葉（1999）は，SPEを用いて行われる取引の別に，(1)資産譲渡タイプの取引（例：資産証券化）に用いられるSPE（以下，資産譲渡タイプのSPE）と，(2)集団投資タイプの取引（例：商品ファンド，レバレッジド・リース，ベンチャー・キャピタル，シンセティック・リース）に用いられるSPE（以下，集団投資タイプのSPE）とに分類している〔図1-9〕。

秋葉（1999）によって分類されるSPEのうち，(1)の資産譲渡タイプのSPEは，北原（2002b）におけるバランスシート型資産証券化に用いられるSPEに該当し，

〔図1-9〕秋葉（1999）によるSPEの分類

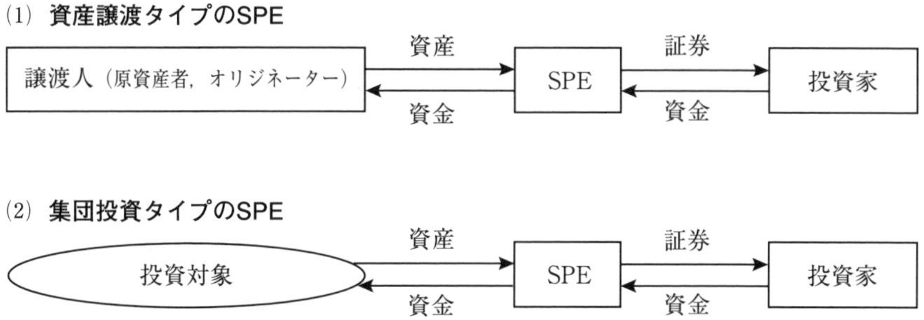

(1) **資産譲渡タイプのSPE**

譲渡人（原資産者，オリジネーター） →資産/←資金→ SPE →証券/←資金→ 投資家

(2) **集団投資タイプのSPE**

投資対象 →資産/←資金→ SPE →証券/←資金→ 投資家

出所：秋葉（1999. p.28）図を基に作成。

(2)の集団投資タイプのSPEは，北原（2002b）におけるアービトラージ型証券化，資産運用型証券化，およびリスク証券化に用いられるSPEに相当するものと考えることができる。

2．証券化取引に用いられる特別目的事業体の役割

上記のように説明されるSPEのうち，証券化（北原（2002b）におけるバランスシート型資産証券化，および秋葉（1999）における資産証券化に該当する）を目的として設立されるSPE（後掲〔図1-10〕の①に分類されるSPE）は，証券化を実施する企業から資産を譲り受け，資産自体が有する信用力に基づく証券であるABSを発行する役割を担う。

このタイプの取引に用いられるSPEは，SPEが発行する証券がABSとして発行されるために，(1)SPEに資産を譲渡した企業（証券化を実施する企業）など，証券化取引に関与する者の倒産処理に巻き込まれないための措置（倒産隔離措置）を図るための器としての役割や，(2)会計上の目的（資産の譲渡処理および非連結処理）を果たすことを目的として，SPE自体の倒産を防止する措置が施される器としての役割を果たす。これらの役割は，いずれも証券化スキームの安定性を確保することを目的としているともいえる。

3．証券化取引以外の取引に用いられる特別目的事業体の役割

バランスシート型証券化以外の各種の証券化に用いられるSPE（後掲〔図1-10〕の②，③に分類されるSPE）の役割は，運用管理やモニタリングが適切に行われるSPEを通じて，多くの投資家にもリスクのある投資を可能にする点にある（秋葉. 1999. p.28）。このようなSPEは，投資対象となる資産などのデフォルトからではなく，SPEを用いた各種の投資スキームに関与する者から生じるリスク（倒産リスク）を回避する役割を果たしており，いわば，関係者の破綻に伴う投資スキームの破綻防止や，投資スキームの安定性の確保を主な目的としているといえる。

バランスシート型証券化を含む各種の証券化の他に，M&Aや事業再編，企業買収の実施等を目的として，SPEが設立される場合がある。さらに，企業買収の対応策のためにSPEが設立される場合などがあり，SPEを設立する目的や

〔表1-4〕証券化以外の取引に用いられるSPEの例

	SPEの設立者	SPEを用いた取引の概要
LBOやMBOに用いられるSPE	LBOやMBOを実施する者	LBOやMBOを実施する者が，金融機関等からの融資先としてのSPEを設立する。SPEはその資金で被買収企業の株式を取得する。
企業買収の対応策に用いられるSPE	買収対策を講じる企業や，買収対策をアレンジする金融機関	買収対策を講じる企業が，当該企業または金融機関等によって設立されるSPEに対し，新株予約権を発行する。SPEは，保有する新株予約権を信託会社に信託譲渡し，当該新株予約権の受益者を買収者以外の株主として設定する。

その役割は多様化している。このうち，LBO（Leveraged Buyout）やMBO（Management Buyout）といった企業買収に用いられるSPEや，企業買収の対応策に用いられるSPEの例を挙げると〔表1-4〕のとおりである。

このようなSPEは，各種の証券化取引に用いられるSPEとは異なり，倒産隔離を図ることを直接の目的としてはいないが，倒産隔離が図られるSPEを用いることで，その目的とする各種の取引を円滑に実施するという役割を担う。本書では，このような取引に用いられるSPEは，後掲〔図1-10〕の④に分類している。

4．本書における特別目的事業体の位置づけ

本書におけるSPEの位置づけの全体像を示すと〔図1-10〕のとおりである。まず，広義のSPEとは，認められている事業活動が事前に決定されている内容に制限されているSPEのほか，ある特定の事業に用いることを目的として設立される事業体であるが，事業活動の内容が事前の決定内容に制限されず，任意にSPEと呼ばれている事業体を含む概念である。次に，事業活動が事前に決定されている内容に制限されているSPE（狭義のSPE。以下，これを単にSPEという）を①〜④のタイプに分類した。これは，本章第1節3.(1)〜(6)および本節1．〜3．に基づいて分類したものである。

これらの各タイプのSPEのうち，①，②，③は，秋葉（1999）によるSPEの分類（資産譲渡タイプのSPE，集団投資タイプのSPE）に対応している。なお，④は，バランスシート型証券化を含む各種の証券化以外の取引に用いられるSPEであり，前掲〔表1-4〕に示した取引等に用いられるSPEに対応するもので

〔図1-10〕 本書におけるSPEの位置づけ

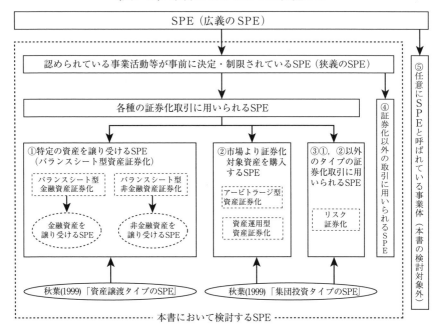

ある。

本書では，これら各タイプのSPEのうち，点線で囲まれた範囲のSPEを対象として検討する。ただし，原則的な連結範囲の決定基準によって連結要否の判断の実施が可能なSPEは，本書の検討範囲から除いている。

注
1　わが国では一般に「資産担保証券」と呼ばれるが，実際に資産が担保に供されているわけではないことから，むしろ「資産対応証券」と呼ぶべきであろう。しかし，資産対応証券という用語は，資産流動化法（詳細は，第5章第2節において後述する）が規定する優先出資証券，特定社債券，特定約束手形，転換特定社債券，および新優先出資引受権付特定社債券を指す法律上の用語であるため，本書では証券化商品，または，ABSと表記する。なお，米国では，不動産ローン債権を原資産（証券化の元となる資産）とした証券化商品をMBSと呼び，それ以外の資産等を原資産とした証券化商品をABSと呼ぶのが一般的である。ただし，本書では，特に断りのない限り，ABSとMBSとの区別をせずABSを広義に捉え，ABSとはMBSを含むものとする。

2　なお，バーゼル銀行監督委員会（Basel Committee on Banking Supervision）(2001) は，本書でいう資産証券化を伝統的証券化（traditional securitization），リスク証券化を合成証券化（synthetic securitization）という呼び方で区分している。北原（2002b. p.42）によれば，BISがリスク証券化について合成証券化という用語を利用している理由は，現物の資産によって裏づけが行われる伝統的証券化（本書でいう資産証券化）に対して，人工的に作り上げられた証券化商品であることを表現するためとされる。
3　ここでいうオフ・バランス化とは，認識中止（derecognition）と同じ意味で用いている。証券化の役割を検討する際には，一般に，「オフ・バランス化」，または「資産のオフ・バランス化」と呼ばれる。ただし，会計手続上の観点からは，一般に，認識中止と呼ばれる。次節以降では，証券化に関する会計上の問題を検討するため，認識中止と表記する。
4　北原（2002b. pp.48-49）は，アービトラージ型リスク証券化の一類型として，仕組み債（Structured Bond），他社株転換債（EB債: Exchangarable Bond）を挙げている。このうち，仕組み債とは，既存の企業によって，資金調達を目的として実施されるものであり，通常の債券にデリバティブを組み込んで作り出された新しいタイプの証券をいう。なお，仕組み債を発行する企業は，単に負債を発行しているのみであり，通常は，仕組み債を発行するためのSPEは設立されない。次に，EB債とは，既存の企業によって発行されるもので，転換対象となっている他社株（EB債を発行する企業以外の株式）の株価が，満期時点において当初に設定された転換価額を下回っている場合には，元本部分の償還は，現金でなく，値下がりしている転換対象株式によって行われる債券である。仕組み債およびEB債の発行にはSPEの設立を伴わないため，アービトラージ型リスク証券化の一類型としての仕組み債およびEB債については，本書では検討を行わない。
5　なお，資産運用型リスク証券化には，ブル・ベア・ファンド（Bull Bear Fund）がある（北原. 2002b. p.53）。
6　優先劣後構造とは，ABSの裏づけ資産から生じるキャッシュ・フローを複数のクラスに分け，優先的に支払いを受けるクラス（優先（senior）クラス）と，優先クラスが支払われた後に支払いが開始されるクラス（劣後（junior）クラス）を設けることをいう。優先クラスと劣後クラスとの間に，中間（メザニン（mezzanine））クラスが設けられる場合もある。優先劣後構造の実施をトランチング（tranching），各クラスをトランシェ（tranche）ということもある。
7　超過担保とは，ABSの裏づけ資産として必要な金額以上の資産をSPEに譲渡することをいう。超過担保の設定により，ABSの裏づけ資産の一部が不良化した場合であっても，ABSの購入者には，約定どおりの元本額の返済が可能となる。
8　スプレッド・アカウントの設定とは，ABSの裏づけ資産の不良化に備えて，ABSの裏づけ資産からのキャッシュ・フローとABSの利払いの差額を，SPE内部に積み立てることをいう。
9　ケイマン諸島には，直接税（所得税，源泉税，キャピタルゲイン課税など）が存在しない。

第2章
証券化取引と特別目的事業体の連結会計基準に関する論点の整理

第1節 証券化取引の会計処理に関する論点の全体像

　証券化取引（バランスシート型資産証券化）の実施にあたっては，通常，証券化の対象となる資産を保有する企業が証券化の対象となる資産をSPEに譲渡し，当該資産の譲受人であるSPEがABSを発行するという仕組みが用いられる。この際に，証券化の対象となる資産を保有し，当該資産をSPEに譲渡する企業（以下，譲渡人）には，(1)SPEへの資産譲渡取引が認識中止（derecognition）の要件を満たすか，および，(2)資産の譲渡先であるSPEが連結対象となるか，という2つの会計上の問題が生じる。

　前者の問題は，証券化の対象資産をSPEに譲渡するという取引が，会計上，認識中止の要件を満たすか否か（すなわち，会計上，売却として取り扱われるか否か），という問題である。仮に，SPEへの資産譲渡取引が，会計上，売却として認められない場合には，譲渡人は，証券化取引を実施する意図の1つである「資産のオフ・バランス化（資産の認識中止）」を果たすことができないことになる[1]。

　後者の問題は，証券化の対象資産を譲り受けるSPEが，譲渡人の連結範囲に含まれるか否か，という問題である。SPEへの資産譲渡取引が，会計上，認識中止の要件を満たす場合であっても，SPEが譲渡人の子会社に該当する場合（SPEが譲渡人の連結範囲に含まれる場合）には，前段の譲渡人からSPEへの資産譲渡取引は内部取引として相殺消去され，結果的に，譲渡人は資産をオフ・バランス化するという意図を果たすことはできない。この2つの問題の関係を示すと〔図2-1〕のとおりである。

　前章において述べたとおり，本書は，証券化（バランスシート型資産証券化）

〔図2-1〕証券化取引における譲渡対象資産の認識中止とSPEの連結との関係

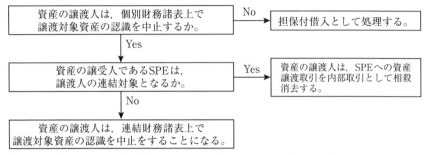

出所：荻編（2007. p.46）〔図2-10〕「オフバランス化までのプロセス」を基に作成。

に用いられるSPEに限定してSPEの連結会計基準を検討するわけではないが，後述する「SPEの連結に関する例外規定」に関連して，「金融資産の認識中止に関する会計基準とSPEの連結会計基準との間にコンフリクトが生じる」という問題を検討する。詳細は後述するが，これは，資産に対する支配と事業体であるSPEに対する支配という，2つの支配の関係に関する問題である。そこで，以下では，SPEの連結会計基準に関する論点を整理した後に，米国会計基準，国際財務報告基準（IFRS: International Financial Reporting Standards）[2]およびわが国会計基準における金融資産の認識中止に関する会計基準について検討する。

第2節　特別目的事業体の連結会計基準に関する論点

1．特別目的事業体の連結要否の判断基準に関する論点

　証券化取引を目的として設立されるSPEを含め，本書が検討の対象とするSPEとは，その程度の幅はあるものの，「認められる事業活動・期間等が設立時の法的な文書に列挙された内容に限定されている」という性質を有する。それゆえに，IFRSやわが国において導入されている一般的な事業体の連結要否の判断基準である支配力基準では，SPEの連結要否の判断を行うことには困難

が伴う。なぜならば，支配力基準は，事業体の意思決定機関に対する支配の有無によって連結要否の判断を行うことを求めているためである。逆にいえば，SPEが有するこのような特徴は，SPEを用いた取引において「従来の連結要否の判断に関する会計基準では，連結範囲に含まれないこと」を目的としている，ということもできる。

　前節において若干述べたとおり，証券化取引（バランスシート型資産証券化）を実施する企業（譲渡人）の立場から見た場合，SPEの連結に関する論点とは，「資産の譲受人であるSPEが，どのような要件を満たす場合に譲渡人の連結範囲に含まれないことになるか」という点にある。これを，SPEの連結会計基準を設定する立場（特に，財務報告の信頼性を確保するという視点）から見れば，SPEの連結に関する論点とは，「SPEを用いた取引をどのように財務諸表に反映させるべきであるのか」という点と，「SPEは従来の会計規制から逃れる目的で設立される場合があることから，議決権基準（持株基準）あるいは支配力基準による連結範囲の決定基準では支配の有無を捉えられないSPEを，どのような観点・基準によって連結要否の判断を行うべきであるのか」という点にある。すなわち，各種の証券化取引やそれ以外の取引に用いられるSPEを含め，「どのような判断基準を用いてSPEの連結要否を判断すべきか」，および，その前提として「どのような事業体がSPEであるか」という点が論点となる。

2．金融資産の認識中止に関する会計基準と特別目的事業体の連結会計基準との関係に関する論点

　金融資産の認識中止の可否を判断するための基本的な考え方に，リスク・経済価値アプローチ（risk and rewards approach）と財務構成要素アプローチ（financial components approach）という2つの考え方がある。リスク・経済価値アプローチとは，資産の保有に伴うリスクと経済価値のすべて（あるいは，ほとんどすべて）が他の者へ移転した時点で，当該資産全体の認識を中止するという考え方である。財務構成要素アプローチとは，金融資産を複数の財務構成要素（financial components）へと分解可能であることを前提として，譲渡人が金融資産の財務構成要素に対する支配を放棄した場合に，当該金融資産の財務構成要素の全部または一部を認識中止するという考え方である。これら2

〔図2-2〕リスク・経済価値アプローチの考え方

出所:金融商品に係る会計基準に関する論点整理,参考資料3を基に作成。

〔図2-3〕財務構成要素アプローチの考え方

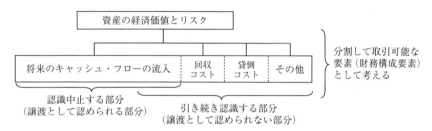

出所:金融商品に係る会計基準に関する論点整理,参考資料3を基に作成。

つのアプローチを図示すると〔図2-2,図2-3〕のとおりである。

現行の米国会計基準およびわが国会計基準では,財務構成要素アプローチに基づいて金融資産の認識中止の判断が行われる。IFRSでは,リスク・経済価値アプローチと財務構成要素アプローチの混合モデルにより金融資産の認識中止の判断を行うことが求められている。なお,不動産などの非金融資産の認識中止にあたっては,現行の米国会計基準,IFRSおよびわが国会計基準では,いずれもリスク・経済価値アプローチに基づいて認識中止の判断が行うことが求められている。

詳細は第3章から第6章の各章において後述するが,SPEの連結要否の判断にあたっては,米国会計基準,IFRSおよびわが国会計基準は,いずれも原則として,SPEとの関与から生じるリスクと経済価値が帰属する者に当該SPEを連結することを求めている。そのため,非金融資産の証券化(バランスシート型非金融資産証券化)における非金融資産の認識中止の結果と,SPEの連結要否の判断の結果との間には,一定の整合性が保たれる。

これに対して，金融資産の証券化（バランスシート型金融資産証券化）における金融資産の認識中止の結果とSPEの連結要否の判断の結果との間には，矛盾（コンフリクト）が生じることになる。これは，本章第1節において若干述べたとおり，SPEへ金融資産を譲渡した結果，譲渡人は，当該金融資産に対する支配を喪失したとして金融資産の一部または全部の認識を中止するが，資産の譲受人であるSPEが譲渡人の子会社に該当すると判断されることとなった場合には，譲渡人の個別財務諸表上で一旦認識中止した金融資産が，譲渡人の連結財務諸表上，再度計上されることになることをいう。

　そこで，かかる問題を検討するための前提として，以下，本節では，財務構成要素アプローチの導入に至る経緯を中心に，米国会計基準，IFRSおよびわが国会計基準における金融資産の認識中止に関する会計基準について検討する。

第3節　金融資産の認識中止に関する会計基準の考え方

1．米国における金融資産の認識中止に関する会計基準

(1) 財務構成要素アプローチの導入に至る経緯[3]

　米国財務会計基準審議会（FASB: Financial Accounting Standards Board）は，金融商品に関する包括的な会計基準の設定を目標として，1986年5月に「金融商品およびオフ・バランス金融（Financial Instruments and "Off Balance-Sheet Finance"）」を取り扱うプロジェクト（以下，FASB金融商品プロジェクト）を発足させた（FASB. 1986. pp.2-3, 5.）。このプロジェクトの発足当初，FASBは，(1)開示の改善に関するプロジェクトと，(2)認識および測定に関するプロジェクトの2つのプロジェクトに区分して検討を開始した（FASB. 1986. p.5, 山田. 1995. p.20）。

　金融資産の認識中止に関する会計基準に関する検討は，上記(2)の「認識と測定に関するプロジェクト」のサブ・プロジェクトとして設けられた「証券化および金融資産のその他の譲渡プロジェクト」において，1993年第3四半期より開始された。このサブ・プロジェクトの発足当初，FASBは，不動産ローンや

クレジット・カード債権等の金融資産の証券化、および証券化に含まれない金融資産の譲渡に関する検討を行った上で、金融資産の認識中止の判断に関する基本的な考え方として、(1)支配的な性質に基づく見方（the predominant-charasteristics paradigm）と、(2)財務構成要素に基づく見方（the financial components paradigm）という、2つの考え方を提示した（FASB. 1993. p.5, 山田. 1995. p.36)。

「支配的な性質に基づく見方」とは、借入と売却を区別するにあたり、金融資産譲渡の性質が、借入と売却のどちらの性質をより強く有しているかを判断し、それに従って決定するという考え方である。そして、「財務構成要素に基づく見方」とは、金融資産の譲渡取引を構成要素に分解し、取引の結果、金融資産の構成要素が譲渡人に保持されているのか、または、譲受人に保有されているのかを認識するという考え方である（FASB. 1993. p.5, 山田. 1995. p.36）後者の考え方は、後に、財務構成要素アプローチと呼ばれることになる。

上記の2つの考え方のいずれを採用するかについて、FASBは、1994年第1四半期に行ったFASB会議において、「財務構成要素に基づく見方」を選択することとし、公開草案の作成に着手した（FASB. 1994a. p.4, FASB. 1994b. pp.4-5, 山田. 1995. pp.42-43）。その後、公開草案の公表を経て、FASBは、1996年6月に公表した財務会計基準書（SFAS: Statement of Financial Accounting Standards）第125号「金融資産の譲渡及びサービス業務並びに負債の消滅に関する会計処理」(SFAS No. 125: *Accounting for Transfers and Servicing of Financial Assets and Extinguishments of Liabilities*)（FASB. 1996)（以下、SFAS第125号）において、財務構成要素アプローチに基づく金融資産の認識中止の判断基準を導入した。

SFAS第125号は、財務構成要素アプローチの採用に至った背景として、金融資産の譲渡取引の多様化を挙げている。具体的には、リコース、サービス業務、買戻契約、譲渡資産に係るコールおよびプット・オプション、担保差入など、譲渡人が譲渡した金融資産への継続的な関与を有する譲渡取引の規模の拡大を挙げている。そして、譲渡人による継続的な関与を伴う譲渡取引を、会計上、金融資産全体の売却もしくは金融資産の一部の売却として取り扱うべきか、または、担保付借入として取り扱うべきか、という問題が生じてきたことを指

摘している（SFAS第125号. paras.2, 86-88）。

その上で，FASBは，金融資産の譲渡取引について整合性のある会計処理を行うことを可能とするため，(1)金融市場の参加者が金融資産を取り扱う方法と整合的なものとする，(2)金融資産および金融負債の基礎になる契約条項の経済的結果を反映する，(3)FASBの概念フレームワークに合致する，という３つの目的に適合するアプローチとして，財務構成要素アプローチを採用したとしている（SFAS第125号. para.107）。

なお，SFAS第125号の公表後，同号は，2000年９月付けで公表された財務会計基準書第140号「金融資産の譲渡及びサービス業務並びに負債の消滅に関する会計処理（SFAS第125号の差し替え）」（SFAS No. 140: *Accounting for Transfers and Servicing of Financial Assets and Extinguishments of Liabilities (a replacement of FASB Statement No.125)*）（FASB. 2000a）（以下，SFAS第140号）に差し替えられた。SFAS第140号では，金融資産の認識中止に関する基本的な考え方として財務構成要素アプローチが採用されており，この改訂による大きな変更はないが，以下では，SFAS第140号に基づいて米国会計基準（より正確には，サブプライム金融危機・世界金融危機以前の米国会計基準）における金融資産の認識中止の考え方を検討する[4]。

(2) 米国における金融資産の認識中止に関する会計基準の考え方

SFAS第140号は，財務構成要素アプローチを採用しており，単一の金融資産は複数の構成要素（財務構成要素）へと分割されうることを前提として，当該金融資産または当該金融資産の構成要素に対する支配を喪失した際に，当該金融資産または当該金融資産の構成要素の認識を中止することを求めている。具体的には，金融資産の譲渡に際して，(1)譲渡人から譲渡資産が隔離されていること，(2)譲り受けた資産に関する譲受人の権利が制約されていないこと，(3)譲渡人による譲渡資産への継続的な支配が存在しないこと，という３つの要件のすべてを満たす場合に，譲渡人は，金融資産（またはその一部）に対する支配を喪失したものとし，当該金融資産（またはその一部）の認識を中止することを求めている（SFAS第140号. para.9）。これら３つの要件を整理すると〔表2-1〕のとおりである。

〔表2-1〕SFAS第140号における金融資産の認識中止に関する要件

倒産隔離に係る要件	譲渡した金融資産は譲渡人から隔離されていること。すなわち，倒産またはその他の理由による管財人の管理下においても，譲渡人及びその債権者が金融資産へ力を及ぼす範囲外にあると推定されること。
譲受人の権利に係る要件	(1)金融資産の譲受人は，譲り受けた金融資産を担保差入する権利や交換する権利を有しており，かつ，これらの権利の利用に係る譲受人への制約や，譲渡人に対するごくわずか以上の便益を与える条件が付されていないこと。 (2)譲渡人がQSPEである場合には，QSPEの受益権保有者が，譲り受けた受益権を担保差入する権利や交換する権利を有しており，かつ，これらの権利の利用に係る受益権保有者への制約や，譲渡人に対するごくわずか以上の便益を与える条件が付されていないこと。
譲渡資産への継続的な支配に係る要件	以下のような条件によって，譲渡人が譲渡資産を実質的に支配し続けているようなことがないこと。 (1)譲渡人の期限前買戻し・償還の権利・義務を定めた契約 (2)譲渡人が一方的に特定の資産をその所有者から取り戻す権利を定めた契約（ただし，クリーンアップ・コールを除く）

出所：SFAS第140号. paras.9a〜9cを基に作成。

まず，「譲渡人から譲渡資産が隔離されていること」とは，倒産隔離要件とも呼ばれる。具体的には，倒産またはその他の理由によって譲渡人が管財人の管理下に置かれることとなった場合においても，譲渡人およびその債権者が譲渡対象資産への力を及ぼす範囲外にあることが求められる（SFAS第140号. para.9a）。この要件には，入手可能な証拠により合理的な保証が得られることが求められており，当該譲渡取引が法的にも譲渡取引であること（真正譲渡（true sales）であること）が求められている。

次に，「譲り受けた資産に関する譲受人の権利が制約されていないこと」とは，具体的には，金融資産の譲受人は，譲り受けた金融資産を担保差入する権利や交換する権利を有しており，かつ，これらの権利の利用に係る譲受人への制約や，譲渡人に対するごくわずか以上の便益（more than a trivial benefit）を与える条件が付されていないことである（SFAS第140号. para.9b）。このように，この要件は，譲受人が譲り受けた金融資産に関してどのような権利を有しているかという点に着目したものである。なお，金融資産の譲受人が同号によって規定される適格特別目的事業体（QSPE: Qualifying Special Purpose Entities）である場合（QSPEについては，第3章第5節において後述する）には，QSPEの受益権（Beneficial Interests）[5]の保有者が，上述の権利を有しているか否かという点に着目されることになる。

そして,「譲渡人による譲渡資産への継続的な支配が存在しないこと」とは,譲渡人と譲渡された金融資産との関係に着目した要件である。具体的には,(1)譲渡した金融資産に関する買戻し契約や満期前の償還によって,譲渡人が譲渡した金融資産を取り戻す権利を有していないこと,および(2)クリーンアップ・コールを除き譲渡人が一方的に特定の資産をその所有者から取り戻す権利を定めたその他の契約がないこと,の2点を満たすことが求められている (SFAS第140号. para.9c)。

2. 国際財務報告基準における金融資産の認識中止に関する会計基準

(1) 財務構成要素アプローチの導入に至る経緯

国際会計基準委員会 (IASC: International Accounting Standards Committee) は,1988年3月に開催したIASC会議において,カナダ勅許会計士協会 (CICA: Canadian Institute of Chartered Accountants) と共同で,金融商品の認識および開示に関する包括的な会計基準の検討を行うプロジェクト (以下,IASC金融商品プロジェクト) を立ち上げることを決定した。

IASCとCICAにより構成される金融商品起草委員会は,IASC金融商品プロジェクトの最初の成果として,1991年9月に公開草案E40号「金融商品 (案)」 (Exposure Draft E40: *Financial Instruments*) (IASC. 1991) (以下,公開草案E40号) を公表した。さらに,1994年1月には2度目の公開草案として,公開草案E48号「金融商品 (案)」 (Exposure Draft E48: *Financial Instruments*) (IASC. 1994a) (以下,公開草案E48号) を公表した。これら2つの公開草案では,金融資産の認識中止に係る基本的な考え方として,リスク・経済価値アプローチが採用されている[6]。

しかしながら,金融商品起草委員会は,1997年3月に討議資料として公表したディスカッション・ペーパー「金融資産および金融負債の会計処理」 (Discussion Paper: *Financial Assets and Financial Liabilities*) (IASC. 1997a) (以下,1997年DP) において,企業は金融資産に対する支配を放棄した場合には当該金融資産は売却されたものとして処理し,企業は留保された関与または便益を別個の資産または負債として認識することを提案している (1997年DP. para.4.1)。これ以降,IASCは,財務構成要素アプローチの導入に向けた検討

を重ねることととなる[7]。

1997年DPの公表後,IASCは,1997年11月に開催したIASC会議において,SFAS第125号を参考として,暫定的基準の設定に向けた検討を開始することを決定した[8]。この決定の背景には,証券監督者国際機構(IOSCO: International Organization of Securities Commissions)により指定される40項目についての一連のIAS(コア・スタンダードと呼ばれる)の設定を条件としてIOSCOがIASを承認する,という合意の存在があった。つまり,この時点のIASCにとって,金融商品の認識(認識中止を含む)および測定に関する会計基準を成立させることは,IOSCOの承認を得るための喫緊の課題であったのである。

そして,IASCは,1998年6月に公表した公開草案E62号「金融商品(案):認識及び測定」(Exposure Draft E62: *Financial Instruments: Recognition and Measurement*)(IASC. 1998d)(以下,公開草案E62号)を経て,1998年12月に,IAS第39号「金融商品:認識および測定」(IAS No. 39: *Financial Instrument: Recognition and Measurement*)(IASC. 1998h)(以下,1998年IAS第39号)を公表し,金融資産の認識中止に関する確定版の会計基準を設定した。なお,詳細は本節において後述するが,同号は2003年12月に改訂されており,金融資産の認識中止に関する会計基準の一部が変更されている。

本書では,1998年IAS第39号において規定されている金融資産の認識中止の判断に関する要件とSPEの連結会計基準との関係と,改訂後のIAS第39号において規定されている金融資産の認識中止の判断に関する要件とSPEの連結会計基準との関係についてそれぞれ検討する。そこで,以下では,1998年IAS第39号および改訂後のIAS第39号において規定される金融資産の認識中止の判断に関する要件をそれぞれ整理する。

(2) IAS第39号「金融商品:認識及び測定」(1998年12月公表)における金融資産の認識中止の考え方

1998年IAS第39号は,同号における支配を,「当該資産から生じる将来の経済的便益を獲得する能力」と定義している(1998年IAS第39号. para.10)。そして,金融資産(その一部を含む)に係る契約上の権利に対する支配を喪失したとき,かつ,そのときにのみ,当該金融資産(または当該金融資産の一部)を

〔表2-2〕1998年IAS第39号における金融資産に対する支配の喪失に関する例示

金融資産への支配を喪失している事例	(1)	譲受人は，譲渡された資産の公正価値のほぼすべてを自由に売却し，もしくは担保に供することができる場合。
	(2)	譲受人は，許容される活動が限定されたSPEであり，かつそのSPE自体またはSPEの受益権の保有者は，実質的に，譲渡された資産の便益をすべて獲得する場合。
金融資産への支配を喪失していない事例	(1)	譲渡人が，譲渡した資産を再取得する権利を有する場合。ただし，以下，①，②のいずれかの場合を除く。 ①資産が市場で容易に獲得できる。 ②再取得価額が再取得時の公正価値である。
	(2)	譲渡された資産と交換に受け取った資産の貸手としてのリターン(注1)を実質的に譲受人に提供するような条件で，譲渡人が譲渡された資産を再購入する，または買い戻す権利および義務の双方を有し，かつ負う場合。
	(3)	譲渡人が，譲渡した資産のリスクとリターンを引き続き保有する場合。具体的には，次の①，②をいう。 ①譲渡された資産は，市場で容易に取得できないものであり，かつ譲渡人は，譲受人とトータル・リターン・スワップ(注2)を通じて，所有によるリスクおよびリターンのほとんどすべてを保持している。 ②譲受人が保有する「譲渡された資産にかかる無条件のプット・オプション」を通じて，譲渡人が，所有に伴うリスクのほとんどすべてを継続して負う。

注1：貸手としてのリターンとは，「譲渡された資産によって完全に担保された融資を譲渡人に対して行った場合に獲得し得たであろうリターン」と重要な差異のないリターンをいう。
注2：トータル・リターン・スワップとは，当事者の一方にとっての市場リターンおよび信用リスクをLIBOR支払額などのような金利指数と交換に，他の当事者に提供する契約をいう。
出所：1998年IAS第39号. paras.38(a)〜(c), 41を基に作成。

認識中止しなければならないとしている（1998年IAS第39号. para.35）。さらに，同号は，「金融資産への支配を喪失している事例」，「金融資産への支配を喪失していない事例」について，〔表2-2〕に示すとおり列挙している[9]。このように，1998年IAS第39号は，金融資産に対する支配の有無に基づいて金融資産の認識中止の判断を行うことを求めていることから，基本的には，財務構成要素アプローチに相当する考え方が導入されている[10]。

ただし，同号において示されている事例の一部では，「譲渡された資産が市場で容易に取得できず，かつ譲渡人が譲受人とトータル・リターン・スワップを通じて，所有によるリスクおよびリターンのほとんどすべてを保持している場合。または，譲受人が保有する譲渡された資産に係る無条件のプット・オプションを通じて所有によるリスクのほとんどすべてを継続して負う場合」には，

金融資産の支配は譲渡人へ移転していないとされる（1998年IAS第39号.para.38c）。この考え方は，リスク・経済価値アプローチに相当する。

　すなわち，1998年IAS第39号は，基本的には財務構成要素アプローチを採用しており，金融資産に対する支配の有無に基づいて当該金融資産の認識中止の判断を行うことを求めているものの，同号において列挙されている事例の一部では，リスク・経済価値アプローチに基づく金融資産の認識中止の判断を行うことを求めているのである。この点について，太田（1999. p.346）は，1998年IAS第39号は，「財務構成要素アプローチを基調としながらも，リスク・経済価値アプローチを若干加味した折衷的なもの」であると指摘している。

(3) IAS第39号「金融商品：認識及び測定」（2003年12月改訂）における金融資産の認識中止の考え方

　2001年7月31日付けのプレスリリース（IASB. 2001）によれば，IASBは，IASCからの改組後に検討を行う最初の検討テーマとして，9つのテクニカル・プロジェクト（検討テーマ）を公表した。これらのテクニカル・プロジェクトは，(1)会計基準のコンバージェンスを目的とするプロジェクト，(2)IFRSの適用をより容易にするプロジェクト，および(3)現行の会計基準の改善を目的とするプロジェクト（以下，改善プロジェクト），に区分されている。

　9つのテクニカル・プロジェクトのうち，IAS第39号は，上記(3)に区分される改善プロジェクトの1つとして挙げられ，IASB関係者およびIAS第39号適用委員会（IAS39IGC: IAS39 Implementation Guidance Committee）[11]によってこれまでに特定された項目を中心に，改訂に向けた作業が進められた。そして，IASBは，改訂作業の成果として，2003年12月17日付けでIAS第39号の改訂版（以下，2003年IAS第39号）を公表した[12]。

　金融資産の認識中止に関連する項目に限定していえば，2003年IAS第39号は，〔図2-4〕に示すフローチャートに従って，金融資産の認識中止に関する判断を行うことを求めている。このフローチャートによれば，まず，リスクと経済価値のほとんどすべてが移転しているか否かという判断を行い，次いで，金融資産に対する支配と継続的関与の有無により判断をすることが求められている。このように，2003年IAS第39号は，財務構成要素アプローチとリスク・経済価

第2章 証券化取引と特別目的事業体の連結会計基準に関する論点の整理

〔図2-4〕2003年IAS第39号における金融資産の認識中止の要件とその適用順序

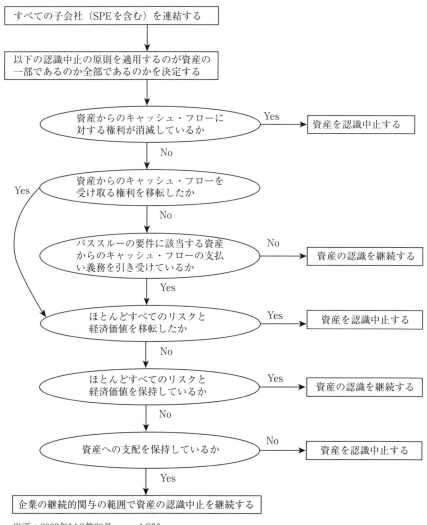

出所：2003年IAS第39号. para.AG36.

値アプローチの混合モデルであるものの，その適用順序を示すことによって，2つのアプローチの並存を可能としている。

なお，2003年IAS第39号は，IAS第27号（IAS第27号の解釈指針であるSIC12

号を含む）に従って，SPEを含むすべての子会社を連結し，その上で，金融資産の認識中止の判断を行うことを指示している。この点については，第4章において後述する。

3．わが国における金融資産の認識中止に関する会計基準

(1) 財務構成要素アプローチの導入に至る経緯[13]

わが国では，企業会計審議会において，1996年7月より金融商品に係る会計基準に関する検討が開始された。金融商品に係る会計基準に関する当初の検討は，企業会計審議会の特別部会・金融商品委員会において行われ，その後，1997年2月に行われた同審議会の部会改組に伴って，新たに設立された金融商品部会において審議が重ねられた[14]。

特別部会・金融商品委員会および金融商品部会は，SFAS第125号をベースに金融資産の認識中止に関する会計基準の設定に向けた審議を重ね，企業会計審議会は，1997年6月6日に公表した「金融商品に係る会計処理基準に関する論点整理」（企業会計審議会. 1997b）（以下，金融商品論点整理）において，財務構成要素アプローチの導入を提案した。金融商品論点整理は，財務構成要素アプローチを導入する根拠として，会計基準の国際的動向に加えて，わが国における証券化市場（原文では，債権流動化市場—筆者改変）の活性化を挙げている。

具体的には，「リスク・経済価値のほとんど全てが移転しなければオフ・バランスできないとすることは，債権の流動化（本書でいうバランスシート型金融資産証券化—筆者加筆）を阻害する要因となりかねず，実質的な経済効果を捉えて債権をその構成要素に分解することにより部分的に移転が認識出来れば，当該部分をオフ・バランスできるとすることが適当ではないかと考えられる」（金融商品論点整理. Ⅱ.5.金融資産・負債のオフバランス化）と指摘している。

これらの指摘のうち，「（証券化を含め，金融資産の譲渡取引における—筆者加筆）実質的な経済効果を捉えて債権をその構成要素に分解することにより部分的な移転を認識すべき」という点は，FASBが財務構成要素アプローチを導入した際の主張と同様である。

〔表2-3〕 金融商品会計基準および金融商品会計基準注解における
金融資産の支配の移転の3要件

(1)	譲渡された金融資産に対する譲受人の契約上の権利が、譲渡人及びその債権者から法的に保全されていること。
(2)	譲受人が譲渡された金融資産の契約上の権利を直接又は間接に通常の方法で享受できること。なお、金融資産の譲受人が「一定の要件を満たす会社、信託又は組合等のSPE」(注)の場合には、当該SPEが発行する証券の保有者を当該金融資産の譲受人とみなして、金融資産の契約上の権利を享受できるか否かが判断される。
(3)	譲渡人が譲渡した金融資産を当該金融資産の満期日以前に買戻す権利及び義務を実質的に有していないこと。

注:例外規定の要件を満たすSPEをいう。この点については、第5章第2節において後述する。
出所:金融商品会計基準,第二,二,1,および金融商品会計基準注解,注4。

(2) わが国における金融資産の認識中止に関する会計基準の考え方

　金融商品論点整理の公表後、企業会計審議会は、1998年6月16日付けで、「金融商品に係る会計基準の設定に関する意見書（公開草案）」、「金融商品に係る会計基準（案）」、「金融商品に係る会計基準注解（案）」を公表し、その翌年（1999年）の1月22日に、「金融商品に係る会計基準の設定に関する意見書」（以下、金融商品意見書）、「金融商品に係る会計基準」（以下、金融商品会計基準）、「金融商品に係る会計基準注解」（以下、金融商品会計基準注解）を公表した[15]。

　金融商品会計基準および同注解は、(1)金融資産の契約上の権利を行使したとき（例えば、債権者が貸付金等の債権に係る資金を回収した場合）、(2)金融資産の契約上の権利を喪失したとき（例えば、コール・オプションの権利行使日が到来した場合）、(3)金融資産の契約上の権利が他に移転したとき（例えば、保有する有価証券等を譲渡（売却）する場合）、のいずれかの要件を満たした場合に、当該金融資産を認識中止することを求めている。これらの要件のうち、上記(3)の「金融資産の契約上の権利が他に移転したとき」とは、〔表2-3〕に示す「金融資産の支配の移転の3要件」と呼ばれる3つの要件をすべて満たした場合である。

　金融資産の支配の移転の3要件のうち、最初の要件は、譲渡人に倒産等の事態が生じた場合であっても、譲渡人やその債権者等が譲渡された金融資産に対して請求権などのいかなる権利も有していないこと等、譲渡された金融資産が譲渡人等の倒産リスク等から確実に切り離されていることを求めたものである。

譲渡人が倒産した場合に当該譲渡が法的に無効となることが想定される場合や，譲渡人が買戻権を有する場合には，当該譲渡取引は，金融資産の支配が移転している取引とは認められない。つまり，この要件は，譲渡人と譲受人との間で倒産隔離が図られていることを求めたものであり，主に法的な観点から判断される。

　次の要件は，譲受人が譲り受けた金融資産を実質的に利用し，元本の返済，利息または配当の受取によって，投下した資金等のほとんどすべてを回収できる権利など，譲受人が譲り受けた金融資産の契約上の権利を直接または間接に通常の方法で享受できることを求めたものである。譲渡制限や実質的な譲渡制限となる買戻条項などが付帯する金融資産の譲渡取引において，譲渡制限自体は支配の移転を阻むものではないが，当該金融資産の譲受人が譲り受けた金融資産の契約上の権利を通常の方法で享受することが制約されている場合には，当該譲渡取引は，金融資産の支配が移転している取引とは認められない。

　最後の要件は，実質的に金融取引であれば，当該資産の認識中止は認められないとするものである。具体的には，債権の現先取引や債券レポ取引といった取引のように，一定期間後に一定の価格で買戻すことによって当該取引を完結することがあらかじめ合意されているような取引であれば，その法的形式が売買取引であっても支配の移転は認められない。

　なお，企業会計基準委員会は，2006年8月に企業会計基準第10号「金融商品に関する会計基準」を公表し，金融商品会計基準および同注解を差し替えているが，金融資産の認識中止に関する内容は同様のものである。

注
1　なお，資産譲渡に係る法的な要件と，会計上の資産譲渡の要件は必ずしも一致するわけではないが，通常は，資産譲渡に係る法的な要件と会計上の要件は密接にリンクしており，SPEへの資産譲渡取引が法的に売却取引として認められない場合には，SPEによって発行される証券は，ABSとしての要件を満たさないことになる。
2　本書では，国際会計基準委員会（IASC: International Accounting Standards Committee）が公表する国際会計基準（IAS: International Accounting Standards）と，IASCを改組して発足した国際会計基準審議会（IASB: International Accounting Standards Board）が公表する国際財務報告基準（IFRS: International Financial Reporting Standards）の総称として，IFRSと表記する。なお，本書の章・節・項の見出しなどでは，国際会計基準と

国際財務報告基準を適宜選択して表記している。

3　FASB金融商品プロジェクトにおいて行われた財務構成要素アプローチをめぐる議論については，SFAS第125号「金融資産の譲渡及びサービス業務並びに負債の消滅に関する会計処理」（FASB. 1996）の「序文および範囲（Introduction and Scope）」，「背景の説明および結論の根拠（Background Information and Basis of Conclusions）」，および山田（1995. pp.15-46）に依拠している。

4　サブプライム金融危機とその後の世界金融危機を受けて，FASBは，2009年6月にSFAS第166号「金融資産の譲渡に関する会計処理—SFAS第140号の改訂」を公表した。FASBによる会計基準のコード化以降，同号は会計基準編纂書（ASC）860「譲渡およびサービス業務」（以下，ASC860）へと再編されている。SFAS第166号およびASC860のうち，SPEの連結会計基準に関連する箇所については，第7章第2節において検討する。

5　受益権とは，信託または他の事業体からの特定されたキャッシュ・インフローの全部，または一部を受け取る権利をいう（SFAS第140号. para.364）。

6　金融資産の認識中止にあたって，公開草案E40号は「リスクと経済価値が他に移転した時」としていた。公開草案E48号では，「実質的に全てのリスクと経済価値が他に移転した時」へと修正された。

7　1997年DPによれば，公開草案E40号や公開草案E48号において採用されたリスク・経済価値アプローチに対して，多くの批判が寄せられたことが明らかにされている。その上で，1997年DPは，財務構成要素アプローチは，伝統的なリスク・経済価値アプローチよりも概念的に優れており，金融資産への支配の要件を明確にすることができれば，財務構成要素アプローチが合理的に適用できる，としている（1997年DP. chap. 3. para.5. 7, para.9. 13）。

8　これと同時に，IASCおよび主要な会計基準設定主体から構成されるジョイント・ワーキング・グループ（JWG: Joint Working Group of Standard-Setters）において，金融商品に関する包括的な会計基準を引き続き検討することが決定された。

9　ただし，米国会計基準（SFAS第125号，SFAS第140号）やわが国会計基準（本節において後述する）とは異なり，金融資産の認識中止の判断に関する要件は明示されていない。

10　なお，各国の法制度が異なることから，1998年IAS第39号は，「譲渡人の倒産リスクからの隔離を図ること」を当該金融資産への支配を放棄する要件とはしていない。これは，2003年IAS第39号においても同様である。

11　IAS39IGCとは，IAS第39号の適用指針を公表することを目的としてIASC内に設立された諮問委員会である。IAS39IGCは，各国の会計基準設定主体，監査人，銀行家および財務諸表作成者としての経歴を有する金融商品の上級専門家で構成され，バーゼル銀行監督委員会，IOSCO，欧州委員会（EC: Eurppean Committee）がオブザーバーとして参加していた。IAS39IGCにより公表されたIAS第39号適用指針（IAS39IG: IAS39 Implementation Guidance）はQ&A形式の指針であり，最終的には200項目以上の指針が公表されている。

12　改訂IAS第39号には，IAS39IGの一部が組み込まれている。

13　特に断りがない限り，大塚編（1999. pp.24-33）および小宮山（2000. pp.74-82）に依拠している。

14　わが国会計基準では，「金融資産の消滅の認識」というが，本書では，認識中止（derecognition）という用語へ統一している。

15　金融商品会計基準および同注解は,企業会計基準委員会が2006年8月11日付けで公表した企業会計基準第10号「金融商品に関する会計基準」に差し替えられている。ただし,金融資産の認識中止に関する基準の変更はない。そのため,本書では,金融商品会計基準および同注解に基づいて検討している。

第3章
米国における
特別目的事業体の連結会計基準の形成

第1節 米国における連結範囲の決定基準に関する原則的な考え方

1．ARB第51号「連結財務諸表」の考え方

　会計研究公報第51号「連結財務諸表」（Accounting Research Bulletin No. 51: *Consolidated Financial Statement*）（以下，ARB第51号）は，1959年8月に米国公認会計士協会（AICPA: American Institute of Certified Public Accountants）の会計手続委員会（CAP: The Committee on Accounting Procedure）によって公表された基準書である[1]。

　ARB第51号は，事業体の連結範囲の決定にあたり，直接または間接に他の会社の支配的財務持分（controlling financial interests）を有する場合に，当該他の会社を連結範囲に含めることを求めている。そして，支配的財務持分を有するための通常の条件とは，過半数の議決権持分を有することとしている（ARB第51号．paras.1-2）。

　ただし，ARB第51号は，支配が一時的である場合，または過半数の議決権所有者に支配が及ばない場合（例えば，子会社が法律上の更正会社または破産会社である場合）には，連結を禁止しており，他にも，相対的に大きな少数株主持分を有する会社や，外国子会社，親会社と業種の異なる子会社（以下，異業種子会社。例えば，親会社が製造業である場合の金融子会社）を連結範囲から除外することを認めている（ARB第51号．paras.2-3)[2]。これらの連結除外規定のうち，異業種子会社を連結除外とする例外規定については，後にFASBにより再検討されることとなる。

39

2．異業種子会社の連結除外規定の見直し

　AICPAは，当時の連結会計基準について問題提起をするために公表した一連の論点提示書（Issue Papers）[3]のうち，1978年12月27日に公表した論点提示書「連結財務諸表における金融子会社の報告」（Issue Paper: *Reporting Financial Subsidiaries in Consolidated Financial Statements*）において，ARB第51号の例外規定のうち，異業種子会社を連結除外とする例外規定の見直しを提案した。これは，ARB第51号において設けられた異業種子会社の連結例外規定が一種の抜け道として利用されるという，非連結金融子会社を用いたオフ・バランス金融（off-balance sheet financing）[4]の濫用への批判を受けて提案されたものである（Miller and Redding. 1988. pp.92-94, 邦訳. pp.129-131, 山地. 2000. pp.49-52, 80-81）。

　AICPAによる論点提示書の公表後，非連結金融子会社を用いたオフ・バランス金融に関する検討は，1973年5月のAPBの解散に伴って，新たに発足したFASBに引き継がれることとなった。FASBは，1982年1月に立ち上げた「連結および連結に関連する諸問題についてのプロジェクト」（以下，FASB連結プロジェクト）[5]において，異業種子会社の連結除外規定の見直しに向けた検討を重ね，1987年10月に公表したSFAS第94号「すべての過半数子会社の連結」（SFAS No. 94: *Consolidation of All Majority-Owned Subsidiaries*）（以下，SFAS第94号）において，異業種子会社を連結除外とする例外規定を削除した[6]。これにより，非連結金融子会社を用いたオフ・バランス金融の問題の解決が図られている。

第2節　緊急問題専門部会による特別目的事業体の連結に関する合意事項

1．緊急問題専門部会による特別目的事業体の連結に関するの合意事項の概要

　FASBは，SPEの連結会計基準として，2003年1月にFASB解釈指針書第46

号「変動持分事業体の連結-ARB第51号の解釈指針」(本章第4節において後述)を公表したが,同号が公表される以前は,緊急問題専門部会(EITF: Emerging Issues Task Force)[7]の合意に基づいて,SPEの連結要否の判断を行うことが求められていた。

EITFは,1984年10月と同年11月に開催したEITF会議において,SPEの連結に関する問題の検討に着手した。この時点では合意には至らなかったものの,1989年2月に開催したEITF会議において,オブザーバーとして参加した米国証券取引委員会(SEC: U.S. Securities and Exchange Commission)の主任会計官により,SPEとの関与から生じるリスクと経済価値に着目してSPEの連結要否の判断を行うことが提案された。

詳細については本節および第3節以降において検討するが,SEC主任会計官による上述の提案は,その後のEITFの合意やFASB連結プロジェクトにおいて行われたSPEの連結会計基準をめぐる議論の出発点となっている。以下,本節では,SPEの連結要否の判断に関するEITFの主要な合意等について検討する。

2．EITF論点第84-30号「特別目的事業体への貸付金の売却」の考え方

EITF論点第84-30号「特別目的事業体への貸付金の売却」(EITF Issue No. 84-30: *Sales of Loans to Special-Purpose Entities*)(以下,EITF論点第84-30号)は,米国の会計基準設定主体が初めてSPEの連結に関連する問題を検討したものといわれている(Bockus, Northcut and Zmijewski. 2003. pp.195-196)。なお,EITF論点の論題番号である「第84-30号」とは,1984年に検討が開始された30番目の論題であることを意味する。

EITF論点第84-30号は,1984年10月18日および同年11月15日に開催されたEITF会議において当初の検討が行われた。ここでは,銀行の貸出金を買い取ることを目的として設立された過小資本のSPEが,第三者から借り入れた資金で銀行の貸出金を購入した場合に,銀行は,当該SPEとは資本関係がない場合であっても,当該SPEを連結する必要があるか否かという問題が検討された。

同号は,結果としては最終的な合意には至らなかったものの,1989年2月23日に開催されたEITF会議にオブザーバーとして参加したSEC主任会計官により,SPEに資産を譲渡した銀行等の金融機関が当該SPEを非連結とするための要件

41

として，(1)SPEの持分の過半数は，独立した第三者によって拠出されていること，(2)独立した第三者によるSPEへの出資は，実質的に多額であること，(3)当該出資者（独立した第三者）がSPEを支配しており，実質的なリスクと利益（残余持分を含む）は，当該出資者（独立した第三者）に帰属していること，の3点が提案された。SECの主任会計官によるこれらの提案は，EITFにおいて引き続き検討が重ねられ，後述するEITFトピックD-14号「SPEが関与する取引」に反映されている。

3．EITFトピックD-14号「特別目的事業体が関与する取引」の考え方

EITFトピックD-14号「SPEが関与する取引」（EITF Topic D-14: *Transactions involving Special Purpose Entities*）（以下，EITFトピックD-14号）は，特定の債権，リース取引，およびSPEが関与するその他の取引において，SPEを連結すべきであるか否か，およびSPEへの資産の譲渡を売却処理すべきであるか否か，という問題に関するEITFの合意である。なお，EITFトピックとは，これまで長期間にわたって検討が行われてきた論題についての合意事項であり，EITFトピックD-14号は，1989年2月23日，5月18日および翌年の5月31日に開催されたEITF会議における審議を経て，合意・公表されたものである。

EITFトピックD-14号は，SPEの持分の過半数所有者が，(1)SPEに対して実質的な持分投資を行っている，(2)SPEを支配している，(3)SPEの資産の所有による実質的なリスクと経済価値を保有している，という状況をすべて満たしていれば，SPEへ資産を譲渡した者は，当該SPEを非連結とし，SPEへの資産譲渡を売却取引として会計処理すること（当該資産を認識中止すること）が妥当であるとしている。

逆に，①SPEの持分所有者が当該SPEの名目的な持分しか保有しておらず，②SPEの事業活動は，実質的に設立者（SPEを設立した者）あるいは譲渡人のために行われ，③直接的あるいは間接的に，SPEの資産・負債の実質的なリスクと経済価値がSPEの設立者またはSPEに資産を譲渡した者に残っている，という状況では，SPEの非連結処理および資産の売却処理は認められない。つまり，EITFトピックD-14号では，上記①～③の要件のいずれか1つでも満たさない状況にあれば，SPEの連結は求められないことになる。なお，リース取

引に用いられるSPEの連結に関する問題は，引き続きEITFにおいて検討することとされた。

このように，EITFトピックD-14号におけるSPEの連結に関する合意内容の特徴は，「リスクと経済価値の帰属に基づいてSPEの連結要否の判断を求めていること」および，「SPEの連結と資産の認識中止との区別をせず，同時に解決すべき課題として認識している」点にあるといえる。

4．EITF論点第90-15号「リース取引における実態のない賃貸人，残余価値保証，およびその他の規定の影響」の考え方

EITF論点第90-15号「リース取引における実態のない賃貸人，残余価値保証，およびその他の規定の影響」(EITF Issue No. 90-15: *Impact of Nonsubstantive Lessors, Residual Value Guarantees, and Other Provisions in Leasing Transactions*)（以下，EITF論点第90-15号）は，EITFトピックD-14号に関する追加的な指針として，リース取引のために設立されるSPEの連結要否の判断に関するEITFの合意として公表された。同号は，1990年にEITFの検討課題に追加され，1990年7月21日，同年9月10日，同年11月8日に開催されたEITF会議において行われた審議を経て，1991年1月10日に開催されたEITF会議において合意・公表された。

EITF論点第90-15号は，(1)実質的にSPE事業活動のすべてが単一の借手に対するリースに係るものである，(2)リース資産についての予想される実質的な残余リスク，すべての残余の経済価値，およびSPEの債務が直接または間接に借手に帰属する，(3)SPEの所有者はリース期間を通じてリスクを負うのに十分な実質的な劣後持分投資をしていない，という3要件をすべて満たす場合に，借手に対して貸手であるSPEを連結範囲に含めることを求めている。ただし，これらの要件のいずれか1つでも満たさない状況であれば，借手は，貸手であるSPEの連結を要しないことになる。

加えて，上記(3)の要件である「リース期間を通じてリスクを負うのに十分な実質的な劣後持分投資」については，1991年7月11日に開催されたEITF会議において，SEC主任会計官から提出された書簡によって，その最小割合として，SPEの総資産の3％という数値が示された（EITF論点第90-15号，Question

No.3)。

このように，米国では，リース取引に用いられるSPEの連結要否の判断は，EITF論点第90-15号，それ以外のSPEはEITFトピックD-14号に従って連結要否の判断を行うことが求められていた。しかしながら，EITF論点第90-15号に関するSEC主任会計官の見解が拡大解釈されるようになり，実務上では，外部の第三者によってSPEの総資産の3％以上の劣後持分投資が行われている場合には，リース取引以外の目的で設立されるSPEであっても，当該SPEを連結範囲から除外できると解釈されていた。Hartgraves and Beston（2002. pp.251-253）や山地（2003. p.26）によれば，かかる解釈によって連結範囲から除外されたSPEが不正の温床となったと指摘されている。

第3節　FASB連結プロジェクトにおける特別目的事業体の連結会計基準をめぐる議論

1．討議資料「連結方針および連結手続に関する諸問題の分析」における特別目的事業体の連結の考え方

EITFの合意による対応を図る一方で，FASBは，FASB連結プロジェクトにおいて，SPEの連結会計基準に関する検討を開始し，1991年9月10日に公表した討議資料「連結方針および連結手続に関する諸問題の分析」(Discussion Memorandum: *An Analysis of Issues Related Consolidation Policy and Procedures*)（FASB. 1991）（以下，1991年討議資料）において，SPEの連結会計基準に関する論点を取り上げた。

1991年討議資料は，「SPEの連結に関する会計問題は，ここ数年の間，企業の会計担当者や財務諸表の利用者などにより疑問が生じる状況として指摘されており，FASBが注目をしている論点の1つである」と指摘している（1991年討議資料. para.32）。そして，「これまでの議論で，SPEを連結から除外することによってSPEのスポンサーにオフ・バランス金融の機会を与えることや，それによりスポンサーが本来よりもレバレッジを低く見せうることに対し，懸念

が示されてきた」と述べている（1991年討議資料. para.190）。このように，1991年討議資料では，従来の連結会計基準では連結範囲に含まれないように設立されるSPEについて，「どのような条件を設定して連結要否を判断すべきであるか」という問題提起がされている。

1991年討議資料は，SPEについて，スポンサーが設立する「スポンサー以外の他の者によって名目的に所有される『会社またはその他の事業体』で，新たに設立される際に規定された契約条項によって，主にあるいは専らスポンサーの目的を果たすために利用される事業体」であり，スポンサーは「金融資産の証券化，税制上の優遇措置の享受，資金調達コストの低減などを目的としてSPEを設立する」と説明している（1991年討議資料. para.187）。そして，SPEの普通株式の名目的な所有者は，慈善団体，スポンサーとの協調が期待される当事者，あるいは顧客のためにSPEの設立や運営等のサービスを提供する金融機関であり，支配力を行使する親会社というよりも，むしろこれらの名目的な所有者に支払われる固定的な手数料ないしは報酬を受け取るという権利が付与されている受動的な役割を果たす投資家・専門業者であるとしている（1991年討議資料. para.187）。

その上で，1991年討議資料は，スポンサーは，たとえ所有者持分（ownership interest）を保有しない場合であっても，契約またはSPEの設立当初に設定した他の協定により，SPEのすべての主要な営業および財務方針を左右することが可能であることから，本質的には，スポンサーは議決権付株式の過半数を保有しているのと同程度の支配力を保有しており，また，過半数の持分請求権（equity interest）の所有によって得られる便益の過半を得ているであろうと指摘している（1991年討議資料. para.188）。そして，SPEは，その重要な所有者持分を持たない場合であっても，支配は保持されるとしている（1991年討議資料. para.189）。

このような性格を有するSPEの連結にあたり，1991年討議資料では，支配は事実であり推定ではないとする意見もあるとした上で（1991年討議資料. para.191），議決権の過半数保有，あるいは相当に高い比率の少数議決権持分の保有という状況に限定すべきと主張する者であっても，SPEの連結要否の判断にあたっては「支配の推定（presumption of control）」規定を適用すべきと

提案していることを挙げている。そして,「SPEのスポンサーが明確に支配(SPEに対する支配－筆者加筆)を放棄するか,あるいは議決権の過半を保有する他の事業体が公然と支配の存在を主張するまでは,SPEのスポンサーが当該SPEを連結範囲に含めるべきである」と主張している(1991年討議資料. para.190)。

2．「連結方針に関する主要問題についての予備的見解」における特別目的事業体の連結の考え方

　1991年討議資料の公表後,FASBは,1991年討議資料に対して送付されたコメントを検討した結果,連結手続の検討に先立って,連結方針に関する検討を優先的に進めることとし,1994年8月26日付けで,「連結方針に関する主要問題についての予備的見解」(*Preliminary Views on Major Issues Related to Consolidation Policy*)(FASB. 1994c)(以下,1994年予備的見解)を公表した。

　1994年予備的見解は,会社および会社に類似する統制機関を有する事業体の連結要否の判断にあたり,議決権の過半数の所有に代表される「法的支配(legal control)」と,法的支配以外の方法により,統制機関の構成員の過半数を選任・任命できる「実質的支配(effective control)」があるとしている。そして,「会社」に対する実質的支配の存在の有無についての判定基準として,4つの「実質的支配の推定(presumptions of effective control)」(以下,支配の推定規定)と9つの「実質的支配の指標(indicators of effective control)」を示している[8]。

　その上で,会社形態のSPEの連結要否の判断にあたっては,スポンサー[9]がSPEの議決権の過半数を所有していない場合に,上述の支配の推定規定の1つである「ある会社の基本定款,付属定款または信託契約書の中で,ある『会社』の基本定款または付属定款の中に,(1)設立者(creator)以外の者は(または法律上の正当な手続きによらない限りは),その定款の規定を変更できず,また,(2)その『会社』の活動は,設立者によって開始されるか,または設立者によってあらかじめ予定されていたものであって,将来の純キャッシュ・インフローまたはその他の将来の経済的便益をもっぱらその設立者に提供する活動に制限される旨の規定(1994年予備的見解. para.36.d)」の存在が特に重要であると指摘している(1994年予備的見解. para.61)。

3．公開草案「連結財務諸表：方針と手続」における
　特別目的事業体の連結の考え方

　1994年予備的見解の公表後，FASBは，1994年予備的見解に対して送付されたコメントを踏まえて審議を重ね，1995年10月16日付けで公開草案「連結財務諸表：方針と手続」(Exposure Draft: *Consolidated Financial Statements: Policy and Procedures*) (FASB. 1995a)（以下，1995年連結公開草案）を公表した。

　1995年連結公開草案は，「設立された事業体に，議決権付株式または構成員の議決権が存在せず，その事業体の基本定款，付属定款または信託契約書の中で，(1)事業体の設立者（スポンサー）以外の者は，その事業体の定款等の規定を変更できず，また(2)その事業体の活動は，取締役会または評議員会の権限も含めて，実質的にすべての将来の純キャッシュ・インフローもしくはその他の将来の経済的便益（economic benefit）を，その事業体の設立者に提供する活動に制限される旨の規定が存在する事業体は，設立者によって支配されているものと推定する」としている（1995年連結公開草案. para.14.d.）。このように，1995年連結公開草案では，1994年予備的見解において提案されたSPEに対する支配の推定規定が踏襲されている。

〔表3-1〕1995年連結公開草案におけるSPEの連結に係る規定に対して
　　　　送付された主なコメント

指摘された問題点	コメントの概要
SPEの設立者，スポンサーに関する考え方	SPEの設立者のみに焦点を置くことは，多くの場合，狭すぎる。しかも，典型的な証券化においては，資産の譲渡人，投資銀行アドバイザー，信用保管者，投資家など多数の参加者が含まれるので，だれをSPEの設立者ないしスポンサーと考えるか明白でない（アーンスト・アンド・ヤング，チェース／ケミカル銀行）。
1995年連結公開草案における支配とSFAS第125号における支配の定義との関係	1995年連結公開草案とFASB基準書第125号は共に支配の分析に基づくものであるが，金融資産の証券化に関して，両者がどのように関連づけられるか不明確であり，その結論も相矛盾する（アーサー・アンダーセン，クーパース・アンド・ライブランド，アーンスト・アンド・ヤング，チェース／ケミカル銀行）。
設立者にもたらす経済的便益の性質	SPEが設立者にもたらす将来の経済的便益は，SPEとの最初の取引時に授受された便益のみで十分なのか，その後の継続的な経済的便益の提供をも必要とするものなのか（プライス・ウォーターハウス）。

出所：古賀（1997. p.92）を基に作成。

ただし，1995年連結公開草案の公表後，SPEに対する支配の推定規定については，金融機関や企業関係者，会計事務所より多くの批判が寄せられ，SPEを取り巻く複雑な状況の中で支配が存在するかどうかを判断するための明確な指針を提供していないとの懸念が表明された（古賀. 1997. p.92）。SPEを念頭に置いた推定規定に対するコメントにおいて，(1)SPEの設立者，スポンサーに関する考え方，(2)連結公開草案における支配とSFAS第125号における支配の定義との関係（この点については，本章第5節において検討する），(3)設立者にもたらす経済的便益，に関する問題点が指摘された。これらの概要は〔表3-1〕のとおりである。

4．改訂公開草案「連結財務諸表：目的と方針」における特別目的事業体の連結の考え方

1995年連結公開草案の公表後，FASBは，SPEの連結要否の判断基準を含む連結会計基準について再検討を行い，1999年2月23日付けで改訂公開草案「連結財務諸表：目的と方針」(Exposure Draft (Revised): *Consolidated Financial Statements: Purpose and Policy*)（FASB. 1999a）（以下，1999年連結公開草案）を公表した。1999年連結公開草案では，1995年連結公開草案において提案された支配の推定に関する6つの条件の見直しが図られ，SPEに対する支配の推定規定は削除されている。

1999年連結公開草案は，SPEの連結に対する支配の推定規定を削除した理由を「複数のコメント提出者より，スポンサーや設立者という用語に対して，より明確にすべきかあるいは削除すべきであると指摘を受けたこと，および，必ずしも明確ではないがいずれの場合にも支配が存在できるのではないかとの結論を下したことによるもの」と説明している（1999年連結公開草案. para.242）。その上で，同公開草案は，SPEをめぐる多様かつ複雑な状況を特に念頭に置いた支配の推定の条件を設けるのではなく，1999年連結公開草案の例示によって提供された指針を発展させることが望ましいとしている（1999年連結公開草案. para.242）。

5．作業草案「連結方針－修正アプローチ」における
　特別目的事業体の連結の考え方

　1999年連結公開草案の公表後，FASBはSPEの連結に関する指針の検討を引き続き進め，2000年9月に作業草案「連結方針－修正アプローチ」(Working Draft: *Consolidation Policy–Modification Approach*)（FASB. 2000b）（以下，2000年作業草案）を公表した。

　2000年作業草案は，SFAS第140号に規定されるQSPEでないことを前提として，(1)現時点で当該事業体の事業活動や権限を変更する能力を有している場合，または，(2)リターンが著しく変動する可能性のあるSPEの財務持分の保有割合が過半数に満たない場合であっても，他の関係者よりも多くの割合を保有する場合，のいずれかに該当する場合には，当該SPEを連結範囲に含めることを求めている。2000年作業草案において示されているSPEの連結要否の判断に関するフローチャートは，〔図3-1〕のとおりである。

　ただし，2000年作業草案の公表後，FASBは，2001年第2四半期までに連結方針に関する基準書とSPEの連結会計基準の公開草案を公表することを計画していたが，2001年1月に行われたFASB会議における審議の結果，FASB内部の支持が得られなかったとして，FASBは，これらの公表を延期することを決定している（FASB. 2001a, FASB. 2001b. p.1, 9, 鳥飼. 2001. p.203）。

　このように，FASBは，EITFによる対応に加えて，FASB連結プロジェクトにおいてSPEの連結会計基準に関する検討を重ねていたが，2001年末のエンロン社の破綻によってSPEの連結会計基準に対する批判の声が高まることとなった時点では，FASB連結プロジェクトの成果としてのSPEの連結会計基準の公表には至らなかったのである。

〔図3-1〕2000年作業草案におけるSPEの連結要否の判断に関するフローチャート

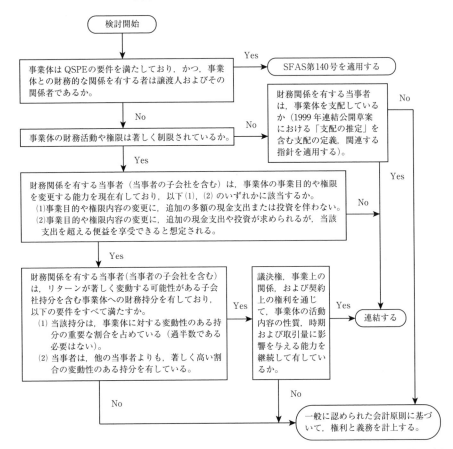

出所：2000年作業草案. 7, *Assessing Consolidation from the Perspective of a Party Having a Financial Relationship with Another Entity* を基に作成（一部邦訳として，鳥飼（2001. pp.200-202），久禮編（2008. pp.361-363）を参照）。

第4節　エンロン社の不正会計事件と
　　　　特別目的事業体の連結に関する新たな会計基準

1．エンロン社の不正会計事件の概要[10]

(1) エンロン社の破綻に至る経緯と過年度財務諸表の修正事項

　エンロン社（Enron corp.）は，1985年に，ヒューストン・ナチュラル・ガス社（Huston Natural Gas）とインターノース・オブ・オマハ社（InterNorth of Omaha）という天然ガス・パイプライン会社2社の合併により設立された。設立当初，同社は，パイプラインの敷設運営を基本として，電力会社に対する天然ガス・石油の供給事業を行っていた。その後，天然ガスや電力の売買取引，天候デリバティブの取扱いを始め，1999年には，エンロン・オンライン（Enron Online）と呼ばれるインターネット上のエネルギー取引所を開設した。エンロン・オンラインでは，天然ガスや電力などのエネルギー関連商品以外にも，インターネットの帯域幅などの商品が取り扱われていた。

　これらの事業の成功により，エンロン社は，1996年から2000年にかけて，フォーチュン誌（*Fortune*）による「米国における最も創造的な企業」に5年連続で選出され，また，2001年初頭には時価総額600億ドルを突破し，収益額では全米第7位の企業へと成長した。

　しかし，エンロン社は，2001年10月16日に実施した2001年第3四半期の業績発表の際に，10億1,000万ドルの特別損失（税引後）が生じたことを公表した。この特別損失のうち，5億4,400万ドルはSPEを用いたヘッジ取引の破綻の結果によるものであった（Enron. 2001a）。さらに，エンロン社は，2001年11月8日付けで公表した臨時報告書（Form 8-K）において，本来であれば同社の連結範囲に含めるべき複数のSPEが，不正に連結範囲から除外されていたとして，1997年から2000年までの各事業年度，2001年第1四半期，第2四半期の連結財務諸表を遡及修正し，2001年第3四半期の自己資本が12億ドル減少することを公表した（Enron. 2001b）。

　Form 8-Kにおいて明らかにされた決算修正の内容は，2001年11月19日付け

〔表3-2〕エンロン社の過年度連結財務諸表の修正事項

単位（100万ドル）

	1997年	1998年	1999年	2000年	2001年 第1Q	2001年 第2Q	合計
当期純利益（当初報告）	105	703	893	979	425	404	3,509
当期純利益（修正後）	26	564	563	842	460	409	2,864
修正差額	-79	-139	-330	-137	35	5	-645
差額内訳：							
SPE連結の影響(注1)	-28	-133	-248	-99	6	-	-502
その他監査上の修正(注3)	-51	-6	-10	-38	29	5	-71
修正差額／当期純利益（修正後）	-303.8%	-24.6%	-58.6%	-16.3%	7.6%	1.2%	-22.5%
資産の部（当初報告）	22,552	29,350	33,381	65,503	67,260	63,392	281,438
資産の部（修正後）	22,924	29,442	33,272	64,926	65,179	62,829	278,572
修正差額	372	92	-109	-577	-2,081	-563	-2,866
差額内訳：							
SPE連結の影響(注1)	451	160	181	-161	6	6	643
資産の部の修正(注2)	-	-	-	-172	-1,000	-1,000	-2,172
その他監査上の修正(注3)	-79	-68	-68	-244	-1,087	431	-1,115
修正差額／資産の部（修正後）	1.6%	0.3%	-0.3%	-0.9%	-3.2%	-0.9%	-1.0%
負債の部（当初報告）	6,254	7,357	8,152	10,229	11,922	12,812	56,726
負債の部（修正後）	6,965	7,918	8,837	10,857	11,922	12,812	59,311
修正差額	711	561	685	628	-	-	2,585
差額内訳：							
SPE連結の影響(注1)	711	561	685	628	-	-	2,585
その他監査上の修正(注3)	-	-	-	-	-	-	-
修正差額／負債の部（修正後）	10.2%	7.1%	7.8%	5.8%	0.0%	0.0%	4.4%
資本の部（当初報告）	5,618	7,048	9,570	11,470	11,727	11,740	57,173
資本の部（修正後）	5,309	6,600	8,724	10,289	10,506	10,787	52,215
修正差額	-309	-448	-846	-1,181	-1,221	-953	-4,958
差額内訳：							
SPE連結の影響(注1)	-258	-391	-710	-754	66	66	-1,981
資本の部の修正(注2)	-	-	-	-172	-1,000	-1,000	-2,172
その他監査上の修正(注3)	-51	-57	-136	-255	-287	-19	-805
修正差額／資本の部（修正後）	-5.8%	-6.8%	-9.7%	-11.5%	-11.6%	-8.8%	-9.5%

注1：連結範囲から除外されていた3つのSPEを連結に含めたもの。Chewco（Chewco Investment L. P.）を1997年11月より連結に含め、LJM1（LJM Cayman. L. P）の100%子会社を1999年の初めから連結に含める。また、2001年の第1四半期より連結に含められたJEDI（Joint Energy Development Investments Limited）を1997年11月より連結に含める（Chewcoがこの有限責任パートナー（投資者）であるため、Chewcoとともに1997年から連結された）。
注2：増資に際して手形を受け取り、これを受取手形と資本金の両建てとしたが、資本金から受取手形を控除して処理すべきとしたもの。
注3：過年度の修正項目。当初年度では重要性がないと判断されたもの。
出所：Enron Corporation（2001b. p.15）を基に作成（一部邦訳として、小宮山（2002. p.32）を参照）。

で公表された2001年度第3四半期に係る四半期報告書（Form 10-Q）において再修正された。Form 10-Qにおいて明らかにされた過年度連結財務諸表の修正内容は〔表3-2〕のとおりである。この再度の遡及修正に伴い，エンロン社は証券市場の信頼を完全に喪失し，2001年12月2日付けでニューヨーク連邦破産裁判所に米国連邦倒産法第11条の適用を申請し，倒産手続に入った。

(2) エンロン社による特別目的事業体を用いた取引

エンロン社および同社の関係者によって設立されたSPEは，3,000～3,500社に上るといわれている。2002年2月1日付けで公表された「エンロン特別調査委員会報告書」（通称：パワーズ・レポート）によれば，同社の破綻の契機となったSPE関連取引として，オフ・バランス金融の実施を目的とした取引と，ヘッジを目的とした取引が挙げられている。これらの取引は非常に難解なものであるが，パワーズ・レポートによれば，〔図3-2〕および〔図3-3〕のとおり整理されている。

Chewco取引と呼ばれるオフ・バランス金融を目的とした取引は，米国およびカナダでの天然ガス関連投資を目的とした取引における資金調達スキームとして実施された。当初，エンロン社は，カリフォルニア州公務員退職年金基金

〔図3-2〕Chewco取引のスキーム

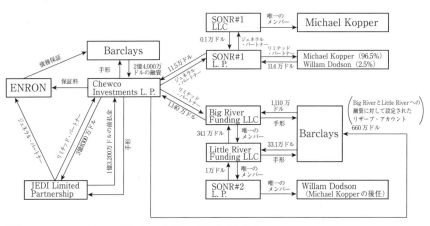

出所：Powers, Troubh and Winokur（2002. p.51）を基に作成。

〔図3-3〕 Rhythms取引のスキーム

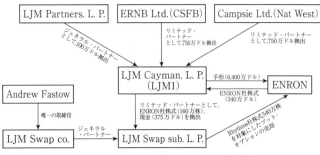

出所：Powers, Troubh and Winokur（2002. p.81）を基に作成。

（Calpers: California Public Employees' Retirement System）と共同で各250百万ドルを出資し，JEDI（Joint Energy Development Investments Limited）と呼ばれるジョイント・ベンチャー形態のSPEを設立した。JEDIは，外部の第三者であるCalpersが50％の持分を所有していたため，エンロン社の連結範囲には含まれなかった。

　その後，エンロン社は Calpersとの間で別の取引を行うため，Calpersが有するJEDI持分を買い取る必要が生じた。エンロン社は，引き続きJEDIを非連結とするために新たな投資家を探したが，結果として新たな投資家を見つけることができなかった。そこで，エンロン社と同社の関係者は，Chewco（Chewco Investment L. P.）と呼ばれるリミテッド・パートナーシップ形態のSPEを設立し，Chewcoは銀行借入等によって調達した384百万ドルでCalpersが保有するJEDI持分を買い取っている。しかしながら，エンロン社および同社従業員であるM・コッパー（Michael J. Kopper）等によるChewcoへの出資は，独立した第三者による出資であるかのように偽装されたものであった。つまり，Chewcoは実質的にエンロン社の支配下にあったにもかかわらず，同社の連結範囲から不正に除外されていたのである。

　次に，ヘッジを目的とした取引とは，エンロン社が保有するRhythms社株式の株価変動をヘッジする目的で実施された取引である。エンロン社は，1998年3月にインターネット・プロバイダー業を営むRhythms社の株式を取得し，その後，Rhythms社の上場に伴って，エンロン社が保有するRhythms社株式

第3章　米国における特別目的事業体の連結会計基準の形成

には約3億ドルの含み益が生じた。しかしながら，1999年末まではロックアップ期間（未公開の時点で取得した株式を売却できない期間）であったため，エンロン社は同社が保有するRhythms社の株価変動をヘッジすることを目的として，LJM1のほか，複数のSPEを用いたヘッジ・スキームを考案し，実施した。これがRhythms取引と呼ばれる取引である。

ただし，Rhythms取引について，関（2002. pp.154-155）によれば，「エンロン社の視点から見れば，『売却制限付きエンロン社株式340万株』と，『手形＋プット・オプション』の交換をしたに等しく……（中略）……正確には，Rhythms社株式の株価変動リスクをヘッジしたというよりは，自社（エンロン社）の株価変動リスクに置き換えた」ものであったとされる。つまり，この取引は，LJM1が保有する資産の大半を占めるエンロン社株式の価格が下がった場合には，権利行使できないという欠陥を抱えた取引であり，経済上のヘッジではなく，会計上，ヘッジをしているかのように偽装した取引であったとされる。

2．特別目的事業体の連結会計基準に関する再検討の経緯

　エンロン社が行った複数のSPEを連結範囲から除外した会計処理は，会計基準（当時の会計基準）に準拠したものではなく，同社の内部統制の不備や同社を担当した監査法人による会計監査上の問題である[11]。しかしながら，当時の最大規模の企業破綻であったエンロン社の破綻によって，これまでの内部統制や会計監査のあり方への批判に加え，SPEの連結会計基準の見直しが求められることとなった。

　このような状況の下，FASBは，2000年作業草案をベースにSPEの連結要否の判断基準に関する検討を重ね，2002年4月12日付けで，「独立した経済実態を欠く事業体に関する暫定的結論」（Summary of Tentative Decisions: *Entities That Lack Sufficient Independent Economic Substance*）（FASB. 2002a）（以下，2002年暫定的結論）を公表した。続いて，同年6月に，解釈指針書公開草案「特定の特別目的事業体の連結：ARB第51号の解釈指針」（Exposure Draft, Proposed Interpretation: *Consolidation of Certain Special Purpose Entities: an interpretation of ARB No.51*）（FASB. 2002b）（以下，2002年解釈指針

55

書公開草案）を公表した[12]。

2002年暫定的結論および2002年解釈指針書公開草案では，SPE自体の定義は設けられておらず，議決権により支配的財務持分の保有の有無を判断すること（すなわち，連結要否の判断を行うこと）が適当でない事業体を，暫定的結論および解釈指針書公開草案が対象とするSPEとしている。そして，SPEから生じるリスクと経済価値を変動持分（variable interests），変動持分の過半を負担あるいは享受する者を主たる受益者（primary beneficiary）と定義し，主たる受益者にSPEの連結を要求するという考え方を提案している。

つまり，2002年暫定的結論および2002年解釈指針書公開草案では，SPEを「議決権の過半数所有に基づいて連結要否の判断を行う事業体ではない事業体」として捉え，議決権持分の所有以外の方法で実質的に支配されている事業体であるSPEについては，変動持分を基準として連結要否の判断を行うことを提案しているのである。したがって，この提案に従えば，ある企業がSPE（2002年暫定的結論および2002年解釈指針書公開草案でいうSPE）の主たる受益者であれば，SPEの過半数の議決権持分の所有の有無にかかわらず，かかる企業に対して当該SPEを連結することが求められることになる。

3．FASB解釈指針書第46号「変動持分事業体の連結」の考え方

FASBは，2003年1月に，確定版の解釈指針として，FASB解釈指針書第46号「変動持分事業体の連結－ARB第51号の解釈指針」（FASB Interpretation No. 46: *Consolidation of Variable Interest Entities -an interpretation of ARB No. 51*）（FASB. 2003a）（以下，FIN第46号）を公表した。なお，FASBは，同号の適用上の課題の解決を図ることを目的として，2003年12月にFIN第46号の改訂版（FASB. 2003b）（以下，改訂FIN第46号）を公表した。以下，本書では，改訂FIN第46号に基づいて検討する。

改訂FIN第46号は，これまで用いられてきたSPEという用語に代わるものとして，新たに，変動持分事業体（VIE: Variable Interest Entities）と呼ばれる会計上の事業体の定義を導入している。同号は，VIEを，(1)リスクのある持分投資の合計額が不十分である，(2)当該事業体のリスクを負担する持分投資家が有する支配的財務投資の特徴を欠いている，のいずれか一方，または両方の要

〔表3-3〕リスクのある持分投資の合計額に関する要件

(1)	議決権の有無を問わず,事業体の利益および損失に大きく参加する持分投資を含む。
(2)	他のVIEへの劣後出資と交換に,その事業体が発行した持分投資を含まない。
(3)	事業体またはその関係者から直接または間接的に持分投資家に提供された金額を含まない。
(4)	事業体またはその関係者から持分投資家に貸し出された金額を含まない。

出所:改訂FIN第46号. para.5a.

〔表3-4〕リスクを負担する持分投資家が有する支配的財務投資の特徴

(1)	議決権あるいは議決権と同様の権利により,直接的または間接的に事業体の活動の意思決定を行う能力がある。
(2)	事業体の期待損失を負担する義務がある。
(3)	事業体の期待残余利益を受け取る権利がある。

出所:FASB(2003d)para.5b.

件を満たす事業体と定義している(改訂FIN第46号. para.5)。これらの要件は〔表3-3,表3-4〕のとおりである。

その上で,改訂FIN第46号は,VIEの期待損失(expected losses)の過半を負担する義務を負っている,または当該VIEの期待残余利益(expected residual returns)の過半数を享受する,あるいはその両方の要件を満たす事業体を,主たる受益者(Primary Beneficiary)と定義し,VIEの主たる受益者に該当する企業にVIEを連結することを求めている(改訂FIN第46号. para.14)。

このように,改訂FIN第46号は,(1)事業体への持分投資の十分性に関する要件を設定することによって,債権者に先立ってリスクを負担するはずである持分投資家が事業体の期待損失額を下回る状況にあるか否かの判断を求め,また,(2)当該事業体の投資家の特徴に関する要件を設定することによって,ARB第51号において求められている議決権の過半数保有者(支配的財務持分を有する者)が存在しない状況にあるか否かという,2つの視点からVIEを定義し,その要件を設定している。改訂FIN第46号におけるVIEの連結に関する全体像を示すと〔図3-4〕のとおりである。

〔図3-4〕VIEの連結要否の判断に関するフローチャート

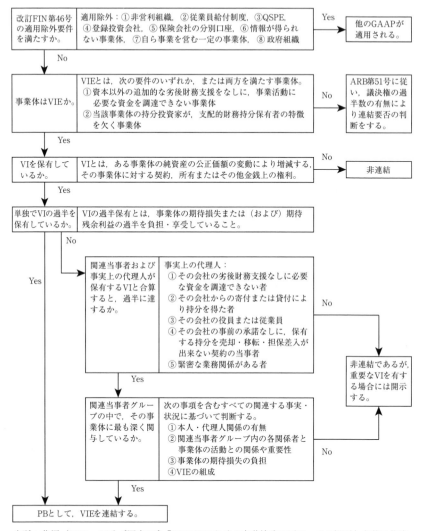

出所：荻編〔2007. p.204〕〔図表3-3〕「FIN46Rにおける変動持分アプローチの概要」を基に作成。

4．FASB解釈指針書第46号「変動持分事業体の連結」の計算例[13]

(1) 前提条件

本項では，改訂FIN第46号において示されている設例を一部修正し，ある事業体がVIEに該当するか否かの判定から，主たる受益者の特定に至る一連の流れを検討する。なお，以下の設例は，期待損失と期待残余利益の算出方法を示すことを目的としているため，定性的な判断は含まれていない。前提条件は，以下の①～⑦のとおりである。

① キャッシュ・フロー（以下，CF）を有する金融資産のプールは，総契約額1,000,000千ドルである。金融資産のプールを行う事業体を「事業体X」とする。

② CFの発生確率は，必ずしも正確でないが，最善の努力によって推定されている。なお，すべてのCFは1年後に発生すると想定される。1年後の予想CFとその発生確率は，〔表3-5〕のとおりである。

③ 事業体Xは，X1年4月1日にA社が3,000千ドルを出資して設立した事業体であり，B社は事業体Xに対して，97,000千ドルのノンリコースローンを提供している。また，事業体Xは，C社に対して900,000千ドルのCPを発行している。したがって，X1年4月1日時点の事業体Xの貸借対照表は〔表3-6〕のとおりである。

〔表3-5〕 1年後の予想CFと発生確率

	1年後の予想CF （千ドル）	発生確率
シナリオ1	650,000	5.0%
シナリオ2	700,000	10.0%
シナリオ3	750,000	25.0%
シナリオ4	800,000	25.0%
シナリオ5	850,000	20.0%
シナリオ6	900,000	15.0%

出所：FASB（2003b, p.20）Table 1を基に作成。

〔表3-6〕 事業体Xの貸借対照表

貸借対照表

事業体X		X1年4月1日現在	単位：千ドル
諸資産	1,000,000	CP	900,000
		ノンリコースローン	97,000
		資本金	3,000
	1,000,000		1,000,000

④ 事業体Xの活動はあらかじめ決まっており，意思決定者はいない。
⑤ 事業体Xは，SFAS第140号により規定されるQSPEに該当しない。
⑥ 適正な割引率（無リスクの投資収益率）は，5％である。
⑦ 他のいかなる要因も，資産の公正価値に影響をもたらさない。したがって，金融資産のプールから期待されるCFの現在価値は，資産の公正価値と等しいと仮定される。また，保証などの信用補完は一切考慮しない。

(2) 期待損失と期待残余利益の算出

上記の条件から，想定されるシナリオごとに，事業体Xの期待キャッシュ・フロー，および公正価値が求められる〔表3-7〕。さらに，期待損失および期待残余利益を求める〔表3-8〕。

(3) 変動持分事業体の判定

これまでの計算をもとに，事業体XがVIEに該当するか否かを判定する。既に述べたとおり，VIEとは，過小資本のため事業活動から生じる期待損失を持分投資家が十分に負担しない，または，持分投資家が支配的財務持分保有者の特徴を欠いている事業体をいう。仮に，事業体Xの資本金がCFベースの期待損失を上回り，かつ事業体Xの出資者であるA社が，支配的財務持分保有者の特徴である「意思決定機関への支配」を有している場合には，原則として，ARB第51号およびSFAS第94号に基づき，議決権の過半数所有の有無に従って連結要否の判断を行うことが求められる。つまり，議決権付普通株式のすべてを保有するA社が，事業体Xの親会社となる。

説例では，事業体Xの意思決定機関を支配する者は存在しないものと仮定し

第3章　米国における特別目的事業体の連結会計基準の形成

〔表3-7〕期待キャッシュ・フローの計算

単位：千ドル

	予想CF	発生確率	期待CF	公正価値
	A	B	$C = A \times B$	$D = C \div (1 + 0.05)$
シナリオ1	650,000	5.0%	32,500	30,952
シナリオ2	700,000	10.0%	70,000	66,667
シナリオ3	750,000	25.0%	187,500	178,571
シナリオ4	800,000	25.0%	200,000	190,476
シナリオ5	850,000	20.0%	170,000	161,905
シナリオ6	900,000	15.0%	135,000	128,571
合計	−	100.0%	795,000	757,142

出所：FASB（2003b. p.20）Table 1を基に作成。

〔表3-8〕期待損失および期待残余利益の計算

単位：千ドル

	予想CF	期待CFの合計額	期待損失	期待残余利益	発生確率
	A	E	$F = A - E$	$G = A - E$	B
シナリオ1	650,000	795,000	-145,000	−	5.0%
シナリオ2	700,000	795,000	-95,000	−	10.0%
シナリオ3	750,000	795,000	-45,000	−	25.0%
シナリオ4	800,000	795,000	−	5,000	25.0%
シナリオ5	850,000	795,000	−	55,000	20.0%
シナリオ6	900,000	795,000	−	105,000	15.0%
合計	−	−	−	−	100.0%

	期待CFに基づく期待損失	期待CFに基づく期待残余利益	公正価値に基づく期待損失	公正価値に基づく期待残余利益
	$H = F \times B$	$I = G \times B$	$J = H \div (1 + 0.05)$	$K = I \div (1 + 0.05)$
シナリオ1	-7,250	−	-6,905	−
シナリオ2	-9,500	−	-9,048	−
シナリオ3	-11,250	−	-10,713	−
シナリオ4	−	1,250	−	1,190
シナリオ5	−	11,000	−	10,476
シナリオ6	−	15,750	−	15,000
合計	-28,000	28,000	-26,666	26,666

出所：FASB（2003b. p.20）Table 1を基に作成。

ているため，事業体Xの事業活動から生じる期待損失を，事業体Xの持分投資家（本説例ではA社）が十分に負担するか否かという観点から，事業体XがVIEに該当するか否かの判断が行われる。

　説例より，A社の全額出資によって設立された事業体Xの資本金の額は，3,000千ドルである。また，これまでの計算により，事業体Xの公正価値に基づく期待損失の合計額は，26,666千ドルである。つまり，事業体Xの資本金（3,000千ドル）＜事業体Xの公正価値に基づく期待損失の合計額（26,666千ドル）である。したがって，事業体Xは，VIEであると判断される。なお，この場合，持分投資家が支配的財務持分保有者の特徴を欠いているか否かにかかわらず，事業体XはVIEであると判断される。

(4) 主たる受益者の特定

　主たる受益者の特定にあたっては，まず，(1)各事業体が負担する期待損失を算定し，公正価値ベースの期待損失の過半数を負担する者が主たる受益者であると判断される。該当する者がいない場合には，(2)期待残余利益（キャッシュ・フロー・ベース）の過半数を享受する者が主たる受益者であると判断される。なお，上記(1)，(2)のいずれにおいても該当者がいない場合には，事業体Xの主たる受益者は存在しないと判断され，VIEである事業体Xは誰からも連結されないことになる。

　説例より，各社による事業体Xへの投資状況は〔表3-9〕のとおりである。したがって，確率考慮前キャッシュ・フロー・ベースの各社の期待損失の状況は，〔表3-10〕のとおりになる。さらに，発生確率を考慮したキャッシュ・フロー・ベースの期待損失が求められ〔表3-11〕，発生確率を考慮したキャッシュ・フロー・ベースの期待損失を公正価値で割り引くと，A社，B社，C社の各社が負担する期待損失が求められる〔表3-12〕。

　以上の計算により，A社の期待損失額は1,143千ドル，B社の期待損失額は23,381千ドル，C社の期待損失額は2,143千ドルとなる。したがって，期待損失の過半数を負担するB社が事業体Xの主たる受益者に該当し，B社は，事業体Xを連結範囲に含めることが求められる。

第3章 米国における特別目的事業体の連結会計基準の形成

〔表3-9〕各社による事業体Xへの投資状況

単位：1,000千ドル

	A社	B社	C社	合計
CP	−	−	900,000	900,000
ノンリコースローン	−	97,000	−	97,000
持分出資	3,000	−	−	3,000
合計	3,000	97,000	900,000	1,000,000

〔表3-10〕確率考慮前キャッシュ・フロー・ベースの期待損失の負担状況

単位：1,000千ドル

	予想CF	期待損失（確率考慮前CFベース）	A社の負担額	B社の負担額	C社の負担額
シナリオ1	650,000	145,000	3,000	97,000	45,000
シナリオ2	700,000	95,000	3,000	92,000	−
シナリオ3	750,000	45,000	3,000	42,000	−

〔表3-11〕発生確率考慮後キャッシュ・フロー・ベースの期待損失の負担状況

単位：1,000千ドル

	予想CF	発生確率	A社の負担額	B社の負担額	C社の負担額
シナリオ1	650,000	5.0%	150	4,850	2,250
シナリオ2	700,000	10.0%	300	9,200	−
シナリオ3	750,000	25.0%	750	10,500	−
合計	−	−	1,200	24,550	2,250

〔表3-12〕損失期待（公正価値）の負担状況

単位：1,000千ドル

	A社	B社	C社
確率を考慮したCFベースの期待損失合計	1,200	24,550	2,250
期待損失（公正価値）	1,143	23,381	2,143

第5節　特別目的事業体の連結に関する例外規定

1．適格特別目的事業体の要件と連結に関する取扱い

　これまで検討したSPEの連結会計基準とは別に，FASBは，SFAS第140号において，QSPE (Qualifying Special Purpose Entities) という会計上の事業体を定義した。QSPEの定義自体は，1996年6月に公表されたSFAS第125号において設けられたものであり，その後，SFAS第140号によって，その要件の明確化が図られた（この点については，本節において後述する）。
　SFAS第140号は，QSPEを，(1)譲渡人とは明らかに分離されている，(2)認められる業務が限定されている，(3)保有資産が原則として金融資産に限定されている，(4)資産の処分方法が制限されている，という4つの要件をすべて満たす「一定の要件を満たす信託または法的機関」と定義している（SFAS第140号, para.35）。これらの4要件の具体的な内容は〔表3-13〕のとおりである。その上で，同号は，「QSPEへ資産を譲渡した者およびその関係者は，当該QSPEを連結してはならない」としている（SFAS第140号, paras.35, 46）。つまり，SFAS第140号は，上記の4要件を満たすSPE（すなわち，QSPE）であれば，QSPEへ資産を譲渡した者およびその関係者は，当該QSPEを連結範囲に含めることを明確に禁止している。
　本節では，FASBおよびEITFにおいて行われたQSPEを連結範囲から除外する例外規定の設定経緯の検討を通じて，米国会計基準における例外規定の設定根拠について検討する。

2．適格特別目的事業体の連結に関する論点

(1) 適格特別目的事業体の連結に関する論点の概要

　QSPEの定義およびその要件は，1996年6月に公表されたSFAS第125号において導入されたもので，同年12月31日以後に行われる取引に適用するものとされた。ただし，FASBは，QSPEを含むSPEの連結に関する取扱いについては，当時検討中であったFASB連結プロジェクトにおいて検討することとし，

〔表3-13〕QSPEに求められる要件

要件	要件の内容
譲渡人からの分離	(1)譲渡人は，当該SPEを一方的に解散することができず，かつ，以下(2)または(3)の要件を満たしていること。 (2)当該SPEが発行した受益権[注1]の10%以上を，外部の第三者が保有していること。 (3)当該譲渡取引が，保証付モーゲージの証券化であること。
業務内容への制限	(1)SPEに認められる事業内容は，著しく制限されており，かつ，以下(2)～(3)の要件を共に満たしていること。 (2)当該SPEの設立に関する法的文書，または当該SPEが保有する資産（譲渡人から譲り受けた資産）に係る受益権の発行時に作成された法的文書により，当該SPEの業務内容がすべて規定されていること。 (3)第三者（譲渡人，関係会社およびこれらの代理人以外の者）である受益権保有者の少なくとも過半数の承認がある場合にのみ，SPEの事業活動の著しい変更が可能であること。
保有資産の制限	(1)当該SPEが保有する資産は，以下の(2)～(7)のいずれかに該当すること。 (2)受動的な性質を有する金融資産[注2] (3)譲渡人，関係会社およびこれらの代理人以外に発行（または売却）された受益権に関連する受動的なデリバティブ (4)SPEの設立時，資産の譲渡時，または受益権発行時において譲り受けた，譲受資産に対するサービシング業務の不履行や譲受資産の支払不履行によって対価を受け取る金融資産（例：保証，担保権） (5)保有する金融資産に係る回収サービス権 (6)保有する金融資産の回収に関連して，一時的に保有する非金融資産 (7)譲受資産からの回収金，および当該回収金を受益権保有者へ分配するまでの間の一時的な運用を目的とした投資証券（公開されている金融市場の証券またはオプションが付随しておらず，相対的に無リスクな証券で，譲受資産からの回収金や当該回収金を受益権保有者へ分配するまでに満期が到来するもの）
資産の処分方法に関する制限	(1)現金以外の金融商品を第三者へ売却・処分するにあたり，以下(2)～(5)のいずれかの一定の状況に対して，自動的に対応する場合に限定されていること。 (2)以下①～③のすべての要件を満たす事象が発生したことによる場合。 　①当該事象は，SPEの設立時もしくは譲渡資産を担保とする受益権の発行時における法的文書によって特定されている 　②当該事象は，譲渡人，その関係者およびこれらの代理人の支配外である 　③当該事象は，譲渡資産の公正価値が譲渡時から一定額以上下落した結果発生した（または発生する）ものである (3)当該事象は，譲渡人や関係者およびそれらの代理人以外の受益権の保有者による売戻権の行使による場合。 (4)SPEの設立時，資産の譲渡時，または受益権の発行時における法的文書の規定によって譲渡人に付与されたコール・オプションや取戻条項の行使による場合。 (5)SPEの清算，または受益権の固定期日または当初より特定できる期日の到来に伴うものである場合。

注1：受益権とは，信託または他の事業体から特定のキャッシュ・インフローの全部または一部を受け取る権利をいう。受益権には，負債または持分の形式を問わず，利息や元本，他のキャッシュ・インフローのパススルー及びペイスルーの優先及び劣後権益，保証人への保証料，コマーシャル・ペーパー債務，並びに残存権益が含まれる（SFAS第140号．para.364）。
注2：資産の保有に伴う特段の意思決定を必要としない金融資産をいう。
出所：FASB（2000a）SFAS第140号．paras.35（a）～（d）．

SFAS第125号の公表時点ではQSPEの連結に関する規定を設けなかった（SFAS第125号. para.129)[14]。

しかしながら，FASB連結プロジェクトの成果として公表された1995年連結公開草案は，確定基準書としての公表は見送られることとなったため，QSPEの連結に関する取扱いの検討はEITFにおいて行われることとなった。EITF会議における審議の結果，EITFは，1996年11月に公表したEITF論点第96-20号「SPEの連結に関するSFAS第125号『金融資産の譲渡及びサービス業務並びに負債の消滅に関する会計処理』の影響」（EITF Issue 96-20: *Impact of FASB Statement No.125, Accounting for Transfers and Servicing of Financial Assets and Extinguishment of Liabilities, on Consolidation of Special Purpose Entities*）（EITF. 1996e）（以下，EITF論点第96-20号）において，QSPEの要件を満たすSPEであれば，当該SPEへ資産を譲渡した者の連結範囲には含まれないとする例外規定を設けた。より正確にいえば，SFAS第125号における支配（金融資産に対する支配）の有無により，QSPEの連結要否の判断をすることが合意された。前述のとおり，この例外規定は，SFAS第125号の差し替え版の基準書として2000年9月に公表されたSFAS第140号へと引き継がれている。

ただし，EITF論点第96-20号やSFAS第140号では，例外規定を設定した根拠については明示されていない。そこで，以下では，EITFにおいて行われた例外規定の設定に至る審議の経緯とその内容の検討を通じて，例外規定の設定根拠を明らかにする。

(2) 緊急問題専門部会における適格特別目的事業体の連結に関する議論の経緯

EITFは，1996年7月18日に開催したEITF会議において，新たに公表されたSFAS第125号が，証券化に用いられるSPEの連結に関する現行の会計基準（EITFトピック第D-14号およびEITF論点第90-15号）に対してどのような影響をもたらすかという点について，今後の検討項目とすることを合意した。この際に，EITFは，論点96-W号「SPEの連結に関するSFAS第125号『金融資産の譲渡及びサービス業務並びに負債の消滅に関する会計処理』の影響」（Issue 96-W: *Impact of FASB Statement No. 125, Accounting for Transfers and Ser-*

vicing of Financial Assets and Extinguishment of Liabilities, on Consolidation of Special-Purpose Entities）という暫定的な論題番号を付している（EITF. 1996a. pp.4-5）。前述のとおり，EITFにおいてSPE（QSPEを含む）の連結に関する問題が取り上げられることとなったのは，FASBは，SFAS第125号の公表時点ではFASB連結プロジェクトにおいて当該論点の審議を予定していたものの，1995年連結公開草案は確定版の基準書としての公表が見送られたためである。

1996年9月18日に開催したEITF会議において，EITFは，SFAS第125号によって定義されるQSPEの連結に関する問題に限定して検討を進めることを決定し，EITF論点第96-20号という正式な論題番号を付した（EITF. 1996c. para.2）。この時点では，QSPEの連結要否を判断するにあたり，SFAS第125号における「金融資産に対する支配」を用いることが示されたものの，最終的な合意には至らず，引き続き検討を行うことが決定された（EITF. 1996c. paras.5-6）。

1996年11月14日に開催されたEITF会議では，前回のEITF会議における審議内容を踏まえて検討が重ねられた。その結果，EITFは，1996年12月31日以降に行われるQSPEへの金融資産の譲渡について，(1)考慮の対象となるのは，SFAS第125号パラグラフ26のすべての要件を満たすQSPEであること，(2) QSPEによって保有されている資産は，クレジット・カード債権，モーゲージ・ローン債権，あるいは有価証券といった金融資産であること，および(3)QSPEによって保有されている資産は，非金融資産を金融資産に転換したものや，従来は金融資産として認識されていない金融資産を認識するような仕組み金融取引（structured finance）によって組成されたものではないこと，のすべての要件を満たす場合には，SFAS第125号の「金融資産に対する支配」をQSPEの連結要否の判断に用いることを合意し，この内容はEITF論点第96-20号として公表されることとなった（EITF. 1996d. para.6）。

EITF論点96-20号におけるこの合意は，「SFAS第125号に基づいて資産の認識中止をした金融資産の譲渡人は，当該金融資産の譲受人が同号の規定を満たすQSPEであれば，事業体のリスクと経済価値の帰属の有無という判断基準（EITFトピック第D-14号，EITF論点第90-15号）に基づいて連結要否の判断を

する必要はない」としたことを意味している。以下では，EITF会議において検討が行われた2つの見解に基づいて，例外規定の設定根拠について検討する。

(3) 適格特別目的事業体を連結除外とする例外規定の根拠

上述のとおり，EITFは，1996年11月14日に開催したEITF会議においてEITF第96-20号を合意・公表した。これにより，QSPEの連結要否の判断にあたっては，SFAS第125号において示されている支配（金融資産に対する支配）の定義を用いることとし，SFAS第125号に規定されるQSPEであれば譲渡人の連結範囲には含まれないとする例外規定が新たに設けられた。

この合意に至るまでの間，EITF会議では，「SFAS第125号は連結に関する現行の会計基準の変更を意図しない」とする見解（以下，見解A）と，「SFAS第125号はSPEを連結要否の判断の際に用いられる『支配』の定義を提供する」とする見解（以下，見解B）が主張された（EITF. 1996b, 秋葉. 1997a. pp.231-234, Johnson. 1997. pp.36-37）。これらの2つの見解の内容を要約すると〔表3-14〕のとおりである。

見解Aを支持する者は，「SFAS第125号は，金融資産の認識中止の問題を扱っている。したがって，SFAS第125号は『金融資産の支配』を述べており，『事業体の支配』ではない。これらは別々の問題である」と主張している。また，この案の支持者は，資産の譲渡人がSFAS第125号に基づいて当該資産の認識を中止したとしても，譲受人であるSPEが譲渡人の連結範囲に含まれることとなれば，最終的には，SPEへ譲渡した資産およびSPEの負債が譲渡人の連結貸借対照表へ計上されることを認識している（EITF. 1996b. para.16, 秋葉. 1997. p.231）。このように，見解Aでは，金融資産に対する支配と事業体に対する支配（連結における支配）とを別個のものとする考え方が示されている。ただし，見解Aを採用した場合には，金融資産の認識中止に関する会計基準とSPEの連結会計基準との間に生じるコンフリクトの解決は図られないこととなる。

次に，見解Bを支持する者は，「EITFトピックD-14号は，リスクと経済価値の留保（リスクと経済価値の帰属の有無）を連結の条件としているが，SFAS第125号は金融資産の認識中止のポイントとして『リスクと経済価値の留保』ではなく『支配』に焦点をあてている」とし，「譲渡人の支配の放棄により

〔表3-14〕緊急問題専門部会の審議において示された金融資産の認識中止における支配と連結における支配をめぐる見解

見解	各見解を支持する理由
見解A：SFAS第125号は連結に関する現行の会計基準の変更を意図しない	(1)SFAS第125号は，連結問題に係わる現行の会計基準の変更を意図しておらず，今後の検討は意義のあるところであるが，FASBは，これをFASB連結プロジェクトにおいて検討することを約束している（SFAS第125号. para.129）。したがって，それまでは現行基準に従うべきである。 (2)SFAS第125号は，金融資産の認識中止の問題を扱っている。したがって，SFAS第125号は「金融資産の支配」を述べており，「事業体の支配」ではない。 (3)見解Bは不適切な拡大解釈をもたらす恐れがある。
見解B：SFAS第125号はSPEの連結要否の判断の際に用いられる「支配」の定義を提供する	(1)SFAS第125号は，金融資産に対する支配の定義やQSPEを定める規準について客観的な方法を示しており，これらの規準は乱用や不適切な拡張を避けるのに十分なものである。 (2)EITFトピックD-14号は，リスクと経済価値の留保（リスクと経済価値の帰属の有無）を連結の条件としているが，SFAS第125号は金融資産の認識中止のポイントとして「リスクと経済価値の留保」ではなく「支配」に焦点をあてている。したがって，金融資産の証券化については，SFAS第125号で示されている支配概念が用いられるべきであり，リスクと経済価値の見方はもはや適用されない。さもなければ，SFAS第125号に基づいて譲渡人の支配の放棄により売却処理された譲渡取引が，SFAS第125号の支配とは異なる概念であるリスクと経済価値概念により連結を必要とされることで，事実上，SFAS第125号による売却処理（認識中止）が否定されることになる。 (3)ARB第51号やSFAS第94号は，過半数を所有する子会社を連結するという一般原則の例外として，支配が過半数所有者に帰属しない場合を示している。上記の例示では，事業体の支配はもはや譲渡人にないものと考えられる。 (4)以前の扱いとは異なり，SFAS第125号は形式より実質に焦点をあてるものと考えられ，実質が同じ場合には，会計上の影響を与えないことを目的としている。さらに，SFAS第125号が受益証券として負債と株式の両方を含んでいる（SFAS第125号. para.26a (2), 243）目的は，金融資産の認識中止についての以前の扱いが形式を強調してきたことによる問題を克服することである。したがって，形式が異なっても，実質が同じであれば同じように扱うことが財務構成要素アプローチと整合する。

出所：EITF（1996b. paras.11-16），秋葉（1997a. pp.231-232）を基に作成。

SFAS第125号によって売却処理された譲渡取引が，SFAS第125号の支配とは異なる概念であるリスクと経済価値概念により連結を必要とされることで，事実上，SFAS第125号による売却処理（認識中止）が否定されることになる」と指摘している（EITF. 1996b. para.15c, 秋葉. 1997. p.232）。すなわち，見解Bにおいては，連結財務諸表においても，SFAS第125号による金融資産の認識中止の結果を反映させるべきという考え方が示されている。

既に述べたとおり，最終的な結論としては見解Bが採用されていることから，EITF論点第96-20号において設けられた例外規定は，「金融資産の認識中止の段階では財務構成要素アプローチに従って，金融資産の一部（または全部）が認識中止されているにもかかわらず，EITFトピックD-14号やEITF論点第90-15号によってSPEの連結要否が判断されることにより，元の資産保有者である譲渡人が金融資産の一部を認識中止したとしても，連結財務諸表上では金融資産のすべてが再度計上される」という，「金融資産の認識中止に関する会計基準とSPEの連結会計基準との間に生じるコンフリクト」を回避することを，その主たる目的として設けられたものと考えることができる。

3．適格特別目的事業体に求められる要件の厳格化に関する動向

FASBは，2003年6月10日付で公開草案「適格特別目的事業体及び譲渡資産の隔離－SFAS第140号の修正」(Exposure Draft, Proposed Statement of Financial Accounting Standards: *Qualifying Special-Purpose Entities and Isolation of Transferred Assets an Amendment of FASB Statement No. 140*)（FASB. 2003c）（以下，2003年SFAS第140号改訂公開草案）を公表した。

2003年SFAS第140号改訂公開草案は，(1)SFAS第140号ではQSPEが受益権を再発行する権限について明確な基準を設けていないという課題，および(2)SFAS第140号が規定するQSPEであればFIN第46号の適用範囲から除外するとしたことにより，連結範囲に含まれるのを回避することを目的として特定の事業体をQSPEへと組み替えるというインセンティブが生じたこと，という2つの課題に対応する目的で検討が行われたものである（2003年SFAS第140号改訂公開草案, Summary）。具体的には，(1)譲渡人との契約要件，(2)譲渡人以外との契約要件，(3)保有資産の処分方法に関する事前決定，(4)持分証券の保有の禁止，という新たな要件を加えることで，QSPEの要件を厳格化することが提案されている〔表3-15〕。

ただし，2003年SFAS第140号改訂公開草案に対して送付された52通のコメント・レターのうち，約80％のコメント・レターにおいて，同公開草案が提案するQSPEに関する要件の厳格化への反対意見が表明された。反対意見の根拠としては，財務構成要素アプローチと概念的に一貫しないことがその中心を占

〔表3-15〕QSPEの要件の厳格化に関する提案内容

	2003年SFAS第140号 改訂公開草案	2005年SFAS第140号 改訂公開草案
(1)譲渡人との契約	SPEが受益権保有者への債務を履行するために，譲渡人（その関連者・代理人を含む）が現金またはその他の資産を拠出する義務を負う契約が存在する場合，当該SPEをQSPEとすることはできない（para. 35e）。かかる契約の例として，以下①～⑤の事例が挙げられている。 ①流動性コミットメント ②財務保証 ③売建オプション ④発行済み受益権の買取または清算をする契約 ⑤トータル・リターン・スワップやその他のデリバティブ契約	SPEの受益権の再発行が設立文書において認められている場合，当該SPEに複数の種類の関与を有することにより，ごくわずか以上の追加的な便益を得る機会を有する者が存在しないこと（paras.35e, 45A）。複数の種類の関与の例として，以下①～③の事例が挙げられている。 ①QSPEが発行する受益権に関する流動性補完 ②QSPEが発行する受益権に関する信用補完 ③QSPEが発行する受益権について，売却先，発行時期等の発行案件を決定する権利および義務の引受け
(2)譲渡人以外との契約	受益権を再発行できるQSPEについては，次の①～③の場合を除き，譲渡人（その関連者・代理人を含む）以外との信用補完契約が存在する場合，当該SPEをQSPEとすることはできない（para.35f）。 ①信用補完契約の公正価値の過半を占める信用補完契約を提供する関係者は存在しない場合 ②受益権の再発行を意思決定する関係者は，信用補完契約を提供していない場合 ③最優先の受益権以外の受益権保有者は，信用補完契約を提供していない場合	
(3)保有資産の処分方法に関する事前規定	QSPEが当該金融資産を受領した時点で，金融資産の処分方法・処分時点をあらかじめ規定しておく必要性の明確化（para. 45）。	
(4)持分証券の保有	QSPEによる持分証券の保有を全面的に禁止する（para.35c）。	同左。ただし，QSPEが金融資産を回収した結果，一時的に入手する場合を除く（paras.35c(1),(5)）。

出所：2003年SFAS第140号改訂公開草案，2005年SFAS第140号改訂公開草案を基に作成（一部邦訳として，永峯（2005. pp.44-45），岡本（2006. pp.172-177），荻編（2007. pp.161-176）を参照）。

めていた（岡本, 2006. pp.174-176）。

これを受けて，FASBは，2005年8月に，改訂公開草案「金融資産の譲渡に関する会計－SFAS第140号の修正」(Exposure Draft (Revised), Proposed Statement of Financial Accounting Standards: *Accounting for Transfers of*

Financial Assets an Amendment of FASB Statement No.140)(FASB. 2005)（以下，2005年SFAS第140号改訂公開草案）を公表した。

2005年SFAS第140号改訂公開草案は，QSPEによる受益権の再発行が認められている場合において，ごくわずか以上の追加的な便益を得る機会を有する者が存在しないことを，QSPEの要件として加えることを提案している〔表3-15〕。この点について，荻編（2007. pp.175-176）は，2003年SFAS第140号改訂公開草案において提案した，譲渡人および譲渡人以外との契約に関する要件の追加に代えて，複数の関与の組み合わせが優位な便益を得る機会につながるか否かの分析を求めるアプローチへと変更した，と指摘している。

注
1 ARB第51号において示された連結範囲の決定に関する基本的な考え方（議決権の過半数所有に基づく連結要否の判断基準）は，現行の会計基準であるFASB会計基準編纂書トピック810「連結」（FASB Accounting Standards Codification Topic 810, Consolidation）においても踏襲されている。
2 Miller and Redding（1988. p.94, 邦訳. pp.130-131）は，ARB第51号においてこのような例外規定が設けられた理由を，「CAPの役割が，問題解決ではなく，望ましい会計実務を明らかにすることにあったため」と指摘している。
3 論点提示書の全体像については，山地（2000. pp.50-73）を参照されたい。
4 一般に，企業の負債として計上されない資金調達手法をいう。AICPAは，売掛債権の譲受人として非連結の金融子会社が用いられるケースを問題視していた。非連結の金融子会社を用いた当時の米国における取引については，Lesman and Weil（1978. pp.49-58），Benis（1979. pp.808-814）による検討がある。
5 FASB連結プロジェクトの全体像については，米国財務会計基準（連結会計）研究委員会（1995），山地（2000），鳥飼（2001）を参照されたい。本章第3節では，SPEの連結に関する議論に限定して，FASB連結プロジェクトの検討を行っている。
6 SFAS第94号は過年度（1987年度）財務諸表の遡及修正を求めたため，1987年度の財務諸表は，従来の基準に基づいて作成されたものとSFAS第94号を適用したものの2通りの財務諸表が開示されることとなった。Rezaee（1991）は，この2つの財務諸表を基に，金融子会社を有する非金融業の親会社の連結財務諸表を調査し，調査対象となった142社が属するすべての産業グループで負債持分比率（DER: Debt to Equity Ratio）が増加（悪化）し，142社平均で負債持分比率が71％増加（0.63から1.08へと増加）したことを明らかにしている（山地. 2000. pp.81-84）。他にも，Khurana（1991）は，SFAS第94号が公表される以前よりすべての過半数所有子会社を連結していた企業（$\overline{CS}$）と，異業種子会社を連結除外としていた企業（$\overline{CS}$）の別に，SFAS第94号の公表日周辺の異常株価変化率を調査し，CSに比しての株価下落が著しいことを指摘している。

7　EITFは，1984年に設立されたFASBの常設委員会であり，従来には見られない新しいタイプの取引から生じる実務上の課題を検討することを目的としている。EITFは，公認会計士11名（大手監査法人から9名，中小監査法人から2名），財務諸表作成者4名，FASBから1名，合計16名の委員より構成される。EITFの特徴は，SECの主任会計担当官がオブザーバーとしてEITF会議に毎回参加し，積極的にEITFの議論に加わることである（Miller and Redding. 1988. pp.145-146, 邦訳. pp.205-206）。

8　支配の推定規定と実質的支配の指標のうち，本書では，SPEの連結に直接関連する項目に限定して取り上げている。その他の項目については例えば，野本・山地（1995. pp.283-294）を参照されたい。

9　1994年予備的見解では，スポンサーという用語についての説明はなく，スポンサーと設立者（creator）の関係についても明らかにはされていない。ただし，1991年討議資料では，「SPEは，スポンサー以外の第三者によって名目的に所有される事業体として，"スポンサー"によって設立される」（1991年討議資料. para. 32b）とあるため，スポンサーと設立者はほぼ同一視されていたものと考えることができる。なお，この点については次項において再度検討する。

10　エンロン社の不正会計事件については，次の文献に依拠している。Powers, Troubh and Winokur (2002), Batson (2003), 祝迫・古市（2004），加藤（2002），関（2002），小宮山（2002），中北・佐藤（2003），みずほ総合研究所（2002a, 2002b）。

11　エンロン社の監査を担当していた監査法人は，当時Big5と呼ばれた監査法人の1つであるアーサー・アンダーセン（Arthur Andersen）である。アーサー・アンダーセンは，エンロン社の不正会計やその証拠隠蔽に関与していたとされ，これにより顧客の信頼を失うこととなり，2002年末に解散した。

12　Edmund L. Jenkins（当時のFASB議長）は，米国下院議会のエネルギーおよび商業委員会の「商業・貿易・消費者保護小委員会」（The Subcommittee on Commerce, Trade and Consumer Protection of the Committee on Energy and Commerce）において，「FASBは2001年11月の時点で，2002年第2四半期にSPEの連結を含む連結会計基準案を公表する予定であった」と証言している（Jenskins. 2002a. pp.14-15）。また，FASB（2001b. p.8）は，SPEの連結に関する再検討を2001年第3四半期より進める予定であることを明記している。したがって，エンロン社の破綻が，FASBによるSPEの連結会計基準の再検討を行う直接の原因となったいうよりも，むしろ，FASBは，エンロン社の破綻以前よりSPEを用いた簿外取引が企業の経営実態を不透明にしているという問題意識を有しており，FASBは，エンロン社の破綻を契機に，SPEの連結に関する会計基準の検討ペースを加速化したものと考えることが妥当であろう。

13　説例の作成にあたっては，向（2005a. pp.314-317, 2006. pp.183-186），荻編（2007. pp.185-189），および佐藤（2003. pp.33-35）を参考とした。

14　なお，日本資産流動化研究所がFASBを訪問した際の記録（日本資産流動化研究所. 1996. p.107）によれば，FASBは，1995年10月24日に公表した財務会計基準書公開草案「金融資産の譲渡及びサービス業務並びに負債の消滅に関する会計処理」（Exposure Draft, Proposed Statement Financial Accounting Standards: *Accounting for Transfers and Servicing of Financial Assets and Extinguishments of Liabilities*）（FASB. 1995b）の公表時点で，

同公開草案に定義されるQSPEの要件を満たすSPEは，譲渡人等の連結対象にならないと考えていることが示されている。これは，FASBが「QSPEの定義に適合するSPEを直接的に支配する者はそもそも存在しない」と考えていたことを意味する。

　つまり，譲渡人はQSPEに金融資産を譲渡した際に，当該金融資産の支配を放棄するのが前提で，譲渡資産から便益を受ける立場になく，投資家はキャッシュ・フローを受け取る受動的な立場であり，QSPEの設立者や関係者は便益を受けず，資産の譲受人であるSPEの行為も当初から限定されていることを論拠として，資産を譲り受ける事業体がQSPEであれば連結しないことを想定していたのである。

第4章
国際財務報告基準における特別目的事業体の連結会計基準の形成

第1節 国際会計基準における連結範囲の決定基準に関する原則的な考え方

　IASCは，1989年4月に公表し，1994年にリフォーマット[1]したIAS第27号「連結財務諸表および子会社の投資に対する会計処理」(IAS No. 27: *Consolidated Financial Statements and Accounting for Investments in Subsidiaries*)（以下，IAS第27号）において，支配力基準を導入した[2]。IAS第27号は，連結範囲の決定にあたっての中心的な概念を「支配」によるものとし，同号における支配とは「企業活動からの便益を獲得するために，その企業の財務および経営方針を左右する力をいう」と定義している（IAS第27号. para.4）。

　具体的には，他の企業の議決権の過半数を直接または間接的に保有している場合には，明らかな反証が認められる例外的な状況を除き，当該他の企業に対する支配が存在するとしている。さらに，議決権の過半数を所有しない場合であっても，次の場合には支配が存在するとしている（IAS第27号. para.13）〔表4-1〕。

〔表4-1〕議決権の過半数を所有しない場合であっても
子会社への支配が存在する状況

(1)	他の投資企業との協定によって，議決権の過半数を支配する力を有する場合。
(2)	法令または契約によって，企業の財務方針を左右し得る力を有する場合。
(3)	取締役会または同等の経営機関の構成員の過半数を選任または解任する力を有し，企業の支配が取締役会または同等の経営機関によって行われる場合。
(4)	取締役会または同等の経営機関の会議において過半数の投票権を有し，企業の支配が取締役会または同等の経営機関によってのみ行われる場合。

出所：IAS第27号. para.13を基に作成。

第2節　国際会計基準における
　　　　特別目的事業体の連結会計基準

1．特別目的事業体の連結に関する会計基準の検討経緯

　IOSCOおよびIOSCOの第1作業部会（WP1: Working Party No.1）[3]（以下，IOSCO/WP1）が白鳥栄一IASC議長（当時）宛てに送付した1994年6月17日付け書簡（以下，白鳥レター）（IOSCO. 1994）によれば，IOSCO/WP1は，IASCに対して，検討留保項目（suspense issue）[4]という位置づけながらも，SPEの連結会計基準を今後検討すべき課題の1つとして指摘した。これを受けて，IASCは，IASの解釈指針を作成する組織として1997年に新設した解釈指針委員会（SIC: Standing Interpretation Committee）[5]において，SPEの連結会計基準の設定に向けた検討を開始した。

　1997年7月に開催されたSIC会議では，次回のSIC会議までの間に，SICにおいてSPEの連結会計基準に関する検討が行われるべき議題であるか否かを検討することが合意された（IASC. 1997b. p.2）。その後，同年10月に開催されたSIC会議では，SPEの連結会計基準の設定に向けた予備的な検討として，リースや研究開発といった非金融資産に関連する典型的なSPEの利用パターンや，金融資産の証券化（本書でいう，バランスシート型金融資産証券化）に用いられるSPEの利用パターンの検討が行われた。この際に，IAS第27号第6項の支配の定義や同号12項に示されている事業体への支配が存在する状況との関係，および，当時進行中であったIASC金融商品プロジェクト[6]における金融資産の認識中止に関する要件とSPEの連結会計基準との関係[7]について検討する必要があるとされ，次回のSIC会議までに，解釈指針書としての具体的な検討を実施するか否かを検討することが合意された（IASC. 1997c. p.2, 小宮山. 1998a. p.55）。

　1998年1月に開催されたSIC会議では，SPEの連結会計基準をSICの検討課題として取り上げることが正式に合意された。この際に，研究開発に用いられるSPEの連結要否の判断にあたり，(1)スポンサーが連結する，(2)持分の過半数

を所有する企業が存在する場合にはその企業が連結する，(3)支配の事実により連結する，等の見解が示されたが，「事業体への支配は必ずしも議決権の保有を必要とせず，また，事業体から生じる便益を獲得するためには，必ずしも資本参加（equity participation）を必要とはしない」とすることが暫定的に合意された（IASC. 1998a. pp.1-2, 小宮山. 1998b. p.106）。

1998年4月に開催されたSIC会議では，解釈指針の範囲の問題や，金融商品プロジェクトにおける金融資産の認識中止に関する要件とSPEの連結会計基準との関係に関する問題について検討を行った上で（この点については，本章第3節において後述する），SPEへの支配を示す状況として，(1)SPEの活動がその企業のために行われていること，(2)企業がSPEまたはその資産の支配を獲得できる力があること，(3)契約や設立文書により，企業がSPEの便益の過半についての権利を実質的に有すること，(4)外部投資家に利回り保証や信用保証を行うことにより，所有に伴う残価リスクを企業が負っていること，という4つの状況が挙げられ，これを元に，解釈指針の草案を作成することが合意された（IASC. 1998b. pp.1-2, 小宮山. 1998c. p.106）。

2．解釈指針書公開草案D12号「特別目的事業体の連結」の公表

1998年4月のSIC会議の後，SICは，同年6月に開催したSIC会議において，リース取引，証券化，研究開発活動などを目的として設立されるSPEについて，「実質的にSPEを支配する能力があり，かつSPEの活動から生じる便益の過半を享受する企業は，当該SPEを連結すべき」とすることを合意した。そして，これまでの検討成果を解釈指針書公開草案D12号「特別目的事業体の連結」(SIC D12: *Consolidation of Special Purpose Entities*)（IASC. 1998e）（以下，解釈指針書公開草案D12号）として公表した（IASC. 1998c. 1）[8]。

解釈指針書公開草案D12号の公表後，SICは，1998年10月に開催したSIC会議において，解釈指針SIC12号「連結－SPE」(Interpretation SIC-12: *Consolidation – Special Purpose Entities*)（以下，SIC12号）として最終的な合意を取りまとめ，同号は，同年11月に開催されたIASC会議において承認・公表されることとなった（IASC. 1998f. p.2, IASC. 1998i）。

3．解釈指針書SIC12号「連結－特別目的事業体」の考え方

SIC12号は，SPEを「狭義で，十分に明確化された目的（例えば，リース，研究開発または金融資産の証券化（本書でいうバランスシート型金融資産証券化－筆者加筆））を達成するために設立される事業体」（SIC12号. para.1）と説明している。この点について，Ernst & Young（2005. p.311, 邦訳（第１巻）. p.18）は，「SIC12号の抜け穴を活用することによって規定の適用が回避される可能性を最小限にするために，SPEの定義づけを行わないという慎重な態度を採っている」と指摘している。

SIC12号は，IAS第27号ではSPEの連結の判断に関して明確な指針を示していないことを指摘した上で（SIC12号. para.4），実質的にSPEがある企業によって支配されていることを示す場合には，その企業は，当該SPEを連結しなければならない，という原則を示している（SIC12号. para.8）。その上で，同号は，SPEへの支配を表す指標として，(1)事業活動，(2)意思決定，(3)便益，(4)リスク，の４つの指標を挙げている（SIC12号. para.10）。また，同号の付録において，これら４つの指標に関する具体例が示されている〔表4-2〕。

これらの４つの指標のうち，事業活動と意思決定に関する指標は，SPEの範囲を特定するため（すなわち，事業体がSPEに該当するか否かを判断するため）の指標であり，便益とリスクに関する指標は，SPEの連結要否（すなわち，SPEに対する支配の有無）を判断するための指標といえる。

このように，SIC12号は，SPEから生じる便益を享受していることやSPEのリスクを負担していることが，当該SPEを支配している状況を示すとしている。つまり，IASCは，SIC12号において，従来の（IAS第27号の）連結範囲の決定基準としての中心的な概念である支配（事業体の意思決定機関への支配）に加えて，SPEの連結に限定して，事業体のリスクと便益の帰属の有無に基づく連結要否の判断基準を導入している。

なお，詳細は次節において検討するが，SIC12号は，ある企業からのSPEへの資産の移転が，会計上その企業による売却に該当する場合において，企業が売却処理するか，あるいは，SPEの連結に伴い当該売却取引が消去されるかどうかという点については，取り扱わないとしている（SIC12号. para.7）。

〔表4-2〕SIC12号における
SPEへの支配を示す指標の内容と指標の具体例

	指標の内容	指標の具体例
事業活動	実質的に，SPEの事業活動が企業の特定の事業上のニーズに従ってその企業のために行われ，それにより企業はSPEの事業活動から便益を得ている。	・SPEが，主として，ある企業に対する長期資本の源泉の提供，または企業の現行の主要なもしくは中心的な事業を支えるための資金の調達を業務としている場合。 ・SPEが企業の現行の主要なまたは中心的な事業に対応した商品やサービスを適用している。SPEが存在しなければ，企業が自らそれらを提供しなければならない場合。
意思決定	実質的に，企業はSPEの事業活動の便益の大半を獲得するための意思決定権限を保有し，または「自動操縦」の仕組みを設定することによって，企業はこの意思決定の権限を委託している。	・一方的にSPEを解散する権限を有している場合。 ・SPEの定款または寄付行為などを変更する権限を有している場合。 ・SPEの定款または寄付行為などを変更する提案に対して提案された変更案の拒否権を有している場合。
便益	実質的に，企業はSPEの便益の大半を獲得する権利をもつゆえにSPEの事業活動に伴うリスクに晒されている。	・将来の純キャッシュ・フロー，利益，純資産またはその他の経済的便益の形で，事業体によって配分される経済的便益の大部分を得る権利を有している場合。 ・残余配分またはSPEの清算時における残余持分の大部分を得る権限を有している場合。
リスク	実質的に，その企業は，SPEの事業活動からの便益を得るために，SPEまたはその資産に関連した残余価額または所有者リスクの大半を負っている。	・資本提供者がSPEの純資産に対して大きな持分を有していない場合。 ・資本提供者がSPEの将来の経済的便益に対する権限を有していない場合。 ・資本提供者が実質上SPEの純資産または事業活動に固有のリスクに晒されていない場合。 ・資本提供者が，実質的に，負債または資本持分を通じて，主に貸手としての利益に相当する対価を受け取る場合。

出所：SIC12号. paras.10, Appendix (a)～(d)を基に作成。

第3節　金融資産の認識中止に関する会計基準と特別目的事業体の連結会計基準との間に生じるコンフリクトをめぐる議論

1．コンフリクトが生じる背景

第2章第1節において検討したとおり，バランスシート型金融資産証券化の

実施にあたり，金融資産の元の保有者である譲渡人は，金融資産の一部あるいは全部を認識中止した場合であっても，当該金融資産の譲受人であるSPEが譲渡人の連結範囲に含めることが求められることとなれば，結果として，資産を認識中止するという意図を果たすことはできない。つまり，金融資産の認識中止の要否の判断にあたっては，金融資産の認識中止に関する会計基準における「支配」の有無に基づいて金融資産の構成要素別に認識中止の可否が判断されるものの，連結範囲の決定に関する会計基準における「支配」の有無に基づいて，当該金融資産の譲受人であるSPEが譲渡人によって「支配」されていると判断され，連結範囲に含まれる場合には，当該譲渡取引は内部取引として相殺消去されることになる。

かかる論点については，1997年7月以降に行われたSICにおける議論に先立って，1997年3月にIASCの金融商品起草委員会が公表した1997年DPにおいて，留意すべき点として既に挙げられていた。1997年DPは，「SPEへの金融資産の譲渡にあたり，譲渡人は譲受人であるSPEを支配していないことを確認する必要がある」としている（1997年DP. chapter 3. para.9.18）。すなわち，1997年DPは，SPEの連結要否の判断の結果を金融資産の認識中止の要否の判断の要件に組み込むことにより，金融資産の認識中止の要否の判断を連結レベルで行うことを求めているのである。また，この留意点は，「金融資産の認識中止の判断基準に用いられる支配と，SPEの連結要否の判断基準において用いられる支配は，必ずしも一致するものとしては捉えられていない」ことを示している。

ただし，IASCは，1998年IAS第39号において「SPEへ金融資産を譲渡した譲渡人が当該資産を認識中止したにもかかわらず，ある場合には，その譲渡人はIAS第27号並びにSIC12号に従って，そのSPEを連結するように要求されることがあり得る」（1998年IAS第39号. para.41. footnote）としている。すなわち，1998年IAS第39号は，金融資産の認識中止における支配と，連結（SPEの連結）における支配とを別個のものと捉えているものの，金融資産の認識中止の判断を連結レベルで行うことを指示してはいない。1998年IAS第39号とSIC12号との関係を整理すると，〔図4-1〕のとおりである。

以下，本節では，金融資産の認識中止に関する会計基準とSPEの連結会計基準との間に生じるコンフリクトについて，(1)SICによる検討（SIC12号の検討

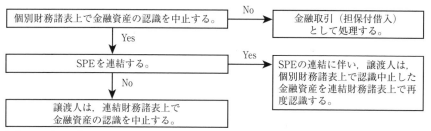

〔図4-1〕1998年IAS第39号とSIC12号との関係

出所：1998年IAS第39号．para.41を基に作成。

過程における議論），(2)SIC12号および1998年IAS第39号公表以降のIASBによる対応，(3)2003年12月IAS第39号による対応，の順に検討する。

2．解釈指針書SIC12号の検討過程におけるコンフリクトの指摘

これまで検討したとおり，金融資産の認識中止に関する会計基準とSPEの連結会計基準との間に生じるコンフリクトについては，SICにおいてSPEの連結に関する問題を取り扱うか否かの検討が行われた時点で検討すべき課題の1つとして挙げられていた。その後，SICは，SPEの連結に関する解釈指針の設定に向けて正式に検討を行うことを決定し，かかる課題についての検討を重ねることになる。

解釈指針書公開草案D12号の公表後，SICは1998年10月に開催したSIC会議において，同公開草案に対して提出されたコメント・レターにおいて指摘された，(1)「リスクと経済価値」の考え方と「支配」の考え方を混同していないか，(2)公開草案E62号（後の1998年IAS第39号）の金融資産の認識中止の考え方との関係はどうか，(3)金融資産の認識中止と連結の問題は，別個の2つの問題か，それとも同時に解決すべき問題か，という3つの問題点について検討を行った（小宮山．1999．p.78）。解釈指針書公開草案D12号に対するこれらの指摘は，その表現は異なるものの，いずれも金融資産の認識中止に関する会計基準とSPEの連結会計基準との間に生じるコンフリクトについて，どのように対応を図るべきかという問題提起であるといえる。

検討の結果，SICはこれらの指摘に対して，「金融資産の認識中止の問題と

連結との問題は別々の会計問題として考える」と主張している（IASC. 1998f. p.1, 小宮山. 1999. p.78）。なお，SICによる上記の主張は，SPEの連結を含む連結会計基準の見直しを進めるために立ち上げられたプロジェクト（IASB連結プロジェクト，本章第4節において後述）や，現行のIFRSにおけるSPEの連結に関する考え方（第7章第3節において後述）のベースとなっている。

　前述のとおり，解釈指針書公開草案D12号は1998年11月に開催されたIASC会議において承認されたが，同公開草案の採用可否の採決にあたり，IASC会議においても，「金融資産の認識中止に関する会計基準とSPEの連結に関する会計基準との間に生じるコンフリクト」を問題視する各国代表（米国，ドイツおよび日本）の主張が述べられている。さらに，SIC12号の決議にあたっての各国を代表するSIC委員の投票行動が次のとおり報告されている（山崎・山田. 1999. pp.78-79）。

> 「日本公認会計士協会としては，委員会案（SIC12号として公表される直前の解釈指針案を指す－筆者加筆）に示された支配力を基準としてSPEも連結に取り入れるべきであるという考えの基本は支持するも，金融資産の証券化における認識中止の基準と関連して，1998年6月付け原案（解釈指針書公開草案D12号を指す－筆者加筆）に示された考えだけでは，SPEに譲渡されたとして一度認識中止された金融商品がSPEの連結によって再び連結財務諸表上資産として計上されるということとなり，論理矛盾を生ずるからSIC12号を出すことを保留すべきと提案していた。日本の指摘した問題点と同様のポイントを指摘したのはドイツと米国であり，米国はSPEの問題は非常に複雑であり慎重に検討すべきであると主張した。採決は2度行われ，最初は支持11票，反対（日本を含む）4票，棄権1票であった。この結果一旦この案は廃案になりかけたが，その後改めて議論を行って採決を行った結果，フランスが支持に廻ったことにより2度目は支持12票，反対（カナダ及び米国）2票，棄権（日本を含む）2票となり，かろうじて支持され発行されることとなった」（山崎・山田. 1999. pp.78-79）。

　このように，金融資産の認識中止に関する会計基準とSPEの連結会計基準と

の間に生じるコンフリクトは，1997年DPや解釈指針書公開草案D12号，公開草案E62号の時点において既に問題点として指摘されているものの，SICは，金融資産の認識中止とSPEの連結は別々の会計問題として考えることとし，SIC12号の公表を決定したのである。

なお，IASCのメンバーである日本公認会計士協会は，これら２つの公開草案に対して送付したコメントにおいて，上述のコンフリクトが生じることを理由に，SIC12号の公表を保留することを要請していた。これらのコメントの内容は〔表4-3，表4-4〕のとおりである。詳細については第５章において後述するが，SIC12号の公表決議におけるわが国のSIC委員の投票行動により，SPEの連結会計基準に関するわが国の当時の考え方を伺い知ることができる。

〔表4-3〕 解釈指針書公開草案D12号に対する日本公認会計士協会のコメント

我々は，証券化を目的とするSPEに関しては，この解釈指針書と公開草案E62号「金融資産：認識および測定」との間にコンフリクトが生じる可能性があると考えている。我々は，IASCが，SPEが関与する証券化の問題についての方針を明確にするまで，この解釈指針の発行を保留することを提案したい。なぜならば，我々は証券化に関する問題は現行の国際会計基準，特にIAS第27号の解釈指針という範囲を超えた問題であると考えているからである。…中略… 公開草案E62号において採用されている財務構成要素アプローチの下では，譲渡人が譲渡される金融資産に関連するいくつかのリスクを留保したとしても，このケースでは認識中止として売却取引とすることが適用されている。それゆえに，「企業の個別財務諸表においてSPEへの金融資産の譲渡が資産の認識中止として認識されたとしても，重要なリスクを保有しているという理由で企業がSPEを連結することが要求される」といった状況がしばしば生じるかもしれない。このような状況では，SPEの連結は連結財務諸表で（資産の－筆者加筆）認識中止を否認するという結果を招き，実際には，混乱を引き起こすかもしれない。

我々は，この草案に基づく解釈指針書は，上述の問題点の留意点が明確に解決されない限り，ガイダンスとしての効果的な役割を果たさないのではないかと考える。それゆえに，我々は，審議会がかかる問題点について解決するまでは，この草案に基づいた解釈指針書の発効を延期すべきであると提案する。

出所：JICPA（1998a. pp.24-25）より一部抜粋。

〔表4-4〕公開草案E62号に対する日本公認会計士協会のコメント

金融資産の証券化に関連して，証券化の手段として用いられる特別目的事業体（SPE）の連結等の会計処理について，IAS第27号では明確に規定されていない。また，SIC D-12（解釈指針書公開草案D12号をいう。後のSIC12号－筆者加筆）におけるIAS第27号の解釈では，E62（公開草案E62号をいう。後のIAS第39号－筆者加筆）を適用して譲渡企業がSPEに譲渡した資産の認識の中止を行えたとしても，譲渡企業が残余リスクを保持していればSPEが連結対象となる恐れがある。そこで，我々は，SPEの連結問題についてE62で言及する必要があると考える。

出所：JICPA（1998b. p.538）（日本公認会計士協会訳, 1998. p.96）より一部抜粋。

3．解釈指針書SIC12号およびIAS第39号（1998年12月公表）の公表後に行われたコンフリクトに関する議論

(1) IAS第39号適用指針委員会による検討

　金融資産の認識中止に関する会計基準とSPEの連結会計基準とを別個のものとして検討するというIASCの方針は，SIC12号パラグラフ7や1998年IAS第39号パラグラフ41脚注における記述に加えて，IAS39IGにおいても取り上げられている。IAS39IGは，売掛債権の証券化の際に組成されるSPEへ譲渡した金融資産の認識中止についての指針を提供するとともに，SPEの連結に関する問題は，IAS第27号およびSIC12号に基づいて検討することを指示している（IAS39IG, Question 41-1）[9]。このように，IAS39IGでは，SIC12号や1998年IAS第39号と同様に，金融資産の認識中止とSPEの連結は別個のものとするIASCの考え方が踏襲されている。

　なお，IAS39IGの公表後，IAS第39号は2000年10月に限定的に改訂され，この際に，1998年IAS第39号パラグラフ41脚注は，「IAS39IG, Question 41-1を参照」へと差し替えられ，前述の「但し書き」は削除された（IAS第39号（2000年10月限定改訂版）．para.41. footnote 54）。ただし，この時点では，「金融資産の認識中止に関する会計基準とSPEの連結会計基準は別個のもの」とするIASBの考え方自体は明らかにされているものの，金融資産の認識中止に関する会計基準とSPEの連結会計基準との間に生じるコンフリクトについて，特段の対応は図られていない。

(2) ジョイント・ワーキング・グループによる検討

　IASCと主要会計基準設定主体から構成される組織であるジョイント・ワーキング・グループ（JWG: Joint Working Group of Standard-Setters）[10]が2000年12月に公表したドラフト基準「金融商品及び類似項目」（Draft standard: *Financial Instruments and Similar Items*）（以下，JWGドラフト基準）においても，金融資産の認識中止に関する会計基準とSPEの連結会計基準との間に生じるコンフリクトに関連する記述がある。

　JWGドラフト基準は，「ドラフト基準に規定されている認識中止の要件は，連結基準の規定を変更することを意図していない。親会社が，非連結の財務諸表において，譲渡された金融資産の認識の中止を行うかどうかの問題とは，別個の問題である。ドラフト基準では前者の問題のみを取り扱っている。したがって，親会社（譲渡人）とその子会社の1つ（譲受人）との間の譲渡で，その金融資産が親会社の個別（非連結）財務諸表では認識の中止とされる一方で，親会社の連結財務諸表では認識の中止とされないという場合もありえる」（JWGドラフト基準．para.231）としている。

　このように，JWGドラフト基準は，金融資産の認識中止に関する会計基準とSPEの連結会計基準との間にコンフリクトが生じることは認識しているものの，SPEの連結と金融資産の認識中止の問題とを別個の問題として捉えている。つまり，かかるコンフリクトについて特段の対応を図ることを意図していないという点で，JWGドラフト基準は，従来のIASCの考え方を踏襲したものといえる。

　一方で，JWGドラフト基準は，金融資産の認識中止の要件として「実質を欠く譲渡は会計上の効果を有するべきではない」という前提を置いており，その際に，当初に検討すべき要件として，(1)金融資産の譲受人は，譲渡人以外の者と譲受人としてではない実質的な事業を行うこと，(2)譲渡された構成要素は譲渡人から隔離されていること，という2つの要件を共に満たすことを求めている（JWGドラフト基準．paras.36(a), (b)）。これらの2つの要件の関係を整理すると〔図4-2〕のとおりである。

　上記の2つの要件のうち，(1)の要件は，「譲受人は譲渡人とは区別された実体を有し，かつ，譲渡人に依存していないこと」（JWGドラフト基準．paras.

〔図4-2〕JWGドラフト基準における譲渡人に求められる要件と
金融資産の認識中止に関する要件との関係

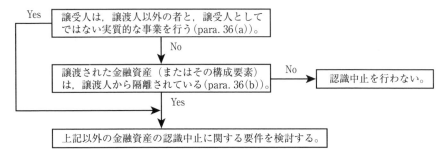

出所：JWGドラフト基準．para.234を基に作成。

3.73-3.74)[11]を求めたものであり，資産の譲受人としてのSPE等の事業体[12]に対して，①名目的な事業体ではないこと，および，②譲渡人によって支配されていないこと，を求めている。したがって，この要件は，譲渡人による譲受人（SPE）の連結要否の判断の結果を，金融資産の認識中止に関する要件の内部に組み込んだものと考えることができる。

なお，(2)の要件は，上記(1)の要件を満たさないSPE等の事業体である場合においても，当該事業体に譲渡された金融資産が譲渡人から倒産隔離されている場合には，上記(2)以降の要件を満たす場合には，当該金融資産の一部または全部の認識中止を可能とするものである。つまり，証券化取引において用いられる「金融資産を譲り受けることのみを目的としたSPEなどの事業体」に対する規定である（JWGドラフト基準．para.223）。したがって，この要件は，あくまで金融資産の認識中止に関する要件の１つであるといえる。

4．IAS第39号の改訂によるコンフリクトの解消

IASCからIASBへの改組を契機に，IASBは，IAS第32号，IAS第39号，およびIAS39IGから構成される金融商品に関する会計基準の見直し作業を開始し，2003年12月17日付けでIAS第39号の改訂版（2003年IAS第39号）を公表した。2003年IAS第39号は，リスク・経済価値アプローチと財務構成要素アプローチ（2003年IAS第39号では，支配アプローチ（control approach）と表記）の適用

〔図4-3〕2003年IAS第39号とSIC12号との関係

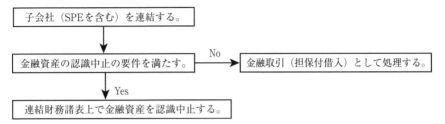

出所：2003年IAS第39号. paras.15. AG36を基に作成。

順序の明確化を図っている[13]。

　これに加えて，同号は，金融資産の認識中止に関する会計基準とSPEの連結を含む事業体の連結に関する会計基準の適用順序を示している。具体的には，金融資産の認識中止の判断にあたって，まず，SPEを含むすべての子会社を連結し，次いで，金融資産の認識中止に関する検討を行うことを求めている（2003年IAS第39号. paras.15. AG36）。2003年IAS第39号とSIC12号との関係を整理すると〔図4-3〕のとおりである。

　このように，2003年IAS第39号は，支配が存在するSPEを連結した上で，連結範囲外の事業体や投資家に対して金融資産が譲渡された場合に，当該金融資産の認識中止をするという考え方を示している。これによって，「SPEの連結の問題と金融資産の認識中止の問題は別のもの」としたSICやIASBの考え方を踏襲するとともに，1998年IAS第39号とSIC12号との間に生じるコンフリクトの実質的な解消が図られている。つまり，IASBは，2003年IAS第39号によって，金融資産の認識中止に関する会計基準において，金融資産の証券化取引（バランスシート型金融資産証券化）において生じる「金融資産の認識中止に関する会計基準とSPEの連結会計基準との間のコンフリクト」の解決を図っていると考えることができる。

第4節　国際会計基準における特別目的事業体の連結会計基準の新たな展開

1．特別目的事業体の連結会計基準に関する再検討に至る経緯

　IASBは，2002年7月に開始したプロジェクト「連結（SPEを含む）」（Active Project: *Consolidation (including Special Purpose Entities)*）（以下，IASB連結プロジェクト）において，SPEを含むすべての事業体を対象とした包括的な連結範囲の決定基準の設定に向けて検討を開始した。このプロジェクトは，IASCがIASBへと改組された際に，今後検討すべきテーマとして挙げられたプロジェクトの1つである「連結方針プロジェクト」に端を発するものである。ここではまず，IASB連結プロジェクトにおける検討が開始される前の「連結方針プロジェクト」において行われたSPEの連結に関する議論を検討する。

　2001年7月に開催されたIASB会議では，連結の範囲を決定するための「支配」をどのように定義するか，およびSPEを連結範囲に含めるかという2つの問題点が挙げられた。この際に，支配の定義については英国会計基準審議会の成果を活用し，SPEの連結に関する問題についてはFASBの検討結果[14]を活用することが合意された（山田，2001．p.79）。

　2002年5月に開催されたIASBとリエゾン国との会議（以下，リエゾン国会議）[15]では，英国会計基準審議会が作成した資料に基づいて，支配概念とその適用に関する問題，およびSPEの連結に関する問題についての議論が行われた。このうち，支配概念とその適用に関する議論では，連結原則の基礎として経済的単一体概念に基づくことが提案され，SPEを含むすべての事業体に対してこの原則が適用されるとしている（秋葉，2002．p.54）。そして，この原則を適用するために，(1)それぞれの当事者にとっての経済的な成果を評価すべきであること，(2)支配は，営業上および財務上の政策を行使できる能力と便益を獲得できる能力の双方であること，(3)強制力のある権利は支配の基礎をなすこと，(4)行使する政策があらかじめ決定されているような場合，便益を獲得できる能力と晒されるリスクは特に重要な要素となること，(5)支配の存在は，現在行使可

能な権利を反映して評価すべきであること，が提案された。英国会計基準審議会は，これらの原則は，SPEの連結にあたっても目的適合的であるとし，支配を判断するためには便益とリスクに着目する方法が考えられると主張した（秋葉.2002. pp.54-55）。

なお，2002年5月に開催されたリエゾン国会議における検討後，連結方針プロジェクトは，2002年9月に開催された基準諮問会議（SAC: Standards Advisory Council）[16]において，IASBが検討すべき主要な検討項目とすることが提案・合意され，これ以降，IASB連結プロジェクトとして検討が進められることとなる。

2．IASB連結プロジェクトの基本原則とその要件

IASBは，2002年7月よりIASB連結プロジェクトの審議に取り掛かり，この時点で，SPEを含むすべての事業体の連結にあたり，支配を連結の基礎とすべきとすることを暫定的に合意した。そして，2002年10月に開催されたIASB会議において，SPEの連結に関する検討を進めた（IASB. 2004a. p.1, pp.6-7）（SPEの連結に関する議論は後述する）。

IASBは，これまでの議論で，IASB連結プロジェクトの基本原則として「連結は，あたかも単一の経済的な実体であるように事業体の報告をするという原則によるべきであり，事業体が支配する資産を認識することが究極的な目的である」とし，連結における支配とは事業体に対する支配ではなく，資産に対する支配とすることを暫定的に合意した（IASB. 2004c. para.7）。そして，この原則に基づく支配を「便益を入手するため，増大させるため，維持するため，もしくはそれらの便益を保護するために，事業体の戦略的な財務方針と経営方針を指示する能力」と定義し，支配は，(1)パワー規準（Power Criterion），(2)ベネフィット規準（Benefit Criterion），および(3)これらの能力を便益の増大，維持，保護のために利用できる力があること（2004年3月の時点までは，リンク規準（The Link）と表記されていた），の3つの要件を満たす必要があると暫定的に合意した（IASB. 2004c. para.8）。これら3つの要件の内容は〔表4-5〕のとおりである。

ただし，IASBは，「資産に対する支配を連結における支配とする」という基

〔表4-5〕支配概念が満たす必要がある3つの要件

パワー規準	戦略的決定を行い,営業・財務における方針・戦略を指示する能力
ベネフィット規準	便益を入手する能力
(リンク規準)	上記の力を便益の増大,保護,維持のために利用する力があること

出所：IASB（2004c. para.8）.

　本原則を新たに提案してはいるものの，その要件の最初の1つとして，企業の戦略的決定を行い，営業・財務における方針・戦略を指示する能力（パワー規準）を挙げている。したがって，「事業体に対する支配（意思決定機関に対する支配）の有無に基づいて連結範囲を決定する」という，連結要否の判断に関する従来の原則的な考え方を排除しているわけではない。

3．IASB連結プロジェクトにおける特別目的事業体の連結会計基準に関する暫定的合意と今後の方針

　IASB連結プロジェクト発足以前に行われた議論を含め，同プロジェクトの発足当初の時点（2002年6月および同年10月に開催されたIASB会議）におけるSPEの連結に関する暫定的合意の内容は〔表4-6〕のとおりである。これらの暫定的な合意のうち，特に注目すべき事項は，「特定のタイプの取引（例えば，証券化）であることを根拠に連結からの特定の例外があるべきでない」としていることである。つまり，IASBは，IASB連結プロジェクトの発足当初の時点において，例外規定を設けている米国会計基準やわが国会計基準とは明らかに異なる方向で検討を進めている。

　その後，2003年12月に開催されたIASB会議では，SPE以外の事業体に対して暫定的に合意された支配概念に係る要件の1つであるパワー規準が，SPEの連結要否の判断に適切であるかどうかが検討され，原則として，SPEの戦略的な営業および財政方針の事前決定に関与する唯一の事業体は，パワー基準を満たすことが合意された。加えて，SPEは事業活動や財務方針があらかじめ決定されているために，パワー規準を満たさないことも考えられるため，その際には，事業体がSPEのリスクに晒されているか否かの指標や，SPEの事業活動が事業体の事業目的を促進するか否かの指標が，SPEの事業活動の事前決定に関

第4章　国際財務報告基準における特別目的事業体の連結会計基準の形成

〔表4-6〕IASB連結プロジェクト発足当初の時点における SPEの連結に関する暫定的合意

(1)	支配は、SPEの連結のための基礎とすべきである。しかしながら、（企業の）方針の決定をする能力が欠如している場合において、支配は、他の手段（方法）で判断されなければならない。
(2)	SPEの連結のための基準は、他の事業体を連結するための基準に対して一貫性があるようにすべきである。
(3)	期待損失の変動の大部分に晒されているSPEの持分保有者は、SPEでない事業体の過半数持分保有者と非常に類似している（そのような持分保有者は、たいていの場合SPEを連結すべきである）。
(4)	この原則を適用することで、結果的に連結されないSPEをもたらす可能性がある。
(5)	特定のタイプの取引（例えば、証券化）であることを根拠に、連結からの特定の例外があるべきでない。SPEの連結の際の状況でも、原則ベースであるべきである。

出所：IASB（2003a, p.3）を基に作成。

与する事業体の特定に役立つ可能性があるとされた（IASB, 2004a, para.42）。

　このように、IASB連結プロジェクトにおけるSPEの連結に関する考え方は、「SPEとの関与から生じるリスクと経済価値が帰属する者に当該SPEの連結を求める」という基本的な部分では、従来の基準書であるSIC12号の考え方が踏襲されている。

　なお、2006年3月に開催されたIASB会議では、(1)SPEをも包含する支配概念に基づいた包括的なIFRSを作成するため、翌月に開催されるIASBの教育セッションにおいて改訂FIN第46号の検討を行うこと、および(2)今後はこれまでに検討された支配概念に基づいてSPEの連結に関する検討を行うこと、の2点が合意された（IASB, 2006b, p.7, 山田, 2006a, p.98）。また、2006年9月末時点でのIASB作業計画によれば、SPEの連結を含む包括的な連結範囲の決定基準については、2007年の第2四半期に討議資料を公表し、2008年中には公開草案を公表することが予定されている（IASB, 2006d）。

注
1　1988年に公表されたIAS第27号は異業種子会社を連結範囲から除外することを容認していたが、1994年にリフォーマットされた際に、かかる規定は削除された。
2　IAS第27号は、企業結合に関連するプロジェクトの影響を受けて2003年12月に改訂され、この際に、同号のタイトルは「連結および個別財務諸表」(Consolidated and Separate Fi-

nancial Statements) へと変更された。この改訂と本書の内容との直接の関係はないが，以下では，改訂後のIAS第27号に基づいて同号のパラグラフを記している。

3 WP1とは，IOSCOの作業部会の1つで，多国間売出しおよびディスクロージャーをテーマに会計基準の検討が行われた。当時のWP1議長は米国SEC企業局長のLinda C. Quinn氏である。わが国からは金融庁の担当官と，テクニカル・アドバイザーとして加藤厚氏が参加していた。白鳥レター公表前後のWP1におけるIASの検討状況については，加藤（2000. pp.4-8）を参照されたい。

4 検討留保項目とは，「一般的にはあまり直面せず，多くの場合複雑であり，IOSCOがIASC基準の受け入れ勧告を検討する前には取り組む必要の無い項目」とされている（IOSCO. 1994. p.128）。

5 SICは，財務諸表の作成者，監査人，財務諸表の利用者から選出された投票権を有する12名の委員と，投票権を有しないオブザーバーの4名の委員（欧州共同体（EC）から1名，IOSCOから1名，IASCとの連絡役としてIASCから2名）から構成される（IASC. 1997b. p.1）。SICによる解釈指針の検討手続については，秋山（2000. pp.72-79）を参照されたい。

6 1997年10月23日から24日に開催したSIC会議の翌週（1997年10月30日〜11月4日）に開催したIASC会議において，IASCは，今後の金融商品プロジェクトについて，(1)暫定的対応：コア・スタンダードを完成させるために，SFAS第125号の主要部分を基礎として簡素化し，公開草案E48号の内容を一部反映させた公開草案を作成する，(2)長期的対応：1997年DPの成果については，今後各国の会計基準設定主体との合同プロジェクトで検討を行う，という2通りの方針を採用することを決定した（IASC. 1997d）。

7 金融資産の認識中止に関する会計基準とSPEの連結会計基準との関係については，本章第3節において検討する。

8 なお，解釈指針書公開草案D12号の内容は，後述するSIC12号とほぼ同一である。

9 本書では，*IAS 39 Implementation Guidance Committee, IAS 39 Implementation Guidance: Questions and Answers*（as of January 1, 2003）に基づいている。

10 JWGは，金融商品に関する包括的な会計基準を検討することを目的として，アメリカ，イギリス，カナダ，オーストラリア，フランス，ドイツ，ノルウェー，ニュージーランド，日本の9カ国の会計基準設定主体または職業会計士団体等とIASCから構成される共同作業組織である。

11 この点について，JWGは他の会計基準の対象とすべきことを示唆している（JWGドラフト基準. para. 3.74）。

12 JWGドラフト基準に対して日本公認会計士協会が提出したコメント（JICPA. 2001. para. 2.3）によれば，実質のある事業を行っていない場合の具体例（例えば，SPEである場合など）に関するガイダンスを設けるべきであることが指摘されている。

13 2003年IAS第39号におけるリスク・経済価値アプローチと財務構成要素アプローチの適用順序については，第2章第3節2(1)を参照。

14 この時点におけるSPEの連結に関するFASBの検討成果とは，例外規定を除くと，EITFトピックD-14号，EITF論点第90-15号のほか，1991年討議資料，1994年予備的見解，1995年連結公開草案，1999年改訂連結公開草案，2000年作業草案がある。

15 リエゾン国会議における審議内容は，秋葉（2002. pp.54-59），企業会計基準委員会（2002a）

に依拠している。
16 SACは，国際的な財務報告に利害関係を有し，地域的にも，その機能においても多岐にわたる組織や個人が，(1)議題の決定やIASBの作業の優先順位についてIASBに助言を与える，(2)主要な基準設定プロジェクトについて，SACのメンバーの見解をIASBに伝える，(3)IASBや評議会にその他の助言を提供すること，を目的とした組織であり，2001年6月にIASC財団により任命された49名のメンバーより構成されている（Ernst & Young. 2004. pp.15-16，邦訳（第1巻）．2006. p.24）。

第5章
わが国における特別目的事業体の連結会計基準の形成

第1節　わが国における連結範囲の決定基準に関する原則的な考え方

1．支配力基準の導入経緯

　わが国では，1975年6月24日に企業会計審議会が公表した「連結財務諸表の制度化に関する意見書」，「連結財務諸表原則」に基づいて，1977年4月1日以後に開始される事業年度より，証券取引法（当時，現在は金融商品取引法）に基づく有価証券報告書の添付書類として，連結財務諸表を提出することが求められることとなった。また，連結財務諸表原則の公表以降も，随時，連結財務諸表制度を充実させるための見直しが図られてきた。

　その後，連結ベースでの経営を重視する企業の傾向や，投資意思決定情報としての連結財務情報に対する投資家のニーズが高まったことを受けて，企業会計審議会は，1995年10月より連結財務諸表をめぐる諸問題に関する検討を開始した。そして，企業会計審議会は，1997年6月6日に「連結財務諸表制度の見直しに関する意見書」（企業会計審議会.1997a）（以下，連結意見書）を公表した。

　連結意見書は，第1部と第2部の2部構成となっており，第1部では，従来の個別情報を中心としたディスクロージャー制度から連結情報を中心としたディスクロージャー制度への転換を図るとしている。第2部では，議決権の所有割合が過半数以下であっても，その会社を事実上支配しているケースがあり，そのような被支配会社を連結の範囲に含まない連結財務諸表は，企業集団に係る情報としての有用性に欠けることとなると指摘している（連結意見書. 第2

部.2.1.(1))。その上で，議決権の過半数所有の有無に基づく連結範囲の決定基準（持株基準または議決権基準と呼ばれる）に代えて，実質的な支配関係の有無に基づいて連結範囲を決定する「支配力基準」の導入を図ることを提言している。

2．わが国における連結範囲の決定に関する原則的な考え方

　連結意見書の公表および連結財務諸表原則の改訂後，企業会計審議会第一部会（以下，第一部会）では，子会社および関連会社の範囲に関する具体的な基準を設けるための審議が開始された。改訂連結原則の前文では，「子会社及び関連会社の範囲に関するの具体的な指針等は日本公認会計士協会が措置する」とあるが，日本公認会計士協会による検討に先立って，重要な部分については企業会計審議会でも議論すべきとされ，これを受けて第一部会での検討が行われることとなった（中村・小宮山. 1998. p.42）。

　第一部会における審議の結果，企業会計審議会は，1998年9月14日に「連結財務諸表制度における子会社及び関連会社の範囲の見直しに係る具体的な基準（案）」（以下，1998年具体的な基準（案））を公表し，その翌月末（1998年10月30日）に「連結財務諸表制度における子会社及び関連会社の範囲の見直しに係る具体的な取扱い」（以下，1998年具体的な取扱い）を公表した。その後，改訂連結原則および1998年具体的な取扱いに沿って，財務諸表等規則など関係省令の改正が実施され，これらの連結会計基準をめぐる一連の改訂・改正により，意思決定機関への支配の有無に基づく連結範囲の決定基準，すなわち支配力基準が導入されることになった。

　改訂連結原則および1998年具体的な取扱いでは，「親会社とは，他の会社等の財務及び営業の方針を決定する機関を支配している会社」とし，「子会社とは，当該他の会社等」としている。そして，財務及び営業の方針を決定する機関とは「株主総会，取締役会その他これらに準ずる機関」としている。なお，会社等とは，株式会社など会社形態の他にも，組合その他これらに準ずる事業体（外国の法令に準拠して設立されたものを含む）を含むことを意味する。

　改訂連結原則，1998年具体的な取扱い，および改訂後の財務諸表等規則における「事業体の意思決定機関を支配している状況」を要約すると〔表5-1〕の

〔表5-1〕 事業体の意思決定機関を支配している状況（要約）

(1)	議決権の過半数を実質的に所有している。
(2)	議決権の所有割合が50％以下であっても高い比率の議決権（40％以上，50％以下）を有しており，かつ，次のいずれかの要件に該当する。 ①出資，人事，資金，技術，取引等において緊密な関係があることにより，同一の内容の議決権を行使すると認められる者等（「緊密な者」および「同意している者」）と合わせて，議決権の過半数を占めている。 ②役員または使用人等が，会社等の取締役会（その他これに準ずる機関を含む）の構成員の過半数を占めている。 ③重要な財務及び営業又は事業の方針決定を支配する契約等が存在する。 ④資金調達額（貸借対照表の負債に計上されているもの）の総額の過半について融資（債務の保証及び担保の提供を含む）を行っている。 ⑤その他の会社等の意思決定機関を支配していることが推測される事実が存在する。
(3)	出資，人事，資金，技術，取引等において緊密な関係があることにより，同一の内容の議決権を行使すると認められる者等（「緊密な者」および「同意している者」）と合わせて議決権の過半数を占めており，かつ，上記(2)の②から⑤までのいずれかの要件に該当する。

出所：改訂連結原則，1998年具体的な取扱い，財務諸表等規則を基に作成。

とおりである。なお，企業会計基準委員会は，2008年12月に企業会計基準第22号「連結財務諸表に関する会計基準」を公表しているが，一般的な事業体の連結範囲の決定に関する内容は同様のものである。

第2節　特別目的事業体の連結に関する例外規定

1．特別目的事業体の連結に関する例外規定の設定経緯

(1) 特別目的事業体の連結会計基準の設定をめぐる議論の概要

前節において検討したとおり，連結意見書および改訂連結原則の公表後，第一部会において，子会社および関連会社の範囲の決定に関する具体的な基準を設定するための審議が行われた。わが国では，この際にSPEの連結会計基準についての本格的な議論が開始されている。

詳細は本節において後述するが，企業会計審議会は，1998年具体的な基準（案）の時点では，「SPEから生じるリスクと経済価値が帰属する者に，当該SPEの連結を求める」ことを提案したものの，これに代えて，1998年具体的な

取扱いにおいて,「一定の要件を満たす特別目的事業体を連結除外とする例外規定」(以下,例外規定)を新たに設けた。ただし,1998年具体的な取扱い,および1998年具体的な取扱いを受けて改訂された財務諸表等規則(財務諸表等規則第8条第7項)では,例外規定を設けた理由やその根拠は,必ずしも明らかにはされているとはいえない。そこで本節では,SPEの連結に関するわが国会計基準の設定経緯の検討を通じて,例外規定が設けられた理由やその根拠,背景について検討する。

なお,例外規定は,1998年具体的な基準(案)において提案された,「リスクと経済価値の帰属の有無に基づくSPEの連結要否の判断基準」に代わるものとして設けられたため,この時点では,例外規定の要件を満たさないSPEの連結会計基準は設定されず,2000年1月に日本公認会計士協会監査委員会が公表した「連結財務諸表における子会社等の範囲の決定に関するQ&A」や,企業会計基準委員会が2006年9月に公表した実務対応報告第20号「投資事業組合に対する支配力基準及び影響力基準の適用に関する実務上の取扱い」により整備されることとなる。例外規定の要件を満たさないSPEの連結会計基準については,本章第3節において後述する。

(2) 「連結財務諸表制度における子会社及び関連会社の範囲の見直しに係る具体的な基準 (案)」における特別目的事業体の連結に関する取扱い

1998年9月14日に開催された企業会計審議会第一部会会議(以下,第一部会会議)では,企業会計審議会の事務局が用意した草案を基に,子会社および関連会社の範囲の決定に関する初回の議論が行われた。ここでは,「特定目的会社による特定資産の流動化に関する法律」(平成10年法律第105号)(以下,資産流動化法)に基づいて設立されるSPEである,特定目的会社(TMK: Tokutei Mokuteki Kaisha)[1]およびTMKと同様の役割を担うSPE[2]の連結要否の判断にあたり,「SPEに資産を譲渡した会社が,SPEに譲渡した資産に関して原債務者の債務不履行若しくは資産価値の低下が生じた場合に損失の全部または一部の負担を行い,又は重要な利益を享受することとなるときは,当該資産を譲渡した会社の子会社に該当するものとする」ことが提案された。

これは,譲渡人がSPEに譲渡した資産の買戻権を有する場合や,SPEが発行

〔表5-2〕1998年具体的な基準（案）におけるSPEの連結に関する取扱い

(1)	SPEに対する出資額が当該SPEの資産総額に対して僅少であり重要性が乏しい場合には，子会社及び関連会社に該当しないものとすることができる。
(2)	ただし，SPEに資産を譲渡した会社が，当該SPEに譲渡した資産に関して，原債務者の債務不履行若しくは資産価値の低下が生じた場合に損失の全部若しくは一部の負担を行い，又は重要な利益を享受することとなるときは，当該資産を譲渡した会社の子会社に該当するものとする。

出所：企業会計審議会（1998c. 三）を基に作成。

するABSの大部分を譲渡人自らが保有している場合には，譲渡人は，譲渡した資産に対する支配を実質的に維持していると考えられるとして，このような場合には，譲渡人は，当該SPEを連結対象とすることを求めたものである（企業会計審議会第一部会. 1998c. pp.10-11）。

このように，第一部会では，証券化（バランスシート型資産証券化）取引を実施するために資産を譲り受けることを目的とするSPEは，通常の事業会社とは異なり，極めて小額の出資で設立される事業体であることから，SPEの連結要否の判断にあたっては意思決定機関への支配の有無に基づく支配力基準ではなく，「譲渡した資産に対するリスク，あるいはリスクの裏返しとしての利益が譲渡人から切り離されているか否かという点に着目する」という考え方が提案されていたのである（企業会計審議会第一部会. 1998c. pp.13-14）[3]。リスクと利益に着目してSPEの連結要否を判断するという提案は，1998年具体的な基準（案）の一部に組み入れられ，公表された。1998年具体的な基準（案）において提案されたSPEの連結に関する規定の内容は〔表5-2〕のとおりである。

(3)「連結財務諸表制度における子会社及び関連会社の範囲の見直しに係る具体的な基準（案）」に対する批判的コメント

1998年具体的な基準（案）において提案されたSPEの連結に関する規定については，日本公認会計士協会，日本資産流動化研究所[4]，銀行業界や経済団体などの業界団体，企業，個人により，批判的なコメントが提出された。これらのコメントのうち，日本公認会計士協会，日本資産流動化研究所，経済団体連合会により提出されたコメントの内容は〔表5-3〕のとおりである。

これらのコメントによれば，個別財務諸表上において資産の認識中止がなさ

〔表5-3〕1998年具体的な基準（案）に対して提出されたコメント

提出者	コメントの要約
日本公認会計士協会	リスク負担あるいは利益の享受によるSPEの連結可否の判断は，現在一般に行われている債権の証券化のネックとなる恐れがある。「金融商品に係る会計基準の設定に関する意見書（公開草案）」を踏まえ，金融資産の譲受人であるSPEが同公開草案で定められる要件（譲り受けた金融資産からもたらされる収益をABSの保有者に享受させることを目的として設けられていること，および，SPEの事業が上記の目的に従って適正に遂行されていること，一筆者加筆）を満たすSPEであり，金融資産の譲渡人が金融資産の認識中止の要件を満たしている場合には，譲渡人によるSPEの連結問題は発生しないとすべきである。
日本資産流動化研究所	証券化においては，資金調達という目的と並んで，資産を認識中止することも重要な目的の1つである。証券化の実施にあたり，資金調達に伴う売却代金の支払いの一部劣後化，クリーンアップ・コール，リコース等は不可欠の仕組みであり，この場合，財務構成要素アプローチに基づき譲渡人が支配を放棄した部分はその認識を中止し，留保する部分は新たに時価で計上するという会計処理が行われる。しかしながら，今回の基準案では，単独決算においてオフ・バランス処理がなされるにもかかわらず，最終的には譲受人であるSPEが連結されてしまうという結果になり，財務構成要素アプローチが形骸化してしまう。
経済団体連合会	金融商品に係る会計基準に関する公開草案において，債権流動化の実状を考慮して，一定の場合には経過措置としてオフ・バランス処理が認められている。SPEの連結については，これらの経過措置との整合性を図りつつ検討すべき。

出所：税務研究会編集部（1998a. p.4），税務研究会編集部（1998b. p.2），日本経済新聞社（1998. p.17），日本資産流動化研究所（1999a. pp.93-96）を基に作成。

れた取引が，当該資産の譲受人であるSPEの連結が求められることにより，譲渡人にとっては当該譲渡取引が認識中止を果たすことができないことになり，現在一般に行われている債権の証券化を阻害する恐れがあることへの懸念が表明されている。つまり，証券化取引の会計処理にあたって，「金融資産の認識中止に関する会計基準」と「SPEの連結会計基準」との間にコンフリクトが生じることと，それに伴って証券化取引を行う者へ影響を及ぼすことが指摘されているのである。

(4)「連結財務諸表制度における子会社及び関連会社の範囲の見直しに係る具体的な基準（案）」の再検討

1998年10月9日に開催された第一部会会議では，1998年具体的な基準（案）に対して送付されたコメントを踏まえて，SPEの連結会計基準についての検討

が引き続き行われた。ここではまず，1998年具体的な基準（案）において用いられた「特定目的会社」という用語について，「特別目的会社」へと表記を改めることが提案された。これは，第一部会が検討の対象としているSPEとは，資産流動化法上のSPEであるTMKに限定したものではなく，例えば，英領ケイマン諸島に設立されるSPEなど，TMKと類似した事業体を含むものであることをその理由としたものである（企業会計審議会第一部会. 1998b. p.15)。

次に，SPEの連結に関する規定の検討にあたり，これまでの審議において参考としたSPEの連結に関する米国会計基準であるEITFトピックD-14号に加えて，1995年連結公開草案，およびQSPE（この時点ではSFAS第125号による定義）の連結に関するEITFの合意事項であるEITF論点第96-20号[5]の内容が紹介された。また，IASCにおいても，SPEの連結会計基準の設定に向けた検討が行われていることが報告された（企業会計審議会第一部会. 1998b. pp.17-19)[6]。

加えて，企業会計審議会が1998年10月16日付けで公表した，公開草案「金融商品に係る会計基準（案）」では，「金融資産を構成する財務構成要素に対する支配が他者に移転した場合に，当該移転した財務構成要素を認識中止する」という財務構成要素アプローチを採用しており，金融資産をその構成要素に分割した上で当該財務構成要素のリスクと経済価値が第三者に移転しているか否かという判断が求められるため，金融商品に関する会計基準との関係で，SPEの連結会計基準の設定には非常に難解な問題点があることが指摘されている（企業会計審議会第一部会. 1998b. pp.19-20)。ここでいう非常に難解な問題点とは，本書でいう「金融資産の認識中止に関する会計基準とSPEの連結会計基準との間で生じるコンフリクト」を指している。

ただし，この時点では，「譲渡した資産に対して引き続き支配が及んでいるか否かということをベースに，連結対象にするか否かを考える」，もしくは，「SPEの連結に関する特段の基準を設定せずに一般の事業体と同様に判断する」ことが提案されていることから（企業会計審議会第一部会. 1998b. p.17, pp.20-21），第一部会において行われたこれまでの検討は，例外規定の設定を念頭に置いたものではない。

2．特別目的事業体の連結に関する例外規定の考え方

　企業会計審議会の事務局は，第一部会会議において行われたこれまでの議論を踏まえてSPEの連結会計基準に関する検討を行い，1998年10月21日に開催された第一部会会議において，SPEの連結に関する修正案を新たに提示した。この修正案では，前回の第一部会会議（1998年10月9日開催）において提案されたとおり，これまでに用いられてきた「特定目的会社」という用語が，「特別目的会社」という用語へと変更された。

　用語の変更に加えて，修正案では，SPEの連結会計基準について，これまでに第一部会会議で行われた検討内容とは異なり，「実質的に意思決定機関を支配していないと認められる状況」が示された。具体的には，SPEの要件として「適正な価額で譲り受けた資産から生じる収益を当該SPEが発行する証券の保有者に享受させることを目的として設立されており，当該SPEの事業がその目的に従って適切に遂行されている」とし，「当該SPEへの出資者および当該SPEへ資産を譲渡した会社（以下，出資者等）から独立している者と認め，出資者等の子会社に該当しない者と推定する」ことが提案された（企業会計審議会第一部会. 1998c. p.5)[7]。

　このように，修正案では，「SPEに譲渡した資産に関して，損失を負担する，あるいは重要な利益を享受する場合には，譲渡人が譲渡した資産に対する支配を実質的に維持していると考えられることから，譲渡人は当該SPEを連結対象とする」というこれまでの考え方から，「SPEへの支配が生じないと認められる状況（意思決定機関を支配していないと認められる状況）をあらかじめ設定し，SPEを連結除外とするための要件を明確化する」という考え方へと大きく転換が図られたのである。修正案において提案されたこの考え方は，前回の第一部会会議（1998年10月9日開催）において紹介された米国のSPEの連結会計基準のうち，EITF論点第96-20号（詳細は，第3章第5節を参照されたい）をベースとして設けられたものと考えることができる[8]。

　第一部会は，この修正案を第一部会の審議結果として審議を終了することとし，修正案は，第一部会における最終審議から9日後の1998年10月30日に開催された企業会計審議会総会の決議を経て，1998年具体的な取扱い（連結財務諸

〔表5-4〕わが国における例外規定の内容

(1)	資産流動化法(注1)に基づいて設立されたSPEであるTMKであること。あるいは、TMKに類似した役割を担う事業内容の変更が制限されているSPEであること。
(2)	適正な価額で譲り受けた資産から生ずる収益を、当該SPEが発行する証券の所有者に享受させることを目的として設立されていること。
(3)	当該SPEの事業がその目的に従って適切に遂行されていること。以下①〜⑤はその例(注2)。 ①資産処分により収益をあげ、証券の保有者へこれを享受させる場合 ②証券の保有者への配当、利払い及び償還等の時期まで余資を運用して収益を高める場合 ③事業目的を遂行する上でデリバティブによりキャッシュ・フローを調整する場合 ④事業目的を遂行する上でキャッシュ・フローを調整するための借入（例えば、証券を完売するまでの借入、又は証券の保有者への配当、利払い及び償還等のための借入）を行う場合 ⑤事業目的に従い、一部の金融資産の回収に伴い譲渡人から新たな金融資産を譲り受けることを繰り返す場合、又は当初譲り受けた金融資産をすべて回収した後、譲渡人から再度新たな金融資産を譲り受ける場合
(4)	上記(1)〜(3)の要件を満たしている場合には、当該SPEに対する出資者及び当該SPEに資産を譲渡した会社（出資者等）から独立しているものと認め、子会社の範囲の要件を満たしている場合であっても、出資者等の子会社に該当しないものと推定する。

注1：1998年6月に公布された資産流動化法をいう。
注2：表中①〜⑤の例は、金融商品実務指針による例示である。
出所：1998年具体的な取扱い．三．および、金融商品実務指針．35項を基に作成。

表制度における子会社及び関連会社の範囲の見直しに係る具体的な取扱い）として公表された。これにより、わが国においても例外規定が設けられることとなった。1998年具体的な取扱いにおいて新たに導入された例外規定の内容は〔表5-4〕のとおりである。また、1998年具体的な取扱いにより新たに導入された例外規定は、1998年11月24日に改正された「財務諸表等の用語、様式及び作成方法に関する規則」（以下、財務諸表等規則）の第8条第7項へ反映（新設）されている[9]。以下、本書では、例外規定の要件を満たすSPEを、「8条7項SPE」という。

なお、例外規定の内容のうち、「SPEの事業がその目的に従って適正に遂行されていると考えられる取引」については、日本公認会計士協会会計制度委員会が2000年1月31日付けで公表した会計制度委員会報告第14号「金融商品会計に関する実務指針」（以下、金融商品実務指針）において、その例が示されている。

3．特別目的事業体の連結に関する例外規定の意義

上述のとおり，1998年具体的な取扱いは，資産流動化法に基づいて設立されるSPEであるTMKまたはTMKに類似した役割を果たすSPE（TMK類似SPE）であることを前提として，(1)適正価額で資産を譲り受けていること，(2)事業活動が限定されていること，という2つの要件を課し，これらの要件をすべて満たすSPEであれば，「当該SPEへ資産を譲渡した者（譲渡人）および当該SPEの出資者は，当該SPEを子会社としないものと推定する」としている。

ただし，これらの要件のうち，(1)の「譲渡価額の適正性」に関する要件は，SPEを連結除外とする例外規定に関する要件というよりも，むしろ，SPEへの資産譲渡取引が満たさなければならない要件を再確認することを目的とした要件であるといえる。なぜならば，証券化取引（バランスシート型資産証券化）の実施にあたり，ABSの発行のためには（例えば，ABSの投資家保護の観点から）当該要件を充足することは必須の事項であり，さらに，譲渡価額が適正とはいえない譲渡取引であれば，当該譲渡取引は，会計上売却としては認められず，担保付借入等の会計処理が求められるためである。

したがって，例外規定が，一定の要件を満たすSPEを譲渡人等の連結範囲から除外するという観点からSPEへ課している要件は，「資産流動化法に基づくのSPEであるTMK，あるいはTMK類似SPEであること」[10]，および「SPEの事業活動は証券化に関連する活動に限定されていること」の2点にあると考えることができる。なお，TMKに認められる活動は，資産流動化法により証券化（本書でいう，バランスシート型資産証券化）に関連する活動に限定されているため，後者の要件は，TMK類似SPEを対象としたものであるといえる。

また，小宮山（2005. p.235）は，例外規定の設定に至る背景には，証券化商品を増加させるという当時のわが国の政策の影響があったこと，および証券化取引の発展を阻害しかねないルール設定への懸念があったことを指摘している。実際に，例外規定が設けられることで，金融資産の認識中止に関する会計基準とSPEの連結会計基準との間に生じるコンフリクトが回避されることになる。

このように，わが国の例外規定は，「資産流動化法が想定する証券化（バランスシート型資産証券化）を実施するために用いられるSPEについて，譲渡人

やSPEの出資者など,証券化取引に関与する者の支配力が及ばないと考えられる状況をあらかじめ明文化したもの」であると考えることができる。つまり,「あらかじめ連結されないSPEの要件を明確に示すことにより,SPEの連結要否に関する会計手続き上の安定性を確保し,金融資産の認識中止に関する会計基準とSPEの連結会計基準との間に生じるコンフリクトを含め,SPEの連結に関する会計問題が証券化取引の阻害要因となることを避けること」に,わが国会計基準における例外規定の設定根拠を見出すことができる。

4．特別目的事業体の連結に関する例外規定と資産流動化法との関係

(1) 資産流動化法に基づく証券化取引の考え方

バブル経済崩壊後,わが国では不良債権問題などの経済対策の一環として,債権および不動産の証券化取引を促進させるための法整備に向けた検討が重ねられ,1998年6月15日付けで「特定目的会社による特定資産の流動化に関する法律」(平成10年法律第105号) および同法の関連法が公布された。同法は2002年5月に抜本的な改正が行われ,その際に,「資産の流動化に関する法律」(以下,改正資産流動化法) へと法律の名称が変更されている。ただし,これまで検討したとおり,例外規定は,改正前の資産流動化法 (以下,旧資産流動化法) に基づいて設立されるTMKを前提として設けられた規定であるため,まず,旧資産流動化法が想定する証券化取引について検討する[11]。

旧資産流動化法の第1条によれば,同法の目的として,(1)TMKが業として特定資産の流動化を行う制度を確立すること,(2)特定資産の流動化に係る業務の適正な運営を確保するとともに,特定資産の流動化の一環として発行される各種の証券の購入者等の保護を図ること,(3)一般投資家によるこれらの証券に対する投資を容易することの3点が挙げられている。そして,同法が規定する証券化取引である「資産の流動化」の対象となる資産 (資産流動化法では,これを特定資産という) は,不動産,指名金銭債権,およびこれらを信託した信託受益権に限定列挙されている (旧資産流動化法第2条)。

片山 (1998, pp.59-60) によれば,特定資産を限定列挙とした理由として,(1)既に流動性を有する資産である有価証券等を対象資産とした場合には,会社型投資信託との境目が不明確になること,および,(2)不動産の証券化 (原文で

は，流動化－筆者改変）を推進するという政策目的に照らして総合的に判断した結果であること，の2点が挙げられている。

このように，旧資産流動化法の立法経緯や，同法第1条において示されている目的，特定資産の限定列挙より，同法は，不良債権をはじめとした一部の指名金銭債権や不動産を対象とする証券化の促進を意図したものといえる。したがって，旧資産流動化法が規定する「資産の流動化」とは，本書でいうバランスシート型資産証券化に該当すると考えることができる。

(2) 資産流動化法の改正と特別目的事業体の連結に関する例外規定

旧資産流動化法の施行後，2000年5月23日に「特定目的会社による特定資産の流動化に関する法律等の一部を改正する法律」が成立し，同年5月31日に公布された（同年11月30日に施行）。この法律は，「特定目的会社による特定資産の流動化に関する法律」の改正，「証券投資信託および証券投資法人に関する法律」（投信法）の改正，資産流動化法の改正・投信法の改正に伴う関連諸法令の改正，から構成されている。これらの法改正は，資産流動化法による資産証券化を含め，投資家から資金を集めて専門化が市場で管理・運営する集団的な投資の仕組み（以下，集団投資スキーム）について，投資家保護機能と合わせて，資金調達者の選択肢を拡大し，かつ投資家に対する多様な商品の提供を可能とするものである（山﨑．2001. pp.28-29）。

資産流動化法の改正項目の主なものは，(1)許認可に係る労力が高いこと，(2) TMKの設立コストが高いこと，(3)当初に定める資産流動化計画の変更ができないため，柔軟な商品設計が困難であること等，市場関係者より寄せられた要望が反映されている〔表5-5〕。特に，組合契約の出資持分，金銭の信託受益権等を除き対象資産は限定しないこととされ，同法の対象資産は「財産権一般」へと拡大された（改正資産流動化法第2条）。他にも，借入制限や資産流動化計画の変更に関する要件の緩和化などが図られた。

ただし，日本公認会計士協会が2005年9月に公表した「特別目的会社を利用した取引に係る会計基準等の設定・改正に関する提言」（本章第4節において後述する）において指摘されたように，借入制限や資産流動化計画の変更に関する要件の緩和化に伴い，TMKが有する特徴である受動的な意味合い（ここ

〔表5-5〕資産流動化法の改正項目の概要

	改正前	改正後
法律名	特定目的会社による特定資産の流動化に関する法律	資産の流動化に関する法律
対象となる資産	以下，(1)～(3)を限定列挙。 (1) 不動産 (2) 指名金銭債権 (3) (1)，(2)の信託受益権	広く財産権一般に拡大。
資産流動化計画	TMKの定款事項	定款事項から除外
発行証券の多様化	優先出資証券，特定社債券，特定約束手形	商品設計を柔軟にする観点から，転換特定社債，新優先出資引受権付特定社債を導入
借入制限の緩和	一時的な借入に限定	特定資産を取得するための借入が可能（計画外の借入については，資産流動化計画の変更によって対応）
資産流動化計画の中途変更	利害関係者全員の同意が必要	変更に反対する投資者へ買い取り請求権を付与することを前提として，投資者の3分の2以上の特別多数決で変更が可能
信託型スキーム	なし	「特定目的信託」制度の創設

出所：山﨑（2001. p.4）〔図表1〕「主な改正ポイント」を基に作成。

でいう受動的な意味合いとは，当初の計画に従い，認められる事業活動には特段の意思決定を有しないこと）が薄れることとなった。

　つまり，例外規定は，資産流動化法に依存してその対象となるSPEの範囲を決定しているために，資産流動化法の改正に伴って例外規定の適用対象となる事業体が必ずしも受動的な意味合いを有しているとはいえない「TMKおよびTMK類似SPE」であっても，例外規定に従って連結除外となりえるという問題が生じることになったのである。したがって，例外規定を今後も維持することを前提とすれば，かかる問題の解決を図るためには，「例外規定が適用されるSPEの範囲」について，会計基準上でその要件を設けることが必要となる。この点については，第8章第3節において再度検討する。

第3節　例外規定の要件を満たさない特別目的事業体の連結会計基準

　前節において検討したとおり，わが国では，企業会計審議会第一部会において行われたSPEの連結会計基準をめぐる審議の結果，例外規定が導入された。しかしながら，例外規定は，1998年具体的な基準（案）に代わるものとして設けられたため，結果として，例外規定の要件を満たさないSPEの連結会計基準は設けられなかった。このような状況の下，日本公認会計士協会監査委員会は，2000年1月19日付けで公表した「連結財務諸表における子会社等の範囲に関するQ&A」（日本公認会計士協会監査委員会. 2000）（以下，連結範囲Q&A）[12]において，「特定目的会社等」および「特別目的会社等」という表現を用いて，例外規定の要件を満たさないSPEの連結要否の判断に関する指針を公表した。

　連結範囲Q&Aは，SPEの連結要否の判断にあたり，「金融機関・弁護士等がSPEに全部またはその大部分を出資し，資産の譲渡人は出資を行っていないか，または出資を行っていてもその割合が15％未満である状況」を前提として，「SPEへ資産を譲渡した者（譲渡人）の連結判断にあたり，SPEから生じる権利義務並びに損益等が実質的に資産の譲渡人に帰属する場合」には，譲渡人に当該SPEを連結することを要求している（なお，このような場合であっても，当該SPEが例外規定の要件を満たす場合には，当該SPEは譲渡人等の子会社には該当しないものとされる）（連結範囲Q&A. Q&A 13 (1)）。また，チャリタブル・トラスト等の形式的かつ非営利の事業体を経由して出資した場合であっても，当該事業体は「緊密な者」あるいは「同意している者」とみなし，上記の場合と同様に取り扱うとしている（連結範囲Q&A. Q&A 13 (2)）。

　このように，連結範囲Q&Aにおいて示されているSPEの連結に関する指針は，SPEに資産を譲渡した者（譲渡人）を前提としたものであり，かつ，SPEへの出資割合に関して一定の条件を課している，という点では限定的なものであるものの，例外規定の要件を満たさないSPEの連結要否の判断にあたっては，一般的な事業体の連結判断に用いられる「事業体の意思決定機関に対する支配」ではなく，SPEとの関与から生じるリスク・経済価値の帰属の有無に基づいて

〔表5-6〕連結範囲Q&AにおけるSPEの連結[注]に関する取扱い

(1)	金融機関・弁護士等がSPEに全部またはその大部分を出資し、資産の譲渡人は出資を行っていないか、または出資を行っていてもその割合が15％未満である場合において、SPEから生じる権利義務並びに損益等が実質的に資産の譲渡人に帰属する場合には当該SPEは譲渡人の子会社に該当する（なお、このような場合であっても、当該SPEが財務諸表等規則第8条第7項の要件を満たす場合には当該SPEは譲渡人等の子会社には該当しないものとされる）。
(2)	チャリタブル・トラスト等の形式的かつ非営利の事業体を経由して出資した場合であっても、当該事業体は「緊密な者」あるいは「同意している者」とみなされ、上記(1)の場合と同様に取り扱う。

注：例外規定の要件を満たさないSPEをいう。
出所：連結範囲Q&A. Q&A13を基に作成。

判断を行うことを求めている〔表5-6〕[13]。

連結範囲Q&Aにおいて示されたSPEの連結に関する考え方は、1998年具体的な基準（案）において企業会計審議会が提案した、「SPEのリスクと経済価値が帰属する者に当該SPEの連結を求める」という考え方と同様である。すなわち、企業会計審議会が1998年具体的な基準（案）において提案したSPEの連結に関する考え方は、1998年具体的な取扱いには反映されなかったものの、後に、連結範囲Q&Aにおいて採用されることとなったのである[14]。

第4節　わが国における特別目的事業体の連結会計基準の新たな展開

1.「特別目的会社（SPC）に関する調査結果報告」の公表

エンロン社の不正会計事件を契機に、わが国の企業においてもSPEを用いた取引に問題がないかどうかが注目され、日本公認会計士協会監査業務審査会は、SPEを利用していると思われる企業の監査人に対して、SPEの利用状況、およびその会計処理の実態に関するアンケート調査を実施した。この調査結果は、2002年12月19日付けで「特別目的会社（SPC）に関する調査結果報告」（以下、SPE調査報告）として公表された。

SPE調査報告は、債権や不動産の証券化、レバレッジド・リースを目的とし

て設立されるSPEが主なものであること，株式会社形態，有限会社形態，英領ケイマン諸島に設立されたSPEなど，資産流動化法に基づかないSPEが圧倒的に多く利用されていることを明らかにしている。また，これらのSPEに対する投資の会計処理として，SPEを連結した例が27社，持分法を適用した例が3社と非常に少なく，原価法が採用されたケースが251社と圧倒的に多いことを報告している。

SPE調査報告の結論としては，調査の範囲においては明らかに合理性のない異常なSPEの利用はなく，特に問題となるような取引はなかったと報告している。ただし，今後の検討課題として，(1)オリジネーターによるSPEへの債務保証やその他の関与がないことを十分に調査すること，(2)SPEの倒産リスクがオリジネーターに及ばないことを確認すること，(3)SPEを用いた取引の開示を充実させるべきであること，の3点を指摘している。

これに加えて，SPE調査報告は，「資産流動化法に基づかないで任意に設立されたSPEに対し，支配力（SPEでない一般の事業体の連結要否の判断である支配力基準を指している－筆者加筆）に基づかない連結範囲の決定基準を検討する必要がある」とし，SPEの連結会計基準を検討すべきであると指摘している（日本公認会計士協会. 2002. p.1）。

2．日本公認会計士協会による特別目的事業体の連結会計基準に関する提言

(1) 日本公認会計士協会による特別目的事業体の連結会計基準に関する検討に至る経緯

日本公認会計士協会は，SPE調査報告において，SPEの連結要否の判断に関する会計基準を検討する必要があると指摘したものの，SPE調査報告の公表後に企業会計基準委員会において行われたSPEの連結会計基準に関する検討は予備的なものに留まっていた（本節3.において後述）。

このような状況の下で，日本公認会計士協会の理事会は，同協会の監査・保証実務委員会に対して，2004年9月8日付け諮問「現行会計実務における特別目的事業体（SPE）を取り巻く諸問題を整理し，現行会計基準を前提とした監査上の留意点を取りまとめられたい」（以下，JICPA理事会諮問）を発した。

JICPA理事会諮問を受けて，日本公認会計士協会監査・保証実務委員会は，

現行の会計基準を前提として，SPEを用いた取引に関する監査上の留意点を取りまとめ，2005年7月4日付けで公表した「特別目的会社を利用した取引に関する監査上の留意点についてのQ&A（公開草案）」（日本公認会計士協会監査・保証実務委員会.2005a）を経て，2005年9月30日付けで「特別目的会社を利用した取引に関する監査上の留意点についてのQ&A」（日本公認会計士協会監査・保証実務委員会.2005b）（以下，SPE取引Q&A）を，JICPA理事会諮問に対する答申として公表した。

また，SPE取引Q&Aの公表とともに，同委員会は，企業会計基準委員会に対する提言として，「特別目的会社を利用した取引に係る会計基準等の設定・改正に関する提言」（以下，SPE提言）を公表した。

以下では，SPE取引Q&Aにおいて示されている監査上の留意点と，SPE提言において指摘されている提言内容のうち，SPEの連結に関する事項に限定して検討する。

(2) 特別目的事業体の連結に関する監査上の留意点

SPE取引Q&Aは，SPEの連結に関する監査上の留意点として，(1)例外規定の適用にあたり，例外規定の趣旨を逸脱しないこと，および(2)開発型SPE（SPE自らが，物件の開発行為を行うタイプの取引に用いられるSPE)[15]への例外規定の可否は明らかでないため，支配力基準の適用を含め，監査人が自己の判断で評価すること，の2点を指摘している（SPE取引Q&A. Q&A.3）。

具体的には，例外規定の趣旨については，「資産を譲り受けるSPEを主に想定している」とし，8条7項SPE（例外規定の要件を満たすSPE）は，「SPE自体が特段の意思決定を行うことを想定しておらず，また出資者等（SPEへ資産を譲渡した者およびSPEの出資者）がSPEの意思決定に関与する余地が生じないため，8条7項SPEは出資者等から独立しているものと推定する」としている。

その上で，例外規定の適用にあたり，特に留意すべき点として，(1)8条7項SPEに関与するものであっても，出資者等以外の者については例外規定が適用されないこと，(2)例外規定が適用される場合には，8条7項SPEに資産を譲渡した会社の個別財務諸表において，当該8条7項SPEが発行した劣後債の保有

やリコース義務の負担などに係る損失が適正に計上されていることが前提であること，(3)開発型SPE（SPE自らが，物件の開発行為を行うタイプの取引に用いられるSPE）に対する例外規定の適用の可否は，必ずしも明らかではなく，実質支配力基準の適用も含め，監査人が自己の判断で評価すること，の３点を指摘している。このうち，上記(3)については，後述するSPE提言において改めて問題提起をしている。

(3) 特別目的事業体の連結会計基準に関する提言

SPE提言は，日本公認会計士協会監査・保証実務委員会によるSPE取引Q&Aの取りまとめの過程において，同委員会がSPEを用いた取引に関する会計基準等の設定・改正の必要性を認識したことを理由として，企業会計基準委員会に対する提言として公表されたものである。

SPE提言は，「現行の会計基準等の設定以後，SPEを用いた取引の急拡大・複雑化に伴い，現行の会計基準等の設定当時では想定しなかった事例が多くみられる状況となっており，その結果，現行の会計基準等が実態を反映する会計処理に結びつくか疑問がある事例が生じている」と指摘している。その上で，企業会計基準委員会において検討すべき項目として，(1)SPEの連結，(2)不動産の流動化，(3)金融資産及び不動産以外のSPEへの譲渡の取扱い，(4)SPEに関する開示，の４項目を挙げている。

これらの４項目のうち，(1)のSPEの連結に関する項目に限定していえば，法制度の変化（資産流動化法の改正，中間法人法の制定など）や，不動産の証券化取引の拡大，取引形態の多様化（開発型SPEの増加など）を要因として，会計基準の設定当時とSPEを用いた証券化取引を取り巻く状況が大きく変化し，現行の会計基準等では連結要否を判断することが困難な事例が多数生じていると指摘している。

その上で，短期的に検討すべき課題として，①開発型SPEの連結上の取扱い，②会社に準ずる事業体に関する連結上の取扱いの具体的な判定方法，③SPEへの影響力基準の適用，の３点を挙げ，さらに，中長期的な課題として，④SPEの連結に関する根本的な検討の必要性，を指摘している[16]。

短期的に検討すべき課題のうち，①の開発型SPEの連結上の取扱いに関する

課題とは，マンション等の建築のスキーム（例：SPEがマンション等を開発し，完成後に第三者への譲渡が行われるタイプ）や，小売店舗・商業施設開発のスキーム（例：SPEが小売店舗・商業施設を建築し，完成後に特定の企業に賃貸されるタイプ）に用いられるSPEに対する例外規定の適否が明らかでないことである。この点について，SPE提言は，「スキームによっては，例外規定の趣旨を逸脱し実態から乖離するのではないかとの懸念をもっており，…中略…実質支配力基準に基づき連結を検討することが適当ではないか」とし，実態を適切に反映する会計基準等の整備を喫緊の課題であると指摘している（SPE提言.1.(3).①）。

　これは，例外規定が想定している証券化は，あくまで，特定の資産を譲り受けることを目的とするタイプの証券化（バランスシート型資産証券化）を念頭に置いた規定であるのに対して，開発型SPEとは，本書でいう証券化（バランスシート型資産証券化）と類似するタイプの証券化に用いられるSPEではあるものの，マンションや小売店舗・商業施設の開発が完了するまでの期間は，SPEが発行する証券の出資者やSPEへの貸出を行う金融機関は，当該建物の建設に係るリスクを負担しているためと考えることができる。つまり，直接に明示してはいないものの，SPE提言は，開発型証券化は，リスク証券化の要素を有しているため，例外規定が想定している証券化（本書でいうバランスシート型資産証券化）とは異なるタイプの証券化であり，したがって，例外規定を適用すべきではないと主張しているのである。

　他方，中長期的な課題として挙げている「SPEの連結に関する根本的な検討の必要性」としては，資産流動化法の改正（2000年改正）によってTMKに認められる活動等が緩和されたことに伴い，TMKの受動的な意味合いが薄れてきていること（例：TMKが不動産の取得および処分の権限を有し，能動的に活動を行うようなケース）を指摘している（この点については，本章第2節4.(2)を参照）。その上で，現行の基準の趣旨の明確化（例外規定の明確化）を図るべきであるのか，あるいは，根本的な問題を見直すべきであるのか，という今後の検討の方向性について言及している。加えて，「そもそもSPEとはどう定義すべきか」，「SPEのような性格を持つ事業体はどのような基準で連結すべきであるか」という問題提起をしている（SPE提言.1.(2).②）。

3．企業会計基準委員会による特別目的事業体の連結会計基準に関する検討

(1) テーマ協議会の提言と特別目的会社専門委員会の設立

　企業会計基準委員会は，2002年3月15日の時点で，SPEの連結会計基準に関する問題を検討するプロジェクト・チーム（以下，SPE等検討プロジェクト）を立ち上げており，わが国の現行基準，米国会計基準，およびIFRSの比較という観点から検討を開始していた（企業会計基準委員会.2002b)[17]。また，企業会計基準委員会の検討テーマを提言する役割を担う組織である財務会計基準機構のテーマ協議会（以下，テーマ協議会）は，結果としては提言の公表は見送ったものの，2003年2月7日および2004年6月17日に開催したテーマ協議会会議において，SPEの連結会計基準に関する問題を企業会計基準委員会が検討すべき課題として提言することを検討していた（テーマ協議会.2003，テーマ協議会.2004）。

　このように，企業会計基準委員会は，SPE提言が公表される以前の時点で，SPEの連結会計基準に関する予備的な検討を行っていたものの，この時点では，SPEの連結会計基準は，見直しに向けた検討を行うべき重要性の高いテーマとしての位置づけにはなかったのである。

　その後，SPE提言を受けて，テーマ協議会は2005年10月15日に開催したテーマ協議会会議において，「SPEを用いた取引に係る会計基準等の整備」を新規テーマ案とした（テーマ協議会.2005a）。そして，2005年12月20日付けで公表した「第10回テーマ協議会提言書」（テーマ協議会.2005b）において，テーマ協議会は，企業会計基準委員会に対して「SPEを利用した取引に係る会計基準等の整備」の実施を正式に提言し，特に，SPEの連結に関する事項について早急に検討を行うことを求めた。

　テーマ協議会の提言を受け，企業会計基準委員会は，2006年2月7日に開催した第98回企業会計基準委員会において，同委員会内の専門部会として「特別目的会社専門委員会」（以下，SPE専門委）を設立することを決議した。新たに設立されたSPE専門委では，SPE提言および第10回テーマ協議会提言書において示された，短期的テーマ，中長期テーマの別に検討を進めることについて，「短期的テーマとして一定の類型への対応を図ったとしても，それを回避する

ような取引が行われる可能性が否定できないことから，SPEの連結に関する根本的な検討を進めるべき」という意見も見られたものの，SPE提言およびテーマ協議会の提言書に従って検討を進めることとし，超短期テーマとして，投資事業組合への支配力基準・影響力基準の適用に関する問題を検討することを合意した（企業会計基準委員会. 2006a. p.1, 2006b. pp.1-2）。

(2) 実務対応報告第20号「投資事業組合に対する支配力基準および影響力基準の適用に関する実務上の取扱い」の考え方

SPE専門委は，投資事業組合への支配力基準・影響力基準の適用に関する指針の公表に向けた審議に取り組み，2006年6月に公表した実務対応報告公開草案第24号「投資事業組合に対する支配力基準及び影響力基準の適用に関する実務上の取扱い（案）」（企業会計基準委員会. 2006e）を経て，同年9月8日付けで実務対応報告第20号「投資事業組合に対する支配力基準及び影響力基準の適用に関する実務上の取扱い」（企業会計基準委員会. 2006j）（以下，実務対応報告第20号）を公表した。

実務対応報告第20号は，同号の対象となる投資事業組合について，「投資事業組合は，一般に，投資事業有限責任組合契約に関する法律による投資事業有限責任組合や，民法上の任意組合（民法第667条以下），商法上の匿名組合（商法第535条以下）として組成されており，投資育成や企業再生支援など様々な投資事業を行っている場合が多い」としている（実務対応報告第20号．Q1-A）。

その上で，実務対応報告第20号は，投資事業組合の連結要否の判断にあたっては，業務執行者（匿名組合の場合における営業者を含む）が当該投資事業組合の財務及び営業又は事業の方針を決定できないことが明らかであると認められる場合[18]を除き，投資事業組合の業務執行を決定することができる者が当該投資事業組合を支配していると判断し，当該投資事業組合を連結範囲に含めることを求めている（実務対応報告第20号．Q1-A-2）。同号において例示されている業務執行権限は〔表5-7〕のとおりである。

業務執行権限によって投資事業組合に対する支配の判断を行う根拠について，実務対応報告第20号は，「財務及び営業又は事業の方針の決定は組合契約において定められる場合もあるが，株式会社における株主の議決権行使とは異なり，

〔表5-7〕投資事業組合の種類と業務執行権限に関する例示

投資事業組合の種類	根拠法	業務執行の決定権
投資事業有限責任組合	投資事業有限責任契約に関する法律	無限責任組合員たる業務執行組合員
任意組合	民法	組合員の過半数
匿名組合	商法	営業者

出所：実務対応報告第20号．Q1-A2を基に作成。

各組合員が定期的に当該意思決定に関わっているかどうか判別できないことが多い」こと，および「業務執行組合員が当該投資事業組合の財務及び営業又は事業の方針を決定していると認められる場合も少なくない」としている（実務対応報告第20号．Q1-A2）。

実務対応報告第20号は，業務執行権限による連結要否の判断に加えて，投資事業組合に対する支配の有無に関する具体的な指針として，リスクと経済価値に基づく指針を設けている。具体的には，投資事業組合を支配している一定の事実として，「投資事業組合の投資事業から生ずる利益又は損失の概ね過半について享受または負担すること」という指針を設けている。この指針は，業務執行権限の保有割合と関連づけられており，(1)業務執行権限の保有割合が40％以上，50％以下の場合，(2)自己の有する業務執行権限と緊密な者および同意している者が有する業務執行権限を合わせて50％以上を有する場合，のそれぞれの状況において追加的に考慮する事項（投資事業組合を支配している一定の事実）の1つとして位置づけられている（実務対応報告第20号．Q1-A2(2)およびQ1-A2(3)）。

ただし，〔図5-1〕に示すとおり，実務対応報告第20号は，適用上の留意点として，(3)出資者（出資以外の資金の提供者を含む。）による業務執行権限の保有割合が40％以下の場合であっても，出資額（または資金調達額）の総額の過半を拠出している，あるいは，投資事業組合から生じる利益または損失の半分を超える多くの額を享受または負担する，という要件を設けている。この要件は，業務執行権限の保有の有無の場合にかかわらず，「出資者または出資以外の資金提供者」に対しては，リスクと経済価値の過半の享受または負担の有無という観点から連結要否の判断を行うことが求められていることを意味する。

〔図5-1〕投資事業組合に対する支配力基準の適用の考え方

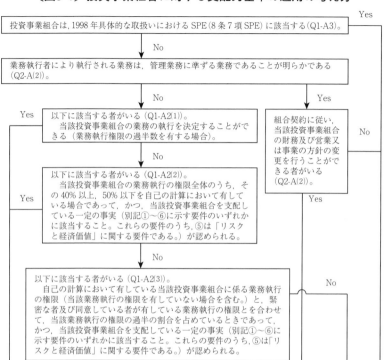

〔別記:投資事業組合を支配している一定の事実〕
① 自己の計算において有している業務執行の権限と緊密な者及び同意している者が有している業務執行の権限とを合わせて、当該投資事業組合に係る業務執行の権限の過半の割合を占めている。
② 当該投資事業組合の重要な財務及び営業又は事業の方針の決定を支配する契約等が存在する。
③ 当該投資事業組合の資金調達額(貸借対照表の負債に計上されているもの)の総額の概ね過半について融資を行っている。ただし、金融機関が通常の営業取引として融資を行っている場合であって、資金の関係を通じて財務及び営業又は事業の方針の決定を支配していないときには、該当しない。
④ 当該投資事業組合の資金調達額(貸借対照表の負債に計上されているものに限らない)の総額の概ね過半について融資及び出資を行っている(緊密な者が行う融資及び出資を合わせて資金調達額の総額の概ね過半となる場合を含む。)。
⑤ 当該投資事業組合の投資事業から生ずる利益又は損失の概ね過半について享受又は負担することとなっている(緊密な者が享受又は負担する額を合わせて損失の概ね過半となる場合を含む。)。
⑥ その他当該投資事業組合の財務及び営業又は事業の方針の決定を左右すると推測される事実が存在する。

出所:実務対応報告第20号および江藤(2006, p.153)を基に作成。

〔図5-2〕 わが国会計基準におけるSPEの連結会計基準の適用範囲

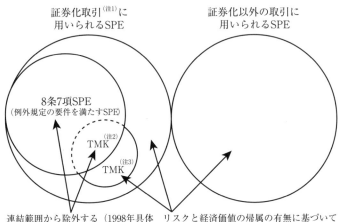

注1：バランスシート型資産証券化
注2：TMKであり，かつ例外規定の要件を満たすSPE
注3：TMKであるが，例外規定の要件を満たさないSPE
注4：2011年3月25日付けで公表された改正企業会計基準第22号「連結財務諸表に関する会計基準」(2011年連結会計基準)により，「譲渡人」のみへと改訂された。この点については，第7章第4節3.(4)において後述する。
出所：威知 (2007. p.167)〔図3〕「特別目的事業体の連結に関するわが国会計基準の全体像」を基に作成。

つまり，実務対応報告第20号は，まず，業務執行権限による連結要否の判断を行い，それができない場合には，「出資者または出資以外の資金提供者」に対して，リスクと経済価値の過半の享受または負担の有無という観点から連結要否の判断を行うことを求めているのである。

上述のとおり，実務対応報告第20号は，投資事業組合を対象として設けられた支配力基準・影響力基準の適用指針であるが，投資事業組合の定義ないし範囲については例示を挙げるに留まっており，投資事業組合の定義ないし範囲についての明確な定義は設けられていない。この点について，企業会計基準委員会は，同号の公開草案に対して送付されたコメント・レターにおける「投資事業組合の範囲を明確化する必要がある」という指摘について検討を行った際に「投資事業組合は多様であり，投資事業の範囲を制限する方が，実態にあわな

第5章 わが国における特別目的事業体の連結会計基準の形成

〔図5-3〕わが国会計基準におけるSPEの連結会計基準の全体像

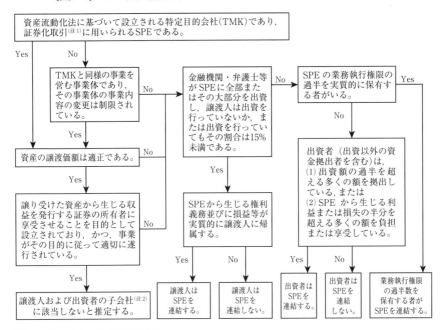

注1：バランスシート型資産証券化
注2：2011年3月25日付けで公表された改正企業会計基準第22号「連結財務諸表に関する会計基準」（2011年連結会計基準）により，「譲渡人」のみへと改訂された。この点については，第7章第4節3.(4)において後述する。
出所：1998年具体的な取扱い，連結範囲Q&A，実務対応報告第20号を基に作成。

くなる」としている（企業会計基準委員会. 2006h. pp.6-7）。これは，投資事業組合の範囲に関する定義を設けることで，それを回避するような取引が行われることを避けるためと考えることができる。その結果，実務対応報告第20号は，種々の目的で組成されるSPEを含む連結範囲の決定に関する会計基準となったものといえる。

なお，本章第3節において検討した連結範囲Q&Aと実務対応報告第20号との関係についていえば，連結範囲Q&Aは，資産の譲渡人によるSPEの連結を前提としているに対して，実務対応報告第20号は出資者（出資以外の資金の提供者を含む）によるSPEの連結を前提としているという点で，それぞれの基準においてSPEを支配する者（SPEに対する支配の有無を判断する者）の前提が

異なっている。これまでに検討した，わが国におけるSPEの連結会計基準の適用範囲と，SPEの連結要否の判断基準の全体像は〔図5-2, 図5-3〕のとおりである。

注
1 資産流動化法上のSPEであるTMKは，本書でいうバランスシート型資産証券化を目的として設立されるSPEである。本章第2節4.において検討する。
2 議事録の原文では「特定目的会社」と表記されている。通常，特定目的会社（本書ではTMKと表記）とは，資産流動化法に基づいて設立されるSPEであるTMKをいうが，この時点で，企業会計審議会第一部会および企業会計審議会において用いられた「特定目的会社」という用語は，TMKに加えて，TMKと同様の役割を担うSPEを含むものである。これは，1998年具体的な基準（案）においても同様である。なお，企業会計審議会は後に「特別目的会社」へと表記を変更している。この点については，本章第2節1.(4)を参照されたい。
3 企業会計審議会第一部部会（1998a. p.14）によれば，SPEの連結会計基準を検討するにあたり米国の制度を参考にした旨が報告されている。具体的には，当時のSPE連結に関するEITFの合意事項であるEITFトピック第D-14号「SPEに関連する取引」を参照したものと考えられる。EITFトピック第D-14号については，第3章を参照されたい。
4 日本資産流動化研究所は，特定債権法に基づく資産流動化計画の調査機関として，通産大臣の指定調査機関として1993年5月に設立された組織である。なお，同研究所は，特定債権法の廃止に伴い，2003年3月に解散した。
5 EITF論点第96-20号は，資産を譲り受けるSPEがSFAS第125号のパラグラフ25のすべての条件を満たすQSPEであれば，当該QSPEへの金融資産の譲渡にあたり，SFAS第125号の支配の定義を適用すべきとして，QSPEに資産を譲渡した者およびその関係者がQSPEを非連結とすることを容認している。詳細は，第3章第5節を参照されたい。
6 IASCにおいて行われたSPEの連結会計基準に関する当初の議論については，第4章第2節および第3節を参照されたい。
7 SPEの連結会計基準と直接には関係しないが，修正案では「SPEに資産を譲渡した会社が，当該SPEが発行した劣後債券を所有している場合等，原債務者の債務不履行または資産価値の低下が生じたときに損失の全部又は一部の負担を行うこととなる場合には，当該資産を譲渡した会社の財務諸表上，その負担を適正に見積もり，必要な額を費用計上する」という点が追記されている（企業会計審議会第一部会. 1998c. pp.5-6）。これは，証券化（本書でいうバランスシート型資産証券化）取引において譲渡人がリコース義務を負う場合など，譲渡人が譲渡した資産のリスクを負担する場合には，譲渡人の個別財務諸表上で引当金を計上することを求めたものである。
8 わが国の例外規定は，SPEが譲り受ける資産について制限は設けられていないが，米国会計基準では，SFAS第125号（2000年にSFAS第140号として差し替え）において規定されるQSPEが譲り受けることが可能な資産について，受動的な金融資産（保有に伴う特段の意思決定を必要としない資産）に限定されている。米国会計基準の例外規定とわが国会計

基準の例外規定との相違については，第8章において検討する。
9　平成10年11月24日大蔵省令第135号「財務諸表等の用語，様式及び作成方法に関する規則の一部を改正する省令」による。
10　これは，「資産譲渡タイプの証券化（バランスシート型資産証券化）を目的として設立されるSPEであり，オリジネーターから資産を譲り受け，ABSを発行する役割を担うSPEであるか」と言い換えることができる。
11　本書では，旧資産流動化法と改正資産流動化法との区分をしない場合には，「資産流動化法」と表記している。
12　連結範囲Q&Aは，日本公認会計士協会監査委員会が1998年12月10日付けで公表した，監査委員会報告第60号「連結財務諸表における子会社及び関連会社の範囲の決定に関する監査上の取扱い」（以下，監査委員会報告第60号）に係る実務上の判断に関するQ&Aとして公表された。なお，監査委員会報告第60号は，例外規定の要件を満たさないSPEの連結要否の判断基準に関する指針は提供していない。その後，連結範囲Q&Aは，実務対応報告第20号「投資事業組合に対する支配力基準及び影響力基準の適用に関する実務上の取扱い」（企業会計基準委員会. 2006j）の公表に伴い，2006年10月9日付けで改訂され，この際に表題が「『連結財務諸表における子会社及び関連会社の範囲の決定に関する監査上の取扱い』に関するQ&A」へと改められた。

さらに，監査委員会報告第60号のうち会計上の取扱いは，企業会計基準委員会により2008年5月に公表された企業会計基準適用指針第22号「連結財務諸表における子会社及び関連会社の範囲の決定に関する適用指針」へ引き継がれ，監査委員会報告第60号は廃止された。これに伴い，日本公認会計士協会監査・保証実務委員会は，2008年9月2日付けで，連結範囲Q&Aの表題を「連結財務諸表における子会社及び関連会社の範囲の決定に関する監査上の留意点についてのQ&A」（最終改正：2012年3月22日）へと変更している。
13　リスク・経済価値の帰属の有無に着目したSPE連結の要否の判断に係る取扱いは，実務上，譲渡人等のみならず，SPEのリスクあるいは経済価値の帰属するすべての事業体に対する取扱いであるという見解もある（長谷川ほか. 2000. p.57）。
14　なお，筆者による文献調査の限りでは，日本公認会計士協会に対して，企業会計審議会やその他の業界団体が，SPEの連結要否の判断に関する指針，あるいは事業体の連結範囲の決定に関するQ&Aの検討を要請したという事実はない。したがって，連結範囲Q&Aの公表に至る経緯は明らかでない。なお，文献調査の対象は，日本公認会計士協会の機関誌である『JICPAジャーナル』（現：会計・監査ジャーナル）誌のうち，1998年1月から2000年3月の間に発行されたものである。
15　開発型SPEは，〔図1-2〕の③のタイプのSPEに該当する。
16　②については，会社以外の事業体であっても，原則として支配力基準に基づいて連結要否の判断を行うことが求められる。なお，企業会計基準委員会は，2006年9月に実務対応報告第20号「投資事業組合に対する支配力基準および影響力基準の適用に関する実務上の取扱い」（企業会計基準委員会. 2006j）を公表している。この点については本節において後述する。なお，本書はSPEの連結要否の判断基準および例外規定に焦点をあてているため，③については検討対象としない。
17　ただし，SPE等検討プロジェクトの成果としての文書は公表されていない。

18 投資事業組合を支配していることに該当する要件のいずれかを満たしていても，投資事業組合の財務及び営業又は事業の方針を決定できないことが明らかである場合とは，以下の場合が該当する（実務対応報告第20号. Q2-A）。
(1) 他に当該投資事業組合に係る業務執行の権限の過半の割合を自己の計算において有している組合員が存在し，当該業務執行組合員が独立して方針を決定していることが明らかな場合。
(2) 業務執行者の執行する業務が管理業務に準ずる業務であることが明らかであると認められる場合。
(3) 当該投資事業組合の組成が，独立企業要件，契約要件，対価要件及びその他の支配要件のすべてを満たす場合，当該投資事業組合の組成は共同支配企業の形成に該当する。当該共同支配企業に対し，出資者である企業は当該投資事業組合を支配していないため，通常の企業の場合と同様に，当該投資事業組合は出資者である当該企業の子会社には該当しない。

第6章
会計基準のコンバージェンスをめぐる初期の動向と特別目的事業体の連結会計基準の位置づけ

第1節 欧州連合による会計基準の同等性評価をめぐる状況と特別目的事業体の連結会計基準に関する評価

1. 欧州連合による会計基準の同等性評価をめぐる状況

　欧州連合（EU: European Union）は，2002年7月に，欧州議会・理事会規則（Regulation (EC) No1606/2002 of the European Parliament and of the Council of July 2002 on the application of international accounting standards）（以下，IAS規則）を採択し，EU域内の上場企業に対して，2005年1月1日以降に開始される会計年度よりIFRSに準拠した連結財務諸表の作成を義務づけている。さらに，EUの行政執行機関である欧州委員会（European Commission）は，2003年11月に公表したEC指令（Directive 2003/71/EC of the European Parliament and of the Council of 4 November 2003 on the prospectus to be published when securities are offered to the public or admitted to trading and amending Directive 2001/34/EC）（以下，目論見書指令）において，EU域内で資金調達を実施するEU域外企業に対しても，2007年1月1日以降に開始される会計年度よりIFRSまたはIFRSと同等の会計基準に準拠した連結財務諸表の作成を求めている。

　IAS規則の採択および目論見書指令の公表に伴い，欧州委員会は，米国，日本およびカナダの3カ国の会計基準がIFRSと同等であるか否かを評価すること（以下，同等性評価）を目的として，EU加盟国の証券規制当局から構成される欧州証券規制当局委員会（CESR: The Committee of European Securities Regulators）に対して，同等性評価のための技術的助言の提出を要請した。

欧州委員会の要請を受けて，CESRは，2005年7月に「第三国会計基準の同等性及び第三国の財務情報の法執行メカニズムの説明に関する技術的助言」(*Technical Advice on Equivalence of Certain Third Country GAAP and Description of Certain Third Countries Mechanisms of Enforcement of Financial Information*)（CESR. 2005b）（以下，技術的助言）[1]を公表した。本節では，CESRにより公表された技術的助言のうち，SPEの連結会計基準に限定してその内容と位置づけについて検討する。

2．欧州証券規制当局委員会の技術的助言における特別目的事業体の連結会計基準に関する評価

　欧州委員会の要請を受けて，CESRは，同等性の概念について検討を開始し，2005年2月に「第三国会計基準の同等性及び第三国の財務情報の法執行メカニズムの説明に関する概念ペーパー」(*Concept Paper in Equivalence of Certain Third Country GAAP and Description of Certain Third Countries Mechanisms of Enforcement of Financial Information*)（CESR. 2005a）（以下，概念ペーパー）を公表した。概念ペーパーは，技術的助言における同等性を「会計基準が同一という意味」ではなく，「投資家が評価対象の第三国の会計基準に準拠した財務諸表に基づいて，IFRS（原文ではIAS/IFRS－筆者改変）に準拠した財務諸表に基づく投資意思決定と類似した投資意思決定が可能であること」としている（概念ペーパー. para.1）。

　概念ペーパーの公表後，CESRは，2005年7月に公表した技術的助言（CESR. 2005b）において，第三国（日本，米国，カナダ）の各会計基準は，いずれも全体としてIFRSと同等であると報告している。ただし，技術的助言は，第三国の会計基準がIFRSと同等であるための条件として，その相違の程度に応じて，開示A，開示B，および補完計算書の3区分からなる補完措置の実施を求めている〔表6-1〕。

　補完措置の実施が求められている項目のうち，米国会計基準，カナダ会計基準およびわが国会計基準は，いずれも例外規定について，補完計算書の作成が求められている。つまり，CESRは技術的助言において，例外規定について，投資意思決定の類似性が確保できない項目であり，3区分した補完措置のうち，

〔表6-1〕技術的助言における補完措置の区分と求められる補完措置

補完措置の区分	求められる補完措置
開示A	第三国基準に準拠した開示を拡張する定性的および／または定量的な追加開示。
開示B	ある事業または取引がIFRSに準拠して会計処理されたと仮定した場合の，当該事象または取引の影響の金額開示。金額情報として，発行会社の損益または株主持分に関する差異の総額および税効果考慮後の純額を開示する。
補完計算書	特定項目に関するIFRSとの同等性の欠如を調整するために，主要財務諸表において表示されている特定項目に係る金額を修正して作成されるプロフォーマ財務諸表。

出所：CESR（2005b, pp.8-9）を基に作成。

最も相違の程度が著しい項目の1つであると評価しているのである。

第2節　米国財務会計基準審議会と国際会計基準審議会とのコンバージェンス・プロジェクトにおける特別目的事業体の連結会計基準の位置づけ

　IASBとFASBは，2002年9月にFASBの本部所在地である米国コネチカット州ノーウォークにおいて合同会議を実施し，同年9月18日付けで「覚書：ノーウォーク合意」（*Memorandum of Understanding "The Norwalk Agreement"*）（FASB and IASB, 2002）（以下，ノーウォーク合意）を公表した。ノーウォーク合意では，IASBとFASBが，国内の財務報告においても国境を越えた財務報告においても利用できる，高品質で互換性のある会計基準を開発することを合意したこと，および，中長期的にIFRSと米国会計基準とのコンバージェンスを図ることが宣言されている。

　ノーウォーク合意の公表以降，IASBとFASBは，会計基準のコンバージェンスに向けたプロジェクト（以下，IASB・FASBプロジェクト）を発足させ，2006年2月には「IFRSと米国会計基準との間のコンバージェンスに対するロードマップ－2006-2008，FASBとIASBとの覚書」（*A Roadmap for Convergence between IFRS and US GAAP—2006-2008, Memorandum of Under-*

〔表6-2〕2006年MoUにおいて示された連結会計基準のコンバージェンスの現状と今後の方針

既に議題となっている項目			
コンバージェンス項目	FASBにおける審議の状況	IASBにおける審議の状況	2008年までに達成すべき事項
2．連結	審議中（現在休止状態）	審議中（公表物はない）	高い優先度のある項目として、コンバージェンスされた基準の開発を目指した作業に着手する。

出所：FASB and IASB（2006, p.3）より一部抜粋し作成。

standing between the FASB and the IASB）（FASB and IASB, 2006）（以下，2006年MoU）を公表した。2006年MoUでは，IFRSと米国会計基準とのコンバージェンスに関する今後の具体的な計画として，IFRSと米国会計基準との間で差異が存在する項目を，「短期コンバージェンス」と「その他の共同プロジェクト」とに区分した上で，短期コンバージェンス項目については2008年までに重要な差異を解消させること，および，その他の共同プロジェクト項目については2008年までに計測可能な進捗[2]を達成することが合意された。

さらに，2006年MoUでは，その他の共同プロジェクト項目のうち，IFRSと米国会計基準とのコンバージェンスを検討する項目で，かつ，既に議題となっている項目として，連結会計基準を挙げ，2008年までに達成すべき事項として「高い優先度のある項目として，コンバージェンスされた基準の完成を目指した作業に着手する」としている〔表6-2〕。ここではSPEの連結会計基準についての直接の言及はないものの，IASB連結プロジェクトでは，主要論点の1つとしてSPEの連結に関する検討が重ねられていることから，両審議会における緊急性やその重要度の捉え方には相違はあるにせよ，2006年MoUは，SPEの連結を含む連結会計基準のコンバージェンスに向けた検討を行うことが明記されたものといえる。

第3節　企業会計基準委員会と国際会計基準審議会との共同プロジェクトにおける特別目的事業体の連結会計基準の位置づけ

1．企業会計基準委員会と国際会計基準審議会との共同プロジェクトにおける特別目的事業体の連結会計基準の位置づけ

　IASB・FASBプロジェクトとは別に，企業会計基準委員会とIASBは，会計基準のコンバージェンスの実現を最終目標として，現行会計基準の差異を可能な限り縮小するための共同プロジェクト（以下，ASBJ・IASBプロジェクト）を発足させた。ASBJ・IASBプロジェクトは，2004年7月にIASB議長からの打診を契機として立ち上げられたプロジェクトであり，2005年3月に初回の会合が開催された。

　ASBJ・IASBプロジェクトの発足当初，企業会計基準委員会とIASBは，2004年3月31日時点で存在する個々の会計基準の差異を比較検討し，取り組みやすいテーマから順に検討を行うことを合意した。これを「フェーズド・アプローチ」という。ただし，(1)IASBとFASBとのコンバージェンス・プロジェクトにおいて検討中，あるいは検討予定の基準，(2)差異が概念フレームワークや基本的な考え方の相違に起因する基準，(3)最近開発した基準，(4)法制度の制約がある，またはわが国での適用が現状では考えられない基準，のいずれかに該当する項目は当初の検討項目（第1フェーズ）から除くものとされ，SPEの連結会計基準は，上記(1)に該当することを理由として，第1フェーズにおける検討項目から除外されることとなった[3]。

　その後，2006年3月に開催された3回目のASBJ・IASBプロジェクト会合において，企業会計基準委員会の提案により，従来のフェーズド・アプローチから「差異のあるすべての会計基準について広く今後の取り組みを明示するアプローチ」へと移行することが合意された。このアプローチを「全体像アプローチ」という。新たに採用された全体像アプローチでは，会計基準の差異を短期的に縮小可能なものは「短期項目」，それ以外は「長期項目」へと分類されて

いる。全体像アプローチにおいて取り上げられた短期項目および長期項目のうち,「連結(SPEを含む)」は,長期項目に属するとされているものの,長期項目の中でも優先的にリサーチ・プロジェクトの立ち上げを予定している5項目の1つとして位置づけられている(IASB. 2006a, 石原. 2006a. pp.19-27)[4]。

このように,ASBJ・IASBプロジェクトでは,SPEの連結会計基準について,同プロジェクトの発足当初の時点では検討の対象外とされたものの,全体像アプローチへの移行に伴い,コンバージェンスの対象項目とすることが合意された。ただし,サブプライム金融危機が表面化する以前の時点では,具体的な検討が行われるまでには至らなかった[5]。

また,2006年5月より,企業会計基準委員会は,FASBとの定期協議(以下,ASBJ・FASBプロジェクト)[6]を定期的に開催し,会計基準のコンバージェンスに向けた意見交換を行っていたものの,ASBJ・IASBプロジェクトと同様に,サブプライム金融危機が表面化する以前の時点では,例外規定を含め,SPEの連結会計基準に関する具体的な検討は実施されなかった[7]。

2.「プロジェクト計画」,「計画表」における特別目的事業体の連結会計基準の位置づけ

ASBJ・IASBプロジェクトにおいて会計基準のコンバージェンスに向けた協議が重ねられる中で,企業会計審議会企画調整部会(以下,企画調整部会)は,2006年7月31日付けで「会計基準のコンバージェンスに向けて(意見書)」を公表した。この意見書は,企業会計基準委員会に対して,EUによる同等性評価に向けて会計基準のコンバージェンスについて前向き・計画的な対応を図ることを求めるとともに,コンバージェンスに向けた具体的な工程表を早期に策定することを要請したものである(企画調整部会. 2006c. pp.2-3)。

企画調整部会の要請を受けて,企業会計基準委員会は,2006年10月12日付けで,「我が国会計基準の開発に関するプロジェクト計画について-EUによる同等性評価等を視野に入れたコンバージェンスへの取組み-」(企業会計基準委員会. 2006k)(以下,プロジェクト計画)を公表した。プロジェクト計画では,CESRの技術的助言において補完措置の実施が提案された26項目を中心に,2007年末までの作業計画と2008年年初の達成状況の見通しが示されている。ま

第6章 会計基準のコンバージェンスをめぐる初期の動向と特別目的事業体の連結会計基準の位置づけ

〔表6-3〕企業会計基準委員会の「プロジェクト計画」および「計画表」における
SPEの連結会計基準のコンバージェンスに関する今後の方針

No.	補正措置	項目	現状および取組方針	2008年年初（見通し）
2	補完計算書	連結の範囲（適格SPE）	・専門委員会を設置。まずSPEの開示をテーマとして取り上げて検討を開始している。	・開示の検討については，2007年3月までに適用指針を公表している。
			・2007年からはIASBとFASBとの議論の動向を踏まえながらさらに検討を行う予定としている。	・連結範囲の検討については，IASBとFASBの議論の動向を踏まえて，2007年末までに論点整理を公表している。

注：「No.」は，企業会計基準委員会による便宜上の採番。
出所：企業会計基準委員会（2006k. p.3）「（表）日本基準の同等性評価に関するCESRによる指摘項目とASBJの今後の対応」より抜粋の上，一部修正し作成。

た，企業会計基準委員会はプロジェクト計画の別添資料として「ASBJプロジェクト計画表」（企業会計基準委員会. 2006l）（以下，計画表）を公表した。

プロジェクト計画および計画表において，企業会計基準委員会は，コンバージェンスに向けた検討を行う対象とした項目のうち，SPEの連結会計基準については，CESRの技術的助言において補完計算書の作成が要求されている例外規定を対象として，IASBとFASBの議論の動向を踏まえながら，2007年末までに論点整理を公表する予定としている〔表6-3〕。なお，プロジェクト計画および計画表は，CESRの技術的助言において補完措置の実施が要求されている項目を中心に策定されたため，例外規定以外のSPEの連結会計基準は検討項目としては挙げられていない。

注
1 技術的助言（CESR. 2005b）の公表日は2005年7月5日であるが，文書の日付は同年6月となっている。
2 「計測可能な進捗」が達成されている状況とは，確定版の基準書の公表には至らないまでも，公開草案等の客観的な文書を公表することが想定されている。
3 2005年1月末（第1回目のASBJ・IASBプロジェクトが開催される前）に，企業会計基準委員会がIASBに送付した資料「国際会計基準（IAS/IFRS）と日本基準の比較（詳細版）」（企業会計基準委員会. 2005. pp.18-37）による。
4 SPEの連結のほかに優先的にリサーチ・プロジェクトを立ち上げる項目として，収益認識，業績報告，無形資産（開発費を含む）の4項目が挙げられている。

5 ASBJ・IASBプロジェクトは，2005年から2013年5月までの間に計17回開催された。現在は，2国間の協議に代えて，会計基準アドバイザリー・フォーラム（ASAF: Accounting Standards Advisory Forum）が開催されている。同フォーラムは，IASBの母体組織であるIFRS財団（IFRS Foundation）により2013年4月に設立された会議体で，IASBと各国の会計基準設定主体との連携を強化することを目的としている。ASAFの設定経緯およびその目的についての詳細は，小賀坂（2013）を参照されたい。
6 ASBJ・FASBプロジェクトにおける協議の内容は，大澤（2005），石原（2006b）に依拠している。
7 サブプライム金融危機を受けて，2007年9月に行われたASBJ・IASBプロジェクト，および，同年10月に実施されたASBJ・FASBプロジェクトでは，SPEの連結に関する意見交換が行われた。サブプライム金融危機の表面化以降の各会計基準設定主体におけるSPEの連結会計基準をめぐる動向については，第7章において検討する。

第7章
サブプライム金融危機・世界金融危機と特別目的事業体の連結会計基準の見直しをめぐる動向

第1節 サブプライム金融危機・世界金融危機の発生と特別目的事業体の連結会計基準に関する見直しの要請

1．米国におけるサブプライム・ローンの証券化と再証券化

　サブプライム・モーゲージ・ローン（Sub-prime mortgage loan）（以下，サブプライム・ローン）とは，相対的に信用力が低い顧客へ貸し出した住宅用不動産ローンをいう。米国におけるサブプライム・ローンの貸出額は，1996年から2000年の間では700億ドルから1,000億ドル程度であったものの，2002年頃より急速に拡大し，2006年には6,000億ドル程度まで拡大した（Financial Crisis Inquiry Commission（FCIC）．2011. p.70, U.S. Congress Joint Economic Committee. 2007. pp.17-18）〔表7-1〕。米国におけるサブプライム・ローンの多くは，サブプライムRMBSとして証券化され，さらに，サブプライムRMBSはCDOの原資産の一部として再度証券化された。米国におけるサブプライム・ローンを含む住宅用不動産ローンの証券化の全体像は〔図7-1〕のとおりである。

　国際通貨基金（IMF: International Monetary Fund）（2008a. pp.59-60）は，サブプライムRMBSを原資産として組成されたCDO，CDOをさらに証券化したCDO^2（CDO-Squared）の格付けの割合を〔図7-2〕のとおり推計している。これまでにサブプライム・ローン全体の約75％がサブプライムRMBSとして証券化され，80％がAAA格付けを有するサブプライムRMBSとして組成された。AAAからA格付けのサブプライムRMBS（95％）はハイグレードCDOの原資産として証券化され，BB格付けおよび格付けなしのエクイティ部分（2％）は，

〔表7-1〕米国におけるサブプライム・ローンおよび同ローンの証券化の推移

	住宅用不動産ローン貸出額（億ドル）	サブプライム・ローン貸出額（億ドル）	住宅用不動産ローン貸出額に占めるサブプライム・ローン貸出額の割合（%）	サブプライムRMBS発行高（億ドル）	サブプライム・ローン貸出額のうち，サブプライムRMBSとして証券化されたローンの割合（%）
2001年	22,150	1,900	8.58%	950	50.00%
2002年	28,850	2,310	8.01%	1,210	52.38%
2003年	39,450	3,350	8.49%	2,020	60.30%
2004年	29,200	5,400	18.49%	4,010	74.26%
2005年	31,200	6,250	20.03%	5,070	81.12%
2006年	29,800	6,000	20.13%	4,830	80.50%

出所：U.S. Congress Joint Economic Committee（2007. p.18）Figure 8. *Mortgage Origination Statistics*を基に作成。

〔図7-1〕米国における住宅用不動産ローンの証券化取引の全体像

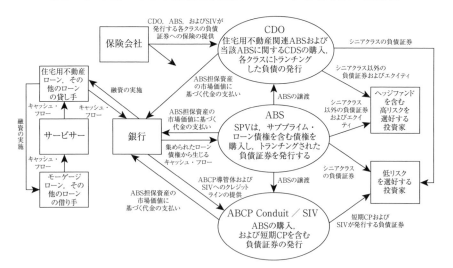

出所：IMF（2007. p.11）Figure 1.10. *Mortgage Market Flows and Risk Exposures*を基に作成。

〔図7-2〕サブプライム・ローンの再証券化と格付けの割合

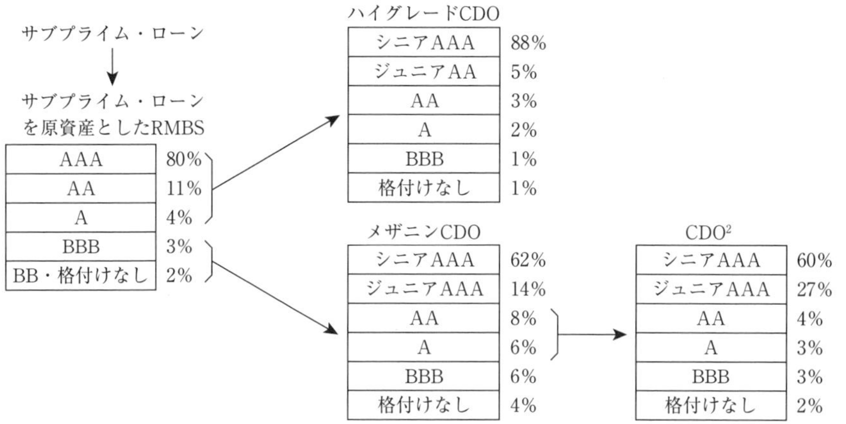

サブプライム・ローン を原資産としたRMBS		ハイグレードCDO	
		シニアAAA	88%
		ジュニアAA	5%
		AA	3%
AAA	80%	A	2%
AA	11%	BBB	1%
A	4%	格付けなし	1%
BBB	3%		
BB・格付けなし	2%		

メザニンCDO		CDO²	
シニアAAA	62%	シニアAAA	60%
ジュニアAAA	14%	ジュニアAAA	27%
AA	8%	AA	4%
A	6%	A	3%
BBB	6%	BBB	3%
格付けなし	4%	格付けなし	2%

出所：IMF（2008a. p.60）Box 2.2. *Matryoshka-Russian Doll: Multi-Layered Structured Credit Products*を基に作成。

BBB格付けのサブプライムRMBS（3％）と共にメザニンCDOの原資産として証券化されている。さらに，メザニンCDOは，CDO²の原資産として再度証券化され，超過担保を含む信用補完措置によって，新たに発行されたCDO²およびエクイティ部分のうち87％がAAA格付けを有するCDOとして組成された。

サブプライムMBSやCDO，CDO²は，ヘッジ・ファンドやSIV（Structured Investment Vehicle）の投資対象となり，このうち，金融機関により設立されたSIV（ABCP Conduitと呼ばれる場合もある）は，サブプライムRMBSやCDO，CDO²への投資を，ABCP（Asset Backed Commercial Paper）の発行で調達した資金によって行っていた。つまり，ヘッジファンドやSIVは，サブプライムRMBSやCDO，CDO²という中長期の投資に要する資金を，短期の資金源泉であるABCPの発行および再発行により調達することで，長期金利と短期金利の差額を収益の源泉としていたのである。

2．サブプライム金融危機の表面化と世界金融危機への拡大

米国のサブプライム・ローンの多くは変動金利で貸し出されたローン（ARM: Adjustable-Rate Mortgage）である。サブプライム・ローンの延滞率は2005年

末までは10％強であったものの，景気後退に伴い，2006年初頭から後半にかけて20％近くへと急激に上昇した（FCIC. 2011. p.216）。特に，2005年および2006年に貸し出されたサブプライム・ローンの延滞率（60日以上の延滞率）が急激に増加した（IMF. 2008a. pp.5-6）。

サブプライム・ローンの延滞率の増加は，まず，住宅専門の金融機関であるモーゲージ・バンクの破綻を招き，2006年末には10社，2007年3月末には50社以上のモーゲージ・バンクが破綻した（Roubini and Mihm. 2010. p.90, 邦訳. p.126）。サブプライム・ローンの延滞率の急増とモーゲージ・バンクの破綻を受けて，大手格付け会社は，2007年6月から7月にかけて，サブプライムRMBSの格付け引き下げを相次いで実施した。サブプライムRMBSの格付け引き下げは，サブプライムRMBSの価格下落を招き，サブプライムRMBSを原資産として組成されたCDOの価格下落へつながった。

サブプライムRMBSおよびCDOの価格急落は，これらの証券化商品へ投資していたヘッジ・ファンドや金融機関の破綻に直結した。2007年6月には，米国の大手投資銀行であるベア・スターンズ社（Bear Starns Companies, Inc.）が運用する2つのヘッジ・ファンドが流動性危機に陥り，同社はこれらのヘッジ・ファンドに対して32億ドルの救済措置を実施した（藤井. 2009. pp.6-7）。さらに，サブプライムRMBSやCDOの半分近くは米国以外の金融機関により保有されていたことから，サブプライムRMBSおよびCDOの価格急落は，ドイツのIKB産業銀行（IKB Deutsche Industriebank）やザクセン州立銀行（Sachsen Bank）への公的資金投入や，フランスのBNPパリバ社（BNP Paribas）が運営するファンドの償還凍結，イギリスの金融機関であるノーザンロック社（Northern Rock）の資金繰り悪化に伴う緊急融資など，米国外の金融機関の信用不安を招いた。IMF（2008b. p.15）によれば，金融機関の潜在的損失について，2008年10月の時点で1兆4,050億ドルに上ると推計されている〔表7-2〕。

このような状況の下で，米国の大手投資銀行であるリーマン・ブラザーズ社（Lehman Brothers Holdings Inc.）は，2008年9月15日に連邦倒産法第11条の適用を申請し，破綻した。また同日には，メリルリンチ社（Merrill Lynch & Co., Inc.）がバンク・オブ・アメリカ社（Bank of America Corporation）によ

〔表7-2〕 金融機関におけるサブプライム金融危機・世界金融危機に伴う潜在的損失

単位：10億ドル

		残高	潜在的損失 (2008年4月)	潜在的損失 (2008年10月)
	ローンの内訳			
ローン	サブプライム	300	45	50
	オルトA	600	30	35
	プライム	3,800	40	85
	商業用不動産	2,400	30	90
	消費者ローン	1,400	20	45
	企業向けローン	3,700	50	110
	レバレッジ・ローン	170	10	10
	ローン合計	12,370	225	425
	証券の内訳	残高	潜在的損失 (2008年4月)	潜在的損失 (2008年10月)
証券	ABS	1,100	210	210
	ABS-CDO	400	240	290
	プライムMBS	3,800	0	80
	CMBS	940	210	160
	消費者ローンABS	650	0	0
	ハイグレード社債	3,000	0	130
	ハイイールド社債	600	30	80
	CLO	350	30	30
	証券合計	10,840	720	980
	ローン・証券合計	23,210	945	1,405

出所：IMF（2008b, p.60）Table1.1. *Estimates of Financial Sector Potential Writedowns* を基に作成。

り救済合併され，さらにその翌日には，大手保険会社であるアメリカン・インターナショナル・グループ社（American International Group, Inc.）が国有化された。

リーマン・ブラザーズ社の破綻以降，サブプライム金融危機は，世界各国の金融機関に対する流動性危機を招くこととなり，世界規模の金融危機（以下，世界金融危機）へと拡大した。Kindleberger and Aliber（2011, p.272, 邦訳. p.428）は，リーマン・ブラザーズ社の破綻を引き金とした世界金融危機は，過去100年間で最も深刻な金融危機であると指摘している。

3．特別目的事業体の連結会計基準に関する見直しの要請

　サブプライム金融危機への対応を目的として，米国では，2008年3月13日に，財務省，FRB，SEC，商品先物取引委員会から構成される大統領作業部会（PWG: President's Working Group on Financial Markets）により，「金融市場の発展に関する政策声明」（*Policy Statement on Financial Market Developments*）（PWG. 2008）（以下，大統領作業部会報告書）が公表された。SPEの連結会計基準に関連する項目に限定していえば，大統領作業部会報告書は，米国会計基準の透明性および機能性を短期的に向上させることを目的として，(1) FASBに対して，連結および証券化に関する会計基準の修正の必要性について評価すること，(2)FASBとIASBに対して，SPE（原文では，ABCP Conduitおよびその他のオフバランス・ヴィークル（Off-Balance Sheet Vehicles）－筆者改変）の連結に関する会計基準について，より迅速にIFRSとのコンバージェンスを図ること，を要請している（PWG. 2008. p.7）。

　また，G7の要請を受けて，G7各国の財務省，中央銀行および金融監督当局により構成される政府間組織である金融安定化フォーラム（FSF: Financial Stability Forum）は，2008年4月11日に「市場と制度の強靭性の強化に関する金融安定化フォーラム報告書」（*Report of the Financial Stability Forum on Enhancing Market and Institutional Resilience*）（以下，FSF報告書）を公表した。FSF報告書は，IASBに対して，SPE（原文では，オフバランスシート・エンティティ（Off-Balance Sheet Entities）－筆者改変）に関する会計処理および開示に関する基準の改善を加速させ，他の会計基準設定主体と共に，会計基準のコンバージェンスに向けた作業をすべきと提言し，具体的な項目として，資産の認識中止に関する会計基準とSPEの連結会計基準を挙げている（FSF. 2008. pp.25-26）。

　このように，サブプライム金融危機の表面化以降，米国および政府間組織は，FASBとIASBに対して，SPEの連結会計基準の見直しを行うこと，および，SPEの連結会計基準の見直しにあたっては米国会計基準とIFRSとのより一層のコンバージェンスを進展させることを求めている。

4．特別目的事業体の連結会計基準の見直しに向けた検討の本格化

　第6章第2節において検討したとおり，IASBとFASBは，2006年MoUにおいて，SPEの連結会計基準のコンバージェンスに向けた作業を開始することを明記したものの，サブプライム金融危機が表面化する以前の時点では，具体的な検討の開始には至らなかった。つまり，サブプライム金融危機が表面化する以前の時点では，IASBとFASBとの間で行われた会計基準のコンバージェンスに向けた検討項目のうち，SPEの連結会計基準の優先順位は必ずしも高いものではなかったのである。

　しかしながら，大統領作業部会報告書やFSF報告書による要請を受けて，IASBとFASBは，2008年4月21日と22日に開催した合同会議において，MoUの更新に向けた審議を開始することを合意し，連結を含む複数のプロジェクトをMoUにおける新たなコンバージェンス項目とすることを合意した。また，IASBとFASBは，サブプライム金融危機への対応を図る目的から，IASB連結プロジェクトをIASBとFASBとの共同プロジェクトとすることが可能かどうかについて検討を行うことを合意した（IASB, 2008b, p.5, 山田, 2008, p.71）。

　さらに，FASBとIASBは，2008年9月に共同で公表した「2006年2月の覚書の完了：進捗状況の報告及び完了予定表」（*Completing the February 2006 Memorandum of Understanding: A Progress Report and Timetable for Completion*）（FASB and IASB, 2008）（以下，2008年MoU）において，連結会計基準をコンバージェンス項目とすることとし，次の段階として，「共通の基準を開発する戦略について2008年に決定する」ことを表明した〔表7-3〕。これ以降，FASBとIASBは，サブプライム金融危機・世界金融危機への対応と会計基準のコンバージェンスの両面の観点から，SPEの連結会計基準の見直しに向けた活動を本格化させることとなる。

〔表7-3〕2008年MoUにおける連結会計基準の位置づけ

国際会計基準および米国会計基準の改善のために識別された分野で，両審議会が基準開発において異なる段階にあり，共通の基準を目指すもの				
コンバージェンス項目	2006年MoUに記載された，2008年までに達成が期待された進展	現在の状況	完了見込日	次の段階
8．連結	高い優先度のある項目としてコンバージェンスした基準の完成を目指した作業に着手	両審議会は公開草案を2008年に公表予定	両審議会は最終基準を2009年から2010年に公表予定	共通の基準を開発する戦略について2008年に決定

出所：FASB and IASB（2008）より一部抜粋し作成。

第2節　米国におけるサブプライム金融危機以後の特別目的事業体の連結会計基準をめぐる動向

1．変動持分事業体の連結に関する会計基準の見直し

　大統領作業部会報告書やFSF報告書を受けて，FASBは，改訂FIN第46号の見直しに向けた審議を開始し，2008年9月に公表した公開草案（FASB. 2008b）を経て，2009年6月に財務会計基準書第167号「FASB解釈指針書第46号（R）の改訂」（SFAS No. 167: *Amendment to FASB Interpretation No. 46 (R)*）（FASB. 2009b）（以下，SFAS第167号）を公表した。

　SFAS第167号により改訂された主な項目は，(1)SFAS第166号により廃止されたQSPEに関連する諸規定の廃止（SFAS第166号によるQSPEの廃止については後述する）と，(2)従来の基準書である改訂FIN第46号において主たる受益者の特定にあたり求めていた定量的分析を廃止し，定性的分析によって判断することとしたこと，の2点である。なお，FASBは，2009年7月に会計基準の体系化（コード化，cordification）を実施し，連結に関する会計基準を，会計基準編纂書トピック810「連結」（Accounting Standards Cordification, Topic 810 *Consolidation*）（以下，ASC810）へと再編した。そこで，以下では，ASC810に基づいて，VIEの捉え方と，主たる受益者の特定方法について検討する。

ASC810は，同号におけるVIEを，(1)リスクのある持分投資の合計額が不十分である，または，(2)リスクのある持分投資の保有者のグループが，①議決権または類似の権利を通じて，事業体（VIEであるか否かの判断の対象となる事業体－筆者加筆）の経済的業績（economic performance）に最も重要な影響を与える活動を指図するパワー，②期待損失を引き受ける義務，③期待残余利益を享受する権利，のいずれかの性質を欠いている事業体，と定義している（ASC-810-10-15-14）。

　主たる受益者の特定にあたり，報告企業（VIEの変動持分を有するか否かを評価する企業－筆者加筆）は，報告企業が有する変動持分およびその他の関与（関連当事者および代理人の関与を含む）の特徴の評価のみならず，他の変動持分保有者の関与を含む検討を行うことが求められる。その上で，(1)VIEの経済的業績に最も重要な影響を与える活動を指示するパワー，(2)VIEの期待損失を引き受ける義務，(3)VIEの期待残余利益を享受する権利，の3つのすべての特性を報告企業が有している場合に，報告企業は当該VIEの支配的財務持分を有しているとみなされ，VIEの連結が求められる。なお，この評価にあたっては，VIEの目的やデザイン（VIEがどのように作られ，パワー，期待損失，期待残余利益が誰に帰属するかを含む）を考慮することが求められている（ASC810-10-25-38）。

　このように，ASC810（SFAS第167号）は，事業体がVIEに該当するか否かの判断にあたって，事業体の経済的業績に影響を与える活動を指図するパワーという要件を新たに設けている。これは，IASBが2008年12月に公表した連結に関する公開草案（IASB. 2008c）（後のIFRS第10号，本節において後述する）の考え方が取り入れられたことを示している。主たる受益者の特定にあたって，VIEの目的やデザインに関する考慮を求めている点についても同様である。

2．特別目的事業体の連結に関する例外規定の見直し

　FASBは，2008年9月15日付で公表した公開草案（FASB. 2008a）を経て，SFAS第166号「金融資産の譲渡に関する会計処理－FASB基準書第140号の改訂」（SFAS No. 166: *Accounting for Transfers of Financial Assets an amendment of FASB Statement No. 140*）（FASB. 2009a）（以下，SFAS第166号）を公表

した。第3章第5節において検討したとおり，FASBは，2003年6月および2005年8月に公表したSFAS第140号の改訂案（FASB. 2003c, 2005）においてQSPEの要件の厳格化を提案していたものの，SFAS第166号においてQSPEの概念そのものを削除し，SPEの連結に関する例外規定を廃止した[1]。なお，同号は会計基準の体系化に伴い，会計基準編纂書トピック860「譲渡およびサービス業務」（Accounting Standards Cordification, Topic 860 *Transfers and Servicing*）（以下，ASC860）へと再編され，その構成は大きく変更されている。そこで以下では，QSPEの廃止の根拠に関連する箇所についてはSFAS第166号を参照し，それ以外の箇所ではSFAS第166号とASC860のパラグラフ番号を併記する。

SFAS第166号付録A「背景の説明および結論の根拠」によれば，FASBがQSPEの概念を廃止した根拠として，次の2点が挙げられている。まず，1点目は，「QSPEに関する要件の適用にあたり，実務上，SFAS第140号の意図を超えた拡大解釈が行われており，これに対応する要件を設定することが困難であること」である（SFAS第166号. para.A33）。この点について，Herz（2013. pp.150-151，邦訳. pp.184-185）は，サブプライム金融危機が表面化する以前まではQSPEの要件は機能していたものの，サブプライム金融危機の表面化以後には，保有する不動産ローンに関する条件の変更や原資産の差し押さえの実施といったさまざまな行動やサービサーによる積極的な運用が必要となり，QSPEの概念はもはや機能し得ないところにまで拡大した，と指摘している。そして2点目は，「IFRSには存在しないSPEの連結に関する例外規定を削除することで，会計基準のコンバージェンスの進展を図ること」である（SFAS第166号. para.79）。

QSPE概念の廃止に加えて，ASC860（SFAS第166号）は，SFAS第125号やSFAS第140号では明示されていなかった，金融資産の認識中止に関する会計基準と連結範囲の決定に関する会計基準との関係について取り上げ，「金融資産の認識中止の判断にあたって，最初に，譲受人が譲渡人の連結範囲に含まれるかどうかを検討しなければならない」としている（SFAS第166号. para.26A，ASC860-10-40-4-a）。これは，事業体の連結範囲の決定基準における支配と，金融資産の認識中止における支配とをそれぞれ別のものとして捉えるとともに，金融資産の認識中止の判断の前提として，事業体の連結範囲の決定基準におけ

る支配の有無の判断を求めたものである。この考え方は，2003年IAS第39号においてIASBが採用した考え方と同様のものといえる。

3．金融資産の認識中止に関する会計基準と特別目的事業体の連結会計基準との関係

　上述のとおり，FASBは，SFAS第166号において，金融資産の認識中止の判断の前提として，SPEを含む事業体の連結範囲の決定基準における支配の有無の判断を求めることとした。これにより，金融資産の認識中止に関する会計基準とSPEの連結会計基準との関係について，米国会計基準とIFRSとのコンバージェンスが進展した。なお，FASBは，概念フレームワークの改訂に関するIASBとの共同プロジェクト[2]のフェーズD「報告エンティティ（Reporting Entity）」[3]（以下，フェーズD）において，サブプライム金融危機が表面化する以前より，金融資産の認識中止における支配と連結範囲の決定基準における支配との関係に関連する検討を開始している。そこで，以下では，フェーズDに関するIASBとFASBの審議内容の検討を通じて，SFAS第166号の背景にある考え方について考察する。

　フェーズDに関する検討は，2005年12月に開催されたIASB会議（IASBとFASBの合同会議を含む）において開始された。ここでは，IASBスタッフによる予備的リサーチに基づく検討が進められ，この際に，今後さらに検討すべき論点の1つとして，「エンティティに対する支配と資産に対する支配との間に相違があるか？，どちらを連結の基礎とするべきか？」という論点が挙げられた（IASB. 2005b. para.127（RE6），山田. 2006c. pp.4-5）。

　その後，FASBとIASBは，2008年5月に「財務報告の概念フレームワーク：報告エンティティ」（*Conceptual Framework for Financial Reporting: The Reporting Entity*）（FASB. 2008a, IASB. 2008a）をそれぞれの予備的見解・公開草案として公表した（以下，2008年予備的見解）。2008年予備的見解は，エンティティの構成内容を決定するために資産の定義を使用することは循環論法となってしまうことを指摘している（2008年予備的見解. para.57）。すなわち，2008年予備的見解は，資産を認識する対象（主体）の定義（認識する主体の範囲の決定を定義するための支配概念）に，認識される対象（客体）である資産

を特定するための支配概念を用いることは適切でないとしているのである。

また、2008年予備的見解は、「資産の定義における支配概念が、グループ報告エンティティの構成（すなわち、連結の範囲―筆者加筆）の決定要因であるかのように一見見受けられるとしても、実際の決定要因は、2つのエンティティ間の関係にある」としている。その上で、同予備的見解は、報告エンティティ概念によって報告を行う「エンティティ」の構成内容（連結の範囲―筆者加筆）を最初に決定し、その後、資産の定義（および他の構成要素の定義）をそのエンティティ（連結グループ―筆者加筆）に適用すべきとしている（2008年予備的見解. para.62）。

このように、IASBとFASBは、フェーズDにおいて、連結範囲の決定基準における支配と資産の認識および認識中止における支配とを別個のものと捉え、まず連結の範囲（エンティティの構成内容）を確定し、次いで資産の定義を満たすものを認識する（これまでに認識していた資産が資産の定義を満たさなくなった場合には、当該資産の認識を中止する）ことを求めている。この考え方は、2003年IAS第39号においてIASBが採用した考え方と同様のものである。したがって、FASBがSFAS第166号（ASC860）において、「金融資産の認識中止の判断にあたって、最初に、資産の譲受人が譲渡人の連結範囲に含まれるかどうかを検討する」とした背景には、2003年IAS第39号や、サブプライム金融危機・世界金融危機以前の時点に行われたフェーズDにおける検討内容の存在があったものと考えることができる。

第3節　国際財務報告基準におけるサブプライム金融危機以後の特別目的事業体の連結会計基準をめぐる動向

1．公開草案10号「連結財務諸表」における特別目的事業体の連結の考え方

(1) 公開草案10号「連結財務諸表」における支配の考え方

　FSF報告書の提言を受けて、IASBは、連結プロジェクトに関する審議ペースを加速化し、2008年12月に公開草案10号「連結財務諸表」（Exposure Draft,

ED 10: Cosolidated Financial Statements）（IASB. 2008c）（以下，2008年連結公開草案）を公表した[4]。2008年連結公開草案は，IAS第27号における支配の定義とSIC12号におけるSPEに対する支配の指針を，すべての事業体に適用される単一の支配概念に置き換えることを提案している。

2008年連結公開草案は，すべての事業体に適用される単一の支配概念に置き換えることの背景・根拠として，IAS第27号とSIC12号は異なる連結モデルであることを指摘し，SIC12号によるリスク・経済価値モデルに基づく連結要否の判断基準では，必ずしも支配関係を識別できないと考えている者が多いことを挙げている（2008年連結公開草案. para.BC10）。加えて，ある事業体の連結を判断する際に，IAS第27号を適用すべきかSIC12号を適用すべきかという基準書の適用範囲を決定する際に困難が生じており，その結果として，実務においてバラツキが生じ，連結財務諸表の比較可能性が低下することや，ストラク

〔表7-4〕2008年連結公開草案において提案された支配の要素の考え方

支配の要素の区分	支配の要素の考え方
活動を左右するパワー	・報告企業は，議決権の保有，議決権を獲得するためのオプションや転換可能な金融商品の保有，契約に基づくアレンジメント，又はこれらの組み合わせなど，多くの手段によって，他の事業体の活動を指図するパワーを有することができる。
リターン	・他の事業体への関与から生じるリターンは，当該事業体の活動によって変動し，プラスにもマイナスにもなり得る。 ・親会社はリターンの変動性に晒されており，自らのために生み出すリターンに影響を与える能力を有する。親会社のために生み出されるリターンには以下が含まれる。 (1)配当，子会社から分配されたその他の経済的便益，親会社及び親会社のその他の子会社に起因する子会社の価値の変動。 (2)前払費用，子会社の資産又は負債のサービシングに対する現金又は手数料へのアクセス，与信又は流動性支援の付与からの手数料及び損失に対するエクスポージャー，子会社の清算時の当該子会社の資産及び負債に対する残余持分，税金軽減効果，及び子会社を支配することにより親会社が有する流動性へのアクセス。 (3)非支配持分が得ることができないリターン。例えば，親会社は（他の子会社の資産も含めて）規模の経済を達成するために機能を結合したり，希少な製品を調達したり，知的財産へのアクセスを確保したり，あるいは営業活動又は資産を限定するなどして，子会社の資産（他の子会社の資産も含む）との組み合わせで親会社の資産を使用することがある。 (4)コスト削減又は経費の縮減。

出所：2008年連結公開草案. paras.9-11を基に作成。

チャリングを誘発することについての懸念が生じていることを指摘している（2008年連結公開草案. paras.IN8, BC12）。

　その上で，同公開草案は，連結範囲の決定基準としての支配を，「報告企業[5]が，自らのためリターンを生み出すように，他の企業の活動を左右するパワーを有している場合に，当該報告企業は当該他の企業を支配する」と定義している（2008年連結公開草案. paras.IN9-10, 4）。加えて，支配を評価する際には，支配の要素である「他の企業の活動を左右するパワー」と，「リターン」とを同時に評価し，報告企業がいかにリターンに影響を与えるパワーを使用できるかを検討しなければならない，としている（2008年連結公開草案. para.14）。2008年連結公開草案において提案されている支配の要素の考え方を整理すると〔表7-4〕のとおりである。

(2) 公開草案10号「連結財務諸表」における特別目的事業体の連結に関する考え方

　2008年連結公開草案は，仕組事業体（SE: Structured Entities）という会計上の事業体の定義を新たに導入することを提案している。同公開草案によれば，SEとは，「（2008年連結公開草案の－筆者加筆）第23項から第29項で説明されたようには，その活動が左右されない程度に活動が制限されている企業」と定義される（2008年連結公開草案. para.30）。なお，同公開草案は，新たに定義したSEについて，「SIC12号で説明されているSPEと大きく異なる可能性は少ない」と説明している（2008年連結公開草案. para.BC98）。

　その上で，2008年連結公開草案は，SEの支配を評価する場合（連結の要否を判断する場合―筆者加筆）に，当該SEからのリターンがいかに分配され，リターンに影響を与える活動がどのように決定されているか（そのような決定が行われている場合）を特定し，以下を含むすべての関連する事実および状況を考慮することを求めている（2008年連結公開草案. para.31）〔表7-5〕。

　このように，2008年連結公開草案は，通常の連結要否の判断基準により連結要否の判断を行う事業体でない事業体をSEとして捉え，その上で，リターンの大部分を保有ないしは負担する企業に当該SEを連結範囲に含めることを提案している。かかる基本的な枠組みは，定量的判断に関する箇所を除いて，米

〔表7-5〕SEへの支配を評価する場合に求められる「関連する事実および状況」の考え方

	考慮すべき事実および状況の考え方
SEの目的およびデザイン	SEの目的およびデザインを理解することは、当該企業の活動がどのように左右され、リターンがどのように利害関係者の間で配分されているかを評価するのに役立つ。
SEへの関与から生じる企業のリターン	企業が、SEにとって潜在的に重要となるリターンの変動性に晒されており、かつ企業のリスク・エクスポージャーがその他のいかなる当事者よりも高い場合に、企業はSEの活動を左右するパワーを有する可能性が高い。
SEの活動(当該活動を左右する戦略的な営業および財務の方針が事前決定されている程度を含む)	資産の証券化を管理する企業のように、活動範囲が制限されている企業の支配は、制限された活動範囲がいかに左右されているか、および当該企業への関与から受け取るリターンがいかに分配されているかに基づいて決定される。企業は、どの活動がリターンの変動を引き起こすのかを特定し、それらの活動を左右するパワーを有しているかどうかを評価する。 SEの活動が、予想された事象または状況に対応して取るべき行動を特定した事前に決定されている戦略的な営業および財務の方針によって左右されていることもある。そうした事前に決定されている方針により、企業に当該活動を左右するパワーが付与されることがある。
関連するアレンジメント	企業は、関連するアレンジメントによってSEを支配することができる。
制限されたまたは事前に決定された戦略的な営業および財務の方針を変更する企業の能力	企業が、SEが営業活動を行う際に従う制限または事前に決定されている戦略的な営業および財務の方針を変更する能力を有する場合、企業はSEの活動を左右するパワーを有することができる。

出所：2008年連結公開草案, paras.32-38を基に作成。

国会計基準におけるVIEの考え方（SPEの捉え方）をIFRSに取り込むことを指向していることを示すものといえる。

なお，FASBは，サブプライム金融危機・世界金融危機に対する短期的対応として，2008年9月の時点で改訂FIN第46号の改訂に関する公開草案とSFAS第140号の改訂に関する公開草案を公表し，2009年6月に確定版の基準書として公表した。IASBは，2008年連結公開草案の公表時点では2009年後半に確定版の基準書としての公表を目指していたが，その後，IASBとFASBは，連結会計基準に関するコンバージェンスに向けた具体的な検討を行うことを模索し，これに伴ってIASB連結プロジェクトは大幅に延期されることになった。2009年11月5日付けで公表された共同声明「FASBとIASBによる覚書（MoU）に

対するコミットメントを再確認」(FASB and IASB. 2009) (*FASB and IASB Reaffirm Commitment to Memorandum of Understanding － A Joint Statement of the FASB and IASB*) (以下, 2009年MoU) によれば, 今後の予定として, IASBが2010年第3四半期までに連結に関するスタッフ・ドラフトを公表し, これをFASBが検討することが表明されている。

2. IFRS第10号「連結財務諸表」における支配の考え方

IASBは, 2010年3月に公表したスタッフ・ドラフト (IASB. 2010c) を経て, 2011年5月に確定版の基準書としてIFRS第10号「連結財務諸表」(IFRS No. 10: *Consolidated Financial Statement*) (IASB. 2011a) (以下, IFRS第10号) を公表した。IFRS第10号は, 支配を連結範囲の決定の基礎とし, 従来SPEと捉えられていた事業体を含め, すべての事業体に対して, 支配の有無によって連結範囲を決定することを求めている (IFRS第10号. para.5)。

同号における支配は, 他の当事者 (以下, 投資先) を支配している可能性のある者 (以下, 投資者) の観点から, 「投資先への関与により生じる変動リターン (variable returns) に対するエクスポージャーまたは権利を有し, かつ, 投資先に対するパワーにより当該リターンに影響を及ぼす能力を有している場合には, 投資先を支配している」(IFRS第10号. para.6) と定義されている。その上で, IFRS第10号は, 同号における支配を, (1)投資先に対するパワー, (2)投資先への関与により生じる変動リターンに対するエクスポージャーまたは権利, (3)投資者のリターンの額に影響を及ぼすように投資先に対するパワーを用いる能力, の3つの要素 (以下, 支配の3要素) から構成されるとし, これらの3要素のすべてを有している場合に, 投資者は投資先を支配していると判断することを求めている (IFRS第10号. paras.6-7, B2)。支配の3要素の考え方は〔表7-6〕のとおりである。

これに加えて, 同号は, 投資先を支配しているかどうか (支配の3要素をすべて有しているかどうか) の判断にあたり考慮すべき要因として, (1)投資先の目的および設計, (2)関連性のある活動 (relevant activities: 投資先の活動のうち, 投資先のリターンに重要な影響を及ぼす活動) とは何か, (3)関連性のある活動に関する意思決定はどのように行われるか, (3)投資者の権利が, 当該活動を支

〔表7-6〕IFRS第10号における支配の3要素の考え方

支配の要素	支配の要素の考え方
投資先に対するパワー（パワー）	関連性のある活動（投資先のリターンに重要な影響を及ぼす活動）を指図する現在の能力を与える既存の権利を有している場合には，投資先に対するパワーを有している。
投資先への関与により生じる変動リターンに対するエクスポージャーまたは権利（リターン）	投資者は，その関与により生じる投資者のリターンが投資先の業績によって変動する可能性がある場合，投資先への関与により生じるリターンに対するエクスポージャーまたは権利を有している。
投資者のリターンの額に影響を及ぼすように投資先に対するパワーを用いる能力（パワーとリターンとの関連）	投資者は，投資先に対するパワーおよび投資先への関与により生じる変動リターンに対するエクスポージャーまたは権利を有するだけではなく，投資先への関与により生じるリターンに影響を及ぼすように投資先企業に対するパワーを用いる能力を有している場合に，投資先を支配している。

出所：IFRS第10号．paras.7, 10-18を基に作成。

持する現在の能力を投資者に与えているか，(4)投資者が，投資先の関与から生じる変動リターンに対するエクスポージャーまたは権利を有しているか，(5)投資者が，投資者のリターンの額に影響を及ぼすように投資先に対するパワーを行使する能力を有しているか，という5つの要因（以下，支配の5要因）を考慮することを求めている（IFRS第10号．para.B3）。

このように，IFRS第10号は，SIC12号において示されていたリスクと経済価値による連結要否の判断基準を，変動リターンやリスク（上方リスクと下方リスク）という用語を用いて，同号におけるすべての事業体に対する支配の要素に組み込んだものとなっている。

3．IFRS第10号「連結財務諸表」における特別目的事業体の連結の考え方

(1) 仕組事業体の考え方

IASBは，2008年連結公開草案においてSEという会計上の事業体の定義を導入することを提案していたものの，IFRS第10号ではSPE（2008年連結公開草案ではSE）の定義や説明は設けられていない。しかし，IASBは，IFRS第10号と同時に公表したIFRS第12号「他の企業への関与の開示」（IFRS No. 12: *Disclosure of Interests in Other Entities*）（IASB. 2011b）（以下，IFRS第12号）において，SEの定義およびSEの事例を示している。そこで，IFRS第10号にお

〔表7-7〕 IFRS第12号において示されたSEの特徴

(1)	活動が制限されている。
(2)	狭く十分に明確化された目的。例えば、以下の目的がある。 (a)税務上有利なリースの実行 (b)研究開発活動の実施 (c)企業への資金源の提供 (d)SEの資産に関連するリスクと経済価値を投資者に移転することによる、投資者への投資機会の提供
(3)	SEが劣後的な財務的支援なしに活動資金を調達するには不十分な資本。
(4)	信用リスクまたはその他のリスクの集中(トランシェ)を生み出す、投資者への複数の契約上関連した金融商品の形での資金調達。

出所：IFRS第12号. para.B22.

けるSPEの連結要否の判断基準に関する検討に先立って、IFRS第12号において示されているSEの考え方（すなわち、IFRSにおけるSPEの捉え方）について整理する。

　IFRS第12号は、SEを「誰が事業体を支配しているかの決定に際して、議決権または類似の権利が決定的な要因とならないように設計された事業体（例えば、あらゆる議決権が管理業務のみに関係しており、その関連性のある活動が契約上の取り決めによって指図される場合など）」(IFRS第12号. 付録Aおよびpara.B21)と定義し、〔表7-7〕の4点をSEの特徴・属性として示している。また、同号は、SEとみなされる事業体の例として、(1)証券化ヴィークル(securitization vehicles)、(2)ABSの発行により資金調達を行う事業体、(3)一部の投資ファンド、の3種類の事業体を挙げている(IFRS第12号. para.B23)。

　上記の定義および事例に加えて、IFRS第12号は、「SEは、その資本が、追加の劣後的財政支援なしに企業が資金調達するのに十分でないことが多い企業である」と説明をしている(IFRS第12号. para.BC84)。資本の十分性に関する説明は、従来の基準書であるSIC12号には存在せず、新たに設けられたものである。これは、改訂FIN第46号の「VIEの特定」に関する考え方の一部が反映されたことを示している。

　ただし、IFRS第12号は、(1)資本の十分性の判断に関する広範な適用ガイダンスが必要となること、(2)事業活動の低迷の後に資金調達の再編をした伝統的な事業会社がSEとみなされる可能性があることへの懸念、の2つの理由から、

資本の十分性の判断に関する項目をSEの定義に加えなかったとしている（IFRS第12号．para.BC84）。そのため，IFRS第12号における資本の十分性に関する説明は，SEであるか否かを判断するための必須の属性ではなく，SEであるか否かを判断する際に参照すべき事例の1つという位置づけにある。

(2) 仕組事業体の連結要否の判断基準

前述のとおり，IFRS第10号は，SPEを含むすべての事業体を対象とした支配の定義を導入し，投資者の観点から投資先への支配の存在を示す3要素（支配の3要素）を示した上で，支配の3要素をすべて有しているかどうかの判断にあたり考慮すべき5つの要因（支配の5要因）を挙げている。以下では，SPE（SE）を念頭において，IFRS第10号における事業体に対する支配の考え方を整理する。

IFRS第10号は，投資先に対する支配の有無の判断にあたり，その前提として，関連性のある活動に関する意思決定がどのように行われるか，当該活動を指示する現在の能力を誰が有しているか，当該活動により生じるリターンを誰が受け取るか，を識別するために「投資先の目的および設計」を考慮することを求めている（IFRS第10号．para.B5）。具体的には，(1)設立時の関与と意思決定，(2)設立時に設定された契約上の取り決め（コールの権利，プットの権利，清算権など），(3)特定の状況または事象の発生時にのみ生じる関連性のある活動を指図する権利，(4)設計されたとおりに運営されることを確保する明示的・黙示的なコミットメント，の4点を考慮すべき項目として挙げている（IFRS第10号．paras.B51-B54）。

その上で，同号は，投資先への支配の有無の判断にあたり議決権が決定的要因とならない場合には，(1)投資先が晒されるように設計されているリスク，(2)投資先に関与している当事者に移転されるように設計されているリスク，および，(3)投資者がそれらのリスクの一部または全部に晒されているかどうか，について考慮することを求めている。なお，ここでいうリスクとは，下方へのリスクだけではなく，上方となる可能性（上方リスク）も含まれる（IFRS第10号．para.B8）。

このように，IFRS第10号およびIFRS第12号は，SPEに相当する事業体であ

るSEの連結要否の判断にあたっては，SEという概念・範囲に関する説明をするとともに，支配の3要素の1つである「投資先に対するパワー」に係る項目の内部に，「リターン」と，「リターンを含むリスク（上方リスクと下方リスクをいう－筆者加筆）」に基づいて判断することを求めている。つまり，IFRS第10号は，支配という単一の概念の内部に，議決権や支配力（意思決定機関に対する支配）に加えて，「投資先の目的および設計」という要素を設け，その要素に，(1)関連性のある活動（投資先のリターンに重要な影響を及ぼす活動），(2)リターン，(3)リターンを含むリスク，による連結要否の判断基準を組み入れているのである。これらの判断基準のうち，特に，(1)の「関連性のある活動（投資先のリターンに重要な影響を及ぼす活動）」は，従来のIAS第27号およびSIC12号では十分に言及されていなかった，SPEの活動内容に関する事前の取り決めに関する関与や，SPE設立後のSPEとの関係を考慮の対象としたものである。この点が，IFRS第10号におけるSPEの連結要否の判断基準の特徴といえる。

第4節 わが国におけるサブプライム金融危機以後の特別目的事業体の連結会計基準をめぐる動向

1．特別目的事業体の連結会計基準の見直しをめぐる議論

(1) 特別目的事業体の連結会計基準に関する検討の再開と当初の検討内容

　サブプライム金融危機への対応を目的として，IASBとFASBは，SPEを含む連結会計基準の見直し作業を加速化した。これを受けて，企業会計基準委員会は，SPE専門委においてSPEの連結会計基準の見直しに向けた検討を開始した。

　SPE専門委における検討当初の時点では，概念フレームワークに関するIASBとFASBの草案である2008年予備的見解（FASB. 2008a, IASB. 2008a）や，IASBによる公開草案のドラフト（後の2008年連結公開草案）の検討が行われた。2008年11月20日に開催された第166回企業会計基準委員会では，これまでにSPE専門委において行われた審議内容について，「現在の連結会計基準（わが

国の連結会計基準—筆者加筆）における支配の定義は，いわゆる『パワー』の要素が強調され，『便益』の要素が示されていないため，これを加味するような定義に変更する方向で，IASBにおける議論の動向を勘案しつつ検討している」と報告されている（企業会計基準委員会. 2008a）。なお，例外規定の改廃に関する議論については，本節において後述する。

その後，企業会計基準委員会は，2009年1月30日に開催した第170回企業会計基準委員会において，SPE専門委におけるこれまでの審議の成果を「連結財務諸表における特別目的会社の取扱い等に関する論点整理」（企業会計基準委員会. 2009a）（以下，2009年論点整理）として公表することを議決し，同年2月6日付で公表した。

2009年論点整理は，企業会計基準委員会およびSPE専門委において行われたSPEの連結会計基準に関する検討について，東京合意を踏まえて行われたものであり，IASBの2008年連結公開草案に関する検討を含むものであることを明示している（2009年論点整理．第6項）。その上で，2009年論点整理は，支配の定義と支配力基準の適用について（論点1），連結対象となる企業について（論点2），SPEの取扱いについて（論点3），SPEに関する開示について（論点4），支配が一時的な子会社について（論点5），の5つの論点を挙げている。

これらの5つの論点のうち，支配の定義および支配力基準の適用（論点1）は，SPEの連結に関する論点である論点3の前提としての位置づけにある。具体的には，支配の定義および支配力基準の適用について，「連結財務諸表におけるSPE（原文では特別目的会社 – 筆者改変）の取扱いに資するように，他の会計基準等との関係や国際的な会計基準における取扱いおよびその動向を踏まえた改善の是非を検討する」（2009年論点整理．第9項）としている。その上で，今後の方向性として，「連結会計基準における『支配』の定義について，リターンの要素も加味することが考えられる」としている。

2009年論点整理は，リターンを加味した支配として，「IASB公開草案（2008年連結公開草案 – 筆者加筆）での考え方にならって，ある企業が自らのためにリターンを生み出すように，他の企業の活動を左右するパワーを有していることをいうものとする」としている。ここで提案されている支配の要素は〔表7-8〕のとおりである。その上で，2009年論点整理は，「リターンを加味した支配の

〔表7-8〕2009年論点整理において提案された支配の要素

支配の要素	支配の要素の内容
他の企業の活動を左右すること	・他の企業の営業および財務の方針を決定できること。 ・自らのリターンに影響を与える他の企業の活動に関連する行動を採ることができること。
リターン	投資のみならず他の企業への幅広い関与から生じ，当該他の企業の活動によって変動するものであり，プラスにもマイナスにもなり得る。

出所：2009年論点整理．第22項。

〔表7-9〕「リターンを加味した支配」によるSPEに対する支配の判断にあたって考慮すべき事項

(1)	他の企業の重要な財務及び営業又は事業の方針の決定を支配する契約等が存在している場合（連結会計基準第7項(2)③），自らではなく，他の者にリターンが生じるような他の関与があるかどうか。
(2)	他の企業の重要な財務及び営業又は事業の方針の決定を支配する契約等が存在している場合（連結会計基準第7項(2)③），当該契約等が当該他の企業に関与する他の者によって解除されたり大きく変更されたりする可能性が実質的にあるかどうか。
(3)	他の企業の資金調達額の総額の過半について融資を行っている場合（連結会計基準第7項(2)④），当該融資以外に，当該他の企業に関する重要となり得るリターンの変動を受ける劣後的な資金調達（当該融資に対する保証等を含む。）が他の者によって提供されているかどうか。

出所：2009年論点整理．第67項。

定義を導入することによって，事業を営む典型的な企業に加えて，SPEに対する支配についても，定義上，包含されることがより明確になると考えられる」としている。これらの提案は，論点3の「追加検討2　支配力基準の具体的な適用について」においても踏襲されている。ここでは，SPEに対する支配力基準の検討をする必要性が指摘されており，上述の「リターンを加味した支配」を前提として，SPEに対する支配の判断にあたっての考慮すべき事項が〔表7-9〕のとおり整理されている（2009年論点整理．第66-67項）。

このように，企業会計基準委員会は，IASBの2008年連結公開草案に基づいてSPEの連結会計基準に関する検討を行い，その結果，2009年論点整理において，SPEの範囲を特定するのではなく，支配概念を拡張すること（従来の支配概念にリターンの概念を加味すること）を提案している。

(2) 第187回企業会計基準委員会において提案された特別目的事業体の連結会計基準の考え方

2009年論点整理の公表後，SPE専門委は，同論点整理に対して提出されたコメント・レターの分析を実施するとともに，例外規定を削除した場合に，SPEの連結を具体的にどのように判断するかについて検討を行った。これは，例外規定の要件を満たさないSPEの連結会計基準に関する検討でもある。

2009年10月15日に開催された第187回企業会計基準委員会の審議資料（企業会計基準委員会. 2009c）によれば，SPEの特徴として，(1)所有している議決権がゼロ（またはほぼゼロ）であり，かつ，(2)他の企業の議決権の行使が実質

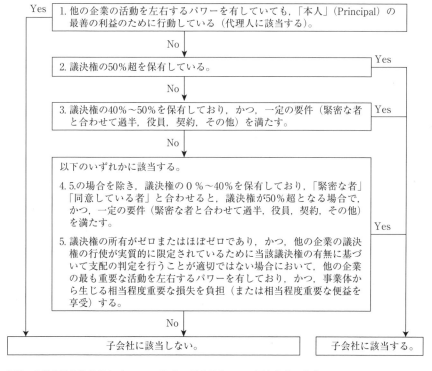

〔図7-3〕第187回企業会計基準委員会において提案された
SPEを含む連結会計基準の考え方

出所：企業会計基準委員会（2009c. p.6）「Ⅱ 具体的なフロー図」を基に作成。

に限定されているために当該議決権の有無に基づいて支配の判定を行うことが適切でないこと，の2点が挙げられている。このように，企業会計基準委員会は，「事業体の意思決定機関に対する支配の有無」による連結要否の判断を行うことが適切でない事業体を，SPEとして捉えている。

その上で，企業会計基準委員会は，SPEの連結要否の判断にあたっては，(1)他の企業の最も重要な活動を左右するパワーを有していること，(2)当該他の企業から生じる相当程度重要な損失を負担（または相当程度重要な便益を享受）すること，の両方を満たす者が，当該SPEを支配しているとして連結範囲に含めることを提案している。この考え方を整理すると〔図7-3〕のとおりである。このように，第187回企業会計基準委員会において提案されたSPEを含む連結会計基準は，2009年論点整理において提案した考え方を踏襲したものであり，IASBの2008年連結公開草案の考え方がベースとなっている。

ただし，2009年11月の時点で，IASBとFASBとの間で行われている連結に関するコンバージェンス・プロジェクトが当初の予定よりも大幅に延期されることが明らかとなったため[6]，企業会計基準委員会は，例外規定を含むSPEの連結会計基準の包括的見直しに先立って，開発型証券化取引に用いられるSPEへの例外規定の適用に関する問題について，短期的対応を図るべきか否かについて検討を行うことを合意した。例外規定の要件を満たさないSPEの連結会計基準に関するその後の審議内容については，本節3.(4)において後述する。

2．特別目的事業体の連結に関する例外規定の改廃をめぐる当初の議論

(1) 例外規定の改廃をめぐる当初の検討内容

サブプライム金融危機が表面化する以前の時点である2007年3月に，企業会計基準委員会は，企業会計基準適用指針第15号「一定の特別目的会社に係る開示に関する適用指針」（企業会計基準委員会. 2007）（以下，適用指針第15号）を公表し，当面の対応として，例外規定に基づいて連結範囲から除外されているSPE（8条7項SPE）を対象とした開示の拡充を図った。その後，SPE専門委は，適用指針第15号の公表後から約1年半後の2008年8月25日に開催した第39回SPE専門委において，SPE専門委における今後の議論の方向性を決める論点整理の公表に向けて検討を開始することを決定した。

例外規定の見直しに向けた具体的な検討は，2008年9月30日に開催された第40回SPE専門委および同年10月31日に開催された第41回SPE専門委において行われた。第40回SPE専門委では，例外規定に関連する議論として，(1)SPEを利用した証券化取引に関する会計基準等を見直すかどうか，(2)現行の支配力基準の考え方を適用するあたってのSPEの定義，(3)SPEが関連会社に該当する場合，開示対象SPEの注記事項をどうするのか，の3点が挙げられた（旬刊経理情報編集部. 2008a）。第41回SPE専門委では，例外規定を引き続き設けることが適切であるという意見があるものの，例外規定の設定当初の趣旨を踏まえたものとはいえない会計処理が見られることを主な理由として，例外規定を廃止することが提案された（旬刊経理情報編集部. 2008b）。

　SPE専門委におけるこれまでの検討内容は，2008年11月20日に開催された第166回企業会計基準委員会において報告されており，ここでは，SPEを含む連結会計基準の見直しについて，IASBおよびFASBの議論を踏まえて検討を進めており，2009年第1四半期に論点整理の公表に向けて検討が進めていることが報告された。この際に，例外規定の廃止を検討する主な理由として，開発型証券化取引に用いられるSPEへの例外規定の適用に関する問題の解決を図ること，および，国際的な動向を踏まえて検討していること，の2点が挙げられている（企業会計基準委員会. 2008a）。ここでいう国際的動向とは，IFRSには例外規定は存在しないこと，および，FASBは2008年9月に公表したSFAS第140号の改訂に関する公開草案（FASB. 2008b）において，QSPEの概念を削除し，SPEの連結に関する例外規定の廃止を提案していることを指している。

(2) 論点整理における例外規定の改廃に関する提案

　本節1.(1)において述べたとおり，企業会計基準委員会は，2009年論点整理においてSPEの連結に関連する5つの論点を提示した。例外規定に関するこれまでの検討内容は，同論点整理の「SPEの取扱い（論点3）」へ反映されており，引き続き検討するという但し書きを付した上で，「例外規定を削除することが考えられる」としている（2009年論点整理. 第60項）。そして，例外規定を削除する根拠として〔表7-10〕の4点を挙げている。

　例外規定を削除する根拠として挙げた項目のうち，(3)は，SPE提言（日本公

〔表7-10〕2009年論点整理において示された例外規定を廃止する根拠

(1)	SPEの資産および負債に関する情報が適切に示されない。
(2)	SPEとの取引が消去されない。
(3)	例外規定の適用にあたり,幅のある解釈が行われている。
(4)	IASBの2008年連結公開草案において,すべての事業体を対象とした連結要否の判断基準の導入が提案されており,また,FASBは2008年9月に公表したSFAS第140号の改訂に関する公開草案(後のSFAS第166号)においてQSPEの概念を削除し,改訂FIN第46号の適用除外からも削除することを提案している。

出所:2009年論点整理.第56項,第58項を基に作成。

認会計士協会監査・保証実務委員会.2005c)において指摘された問題点と同様のものである。すなわち,開発型証券化取引に用いられるSPEへの例外規定の適用に関する問題に対して,例外規定そのものを廃止することでかかる問題の解決を図ることを意図したものである。(4)は,会計基準のコンバージェンスを念頭に置いたものである。すなわち,この根拠は,CESRの技術的助言においてIFRSとの重要な相違の1つとして例外規定が挙げられたこと,および,わが国会計基準のIFRSとのコンバージェンスを図ることを宣言した東京合意を踏まえたものである。

さらに,2009年論点整理は,例外規定について「証券化(原文では資産の流動化—筆者改変)を目的として一定の要件の下で設立されたSPEが子会社に該当し連結対象とされた場合には,譲渡者の個別財務諸表では資産の売却とされた取引が,連結財務諸表では消去されて資産の売却とされない処理となり,不合理ではないかという指摘にも対応したもの」と指摘している。その上で,例外規定の廃止に伴って生じる論点として,資産の認識中止の要件とSPEの連結との関係について,「他の会社に商品を販売した取引において,当該他の会社への販売が売却されるかという問題と,当該他の会社が子会社に該当するかどうかという問題とは別のものであるのと同様に,証券化取引(原文では,資産の流動化取引—筆者改変)においても別に考えられる」と指摘している(2009年論点整理.第59項)。

〔表7-11〕2009年論点整理に対して送付されたコメント・レターの内容

コメント提出者（注1）	コメントの要約（注2）
例外規定の廃止を支持 あずさ監査法人 あらた監査法人 日本公認会計士協会 日本貿易会	・国際的な会計基準に平仄を合わせる必要がある。 ・国際的な会計基準とのコンバージェンスの観点も踏まえ，支配の考え方から連結の有無を実質的に判断すべき。 ・例外規定が設けられたことによる弊害を排除し，SPEに対する支配についても包含する支配の定義を確立することが必要。 ・資産流動化法は当時の経済情勢に応じて立法されたものであり，また，会計基準は特定の法律を対象にして作成されるべきものでない。
例外規定の廃止に反対 不動産協会 不産証券化協会 プロネクサス 流動化・証券化協議会	・活動内容が受動的であり倒産隔離が確保されているという特徴を有するTMK，およびTMKと同様の事業を営むSPEについては出資者等から独立しているものと判断することが適切。 ・金融商品会計基準や不動産の流動化に係る譲渡人の会計処理等における資産の認識中止要件の検討が必要。 ・例外規定の取扱いは削除せずに，現行基準の設定趣旨どおりにルールを明確化・厳格化して運用するべき。SPEに資産を譲渡した会社が，当該SPEが発行する証券の所有者である場合には，当該SPEを連結除外とはしないことを明確化するなど，SPEから生じるリスクとリターンが資産の譲渡人に帰属しない場合にのみ，連結除外となる趣旨を徹底すべき。

注1：表中ではコメント提出者の部署等の記載は省略した。
注2：同種のコメントは1つの文章に要約した。
出所：あずさ監査法人（2009），あらた監査法人アシュアランス業務部門品質管理部アカウンティング・サポート・グループ（2009），日本公認会計士協会（2009），日本貿易会経理委員会（2009），不動産協会企業財務・会計委員会（2009），不動産証券化協会（2009），プロネクサス総合研究所（2009），流動化・証券化協議会会計小委員会（2009）を基に作成。

(3) 論点整理に対して送付されたコメント・レターにおける例外規定の廃止に関する見解

　2009年論点整理に対して提出された全14通のコメント・レターのうち，8通のコメント・レターにおいて，例外規定の廃止の提案に関する見解が示された。これらの見解を整理すると〔表7-11〕のとおりである。

　まず，例外規定の廃止を支持するコメント・レターでは，(1)会計基準のコンバージェンスの観点から例外規定を廃止すべき，(2)SPEを含む事業体の連結に関する包括的な基準を導入すべきであり，その一環として例外規定を廃止すべき，という2つの見解のいずれか，または両方の見解が示されている。

　他方，例外規定の廃止に反対するコメント・レターの見解は一様ではなく，

(1)活動内容が受動的であり倒産隔離が確保されていること,(2)資産の認識中止に関する会計基準との関係を整理する必要があること,を理由とした例外規定の廃止に反対する意見が表明されている。

その他に,例外規定の明確化・厳格化を図るべきとする見解がある。この見解では,「SPEに資産を譲渡した会社が,当該SPEが発行する証券の所有者である場合には,当該SPEを連結除外とはしないことを明確にする」ことが提案されている。これは,SPEが発行する証券の保有を通じて,SPEへ譲渡した資産から生じるリスクとリターンが資産の譲渡人に帰属することから,この場合には資産譲渡者の連結範囲から除外することを認めないという,例外規定に新たな制限を設けるという考え方である。

3.例外規定の一部改訂に向けた検討に至る経緯とその成果

(1) 例外規定の一部改訂に向けた検討に至る経緯

SPE専門委は,2009年論点整理に対するコメント・レターにおいて表明された見解を検討するとともに,例外規定を削除した場合に,SPEの連結を具体的にどのように判断するか,という点について検討を開始した。しかしながら,前述のとおり,2009年11月の時点で,IASBとFASBによる連結会計基準のコンバージェンス・プロジェクトが,当初の予定よりも大幅に延期されることが明らかとなったため,SPE専門委は,例外規定を含むSPEの連結会計基準の包括的見直しに先立って,開発型証券化取引に用いられるSPEに対する例外規定の適用に関する問題について,短期的対応を図るべきか否かについて検討を行うことを合意した。

2010年2月12日に開催された195回企業会計基準委員会の審議資料(企業会計基準委員会.2010a, 2010b)によれば,これまでにSPE専門委において審議された暫定案として,次の3つの案を検討していることが報告されている。

1案は,例外規定を削除するという提案である。この案は,SPE専門委発足当初より検討が行われてきたものであり,2009年論点整理において提案された内容と同様のものである。会計基準のコンバージェンスの進展を重視するか,開発型証券化取引に用いられるSPEへの例外規定の適用に関する問題の解決を重視するかを問わず,例外規定そのものが廃止されることとなれば,開発型証

〔表7-12〕198回企業会計基準委員会において提案された
例外規定の改廃に関する暫定案と各案に関する検討内容

	各案の内容	各案の主なメリット	各案の主なデメリット
例外規定の改訂を行わない(A案)	−	IASBとFASBの連結に関する共同プロジェクトの検討結果を踏まえ、SPEの連結の取扱いを包括的に見直すことを予定しているため、部分的な改正による2度にわたる改正を避けられる。	・IASBとFASBの連結に関する共同プロジェクトの完了を待つと、例外規定に関する問題の解決に非常に長い時間を要する。 ・米国は2009年に例外規定を廃止しており、国際的動向に反する。
例外規定を削除する(B案)(旧1案)	−	・現在、注記で開示されている情報が財務諸表本表に記載されることとなり、財務報告の改善がなされる。 ・米国でも例外規定は廃止されており、国際的動向と平仄があう。	(B〜D案共通) IASBとFASBの連結範囲の検討結果を踏まえ、SPEの連結の取扱いを含む、包括的な見直しが予定されており、部分的な改正は、2度にわたる改正を招き、基準の安定性を損なう可能性がある。	範囲の変更を明確に示す必要がある。
例外規定を改訂する(C案)(旧2案)	例外規定の用件に「当該SPEが発行する証券を企業が保有していないこと」の要件を追加する。	・例外規定の設定当時の趣旨に見合ったものとなる(証券発行者への便益の移転)。 ・例外規定の対象範囲について、幅のある解釈が行われることに対する改善が図られる。		「証券」の範囲や出資者と証券の関係、証券の保有と類似の効果を持つ取引の取扱いなど、新たな論点が生じうる。
例外規定を改訂する(D案)(旧3案)	例外規定を「資産譲渡者のみに適用する」とする。	・例外規定の設定当時の趣旨に見合ったものとなる(資産譲渡者に対する例外措置)。 ・従来から幅のある解釈が行われており、改善が要望されていた開発型証券化取引に用いられるSPEの取扱いについて、改善が図られる。		開発型証券化取引に用いられるSPEの問題は、幅のある解釈に関する問題の1つのパターンに過ぎず、それだけを取り上げる必然性はない。

出所:企業会計基準委員会(2010d, pp.2-3)を基に作成。

券化取引に用いられるSPEへの例外規定の適用に関する問題についても解消されることとなる。

2案は、SPEを用いた取引による「便益の移転」に注目するものである。3案は、SPEへ資産を譲渡した企業に対する例外措置であることを明確にすることを意図したものである。従来の例外規定は、例外規定が適用される客体である「SPEに関する要件」を設定しているのに対して、例外規定を適用する主体

となる「企業に対する要件」を新たに追加することを提案している点が，2案と3案の特徴である。

その後，2010年3月25日に開催された198回企業会計基準委員会では，上記の3つの案に，短期的な対応を実施しないとする案を加えた4つの案〔表7-12のA～D案〕をベースに，短期的対応を図るべきか否かについて審議が行われた。ここでは，短期的対応を行う場合にはD案（旧3案）を中心に検討を行うことが提案された。審議の結果，短期的対応を実施しないことを支持する委員が4名，短期的対応の実施を支持する委員が9名，判断留保が1名となり，例外規定の一部改訂という短期的対応を図ることが暫定的に合意された（企業会計基準委員会. 2010c, 2010d）。

(2) 例外規定の一部改訂に関する公開草案公表と公開草案に対する
　　コメント・レターの内容

2010年8月26日に開催した第208回企業会計基準委員会における審議を経て，企業会計基準委員会は，2010年9月に企業会計基準公開草案第44号（企業会計基準第22号の改正案）「連結財務諸表に関する会計基準（案）」（以下，2010年公開草案）を公表した。2010年公開草案は，これまでに検討された4つの案のうち，D案（旧3案）を採用し，「SPEに資産を譲渡した企業にのみ例外規定の適用を認めること」を提案している[7]。

2010年公開草案の公表後，同公開草案に対して送付された合計11通のコメント・レターのうち，9通のコメント・レターにおいて，例外規定の改訂に関する提案についての賛否と関連する見解が表明された〔表7-13〕。例外規定の改訂を支持する5通のコメント・レターに共通しているのは，開発型証券化取引に用いられるSPEへの例外規定の適用に関する問題への対応を図るべき，という見解である[8]。その他には，例外規定の改訂によって，財務諸表作成者や監査人による判断のバラツキが減少し財務諸表の比較可能性が向上するという見解や，複数回に渡る改正が実務上混乱を招くことから，SPEの連結を含めた支配力基準の包括的な見直しの際に検討すべきという見解，忠実な表現につながるといった見解が示されている。

他方，例外規定の改訂に反対する4通のコメント・レターに共通しているの

〔表7-13〕2010年公開草案に対して送付されたコメント・レターの内容

コメント提出者(注1)	主な内容(注2)
例外規定の改訂を支持 • 日本貿易会 • 佐々木秀和 • 新日本有限責任監査法人 • あらた監査法人 • 日本公認会計士協会	• 例外規定を定めた当時に想定されたSPEと,現在の実務におけるSPEとでは,その性格が変化しており,現行のSPEは必ずしも連結範囲から除外する趣旨に合致しているとはいえない。この認識を踏まえると,この問題を早急に解消するためにコンバージェンスとしての改正に先行して,改正を行うことは意義がある。 • 連結の支配の概念が見直されることが予定されている中で今回の短期的な対応(例外規定の一部改訂)が必要となるのは,現時点において重大な弊害があるためと考えられる。 • 現行会計基準では開発型のSPEに対する連結上の取扱いが明示されておらず,連結範囲に含めるか否かは財務諸表の作成者や監査人によってバラツキがあったが,本草案により当該問題が是正され財務諸表の比較可能性が向上する。 • 例外規定の本来の趣旨を逸脱して財務諸表の比較可能性を阻害するため改正すべき。 • 企業グループの実態がより忠実に表現されることにつながると考えられる。
例外規定の改訂に反対 • 不動産証券化協会 • 不動産協会 • 全国銀行協会 • 日本経済団体連合会	• 近い将来コンバージェンスが予定されているため,例外規定の見直しには短期的な対応ではなく,代理人の取扱いも含めSPEに対する支配力基準の具体的な適用については,IFRSとのコンバージェンスの過程で検討すべき。 • IASBの「連結の範囲」に係る会計基準は2010年中に公表予定であることを踏まえると,短期間に複数回の改定となる恐れがある。このような頻繁な会計基準の改定は,財務諸表作成者のみならず,財務諸表利用者にとっても大きな混乱を招くとともに,その有用性は乏しい。 • 現時点ではSPEの連結に関する具体的な適用ルールは存在しないことから,連結の範囲は作成者または監査人の個別判断に委ねられることとなる。そのため,作成された各連結財務諸表において「様々な解釈が存在すること」が改善し,比較可能性が高まるとは必ずしもいえない。また,結果として投資家の判断を歪める懸念がある。 • 例外規定に従って連結範囲から除外されるSPEについては,適用指針第15号によって開示がなされており,利害関係者の判断を誤らせることがないよう対応されている。そのため,直ちに例外規定を見直す必要性は乏しい。 • 例外規定の改訂は,基準の不明確さによる不動産ファンドの新規組成の抑制,不動産投資市場の収縮といった悪影響を及ぼす。

注1：表中ではコメント提出者の部署等の記載は省略した。
注2：同種のコメントは1つにまとめて記載した。
出所：あらた監査法人アカウンティング・サポート部 (2010),佐々木 (2010),新日本有限責任監査法人品質管理部 (2010),全国銀行協会 (2010),日本経済団体連合会経済基盤本部 (2010),日本貿易会経理委員会 (2010),不動産協会 (2010),不動産証券化協会 (2010) を基に作成。

は,複数回にわたる改正が実務上混乱を招くことから,SPEの連結を含めた支配力基準の包括的な見直しの際に検討すべきという見解である。その他には,適用指針第15号によって対応がなされているという見解や,SPEの連結に関する具体的なルールは存在しないために比較可能性が向上するとはいえないという見解,例外規定の改訂によって不動産投資市場が収縮することへの懸念が表

〔表7-14〕第215回企業会計基準委員会において行われた意見聴取の内容（要約）

参考人	意見聴取の要旨
作成者 (不動産会社)	・公開草案の内容で進めることは，メリットに比較しデメリットが大きいと予想されるため，強く反対する。反対理由は以下(1)～(5)のとおり。 (1)不動産開発型のSPE等も含め，企業会計基準適用指針第15号の定めに該当するものは既に注記開示されている。 (2)IASBで開発中の会計基準とのコンバージェンスを今後図っていくのであれば，それを優先すべきであり，短期的対応は2度の改正につながり，基準の安定性を欠き，作成者及び利用者の混乱を招く可能性がある。 (3)公開草案の内容では，本質的な問題解決にならない。SPEへの出資者，AM，レンダー等に対し議決権を中心とした現行の支配力基準の適用が不明確であり，幅のある解釈は解消されず，むしろ，流動化型やファンド型などスキームの利用実態を踏まえ検討すべきものである。 (4)公開草案の適用に際して，明確な連結基準がない状況では作成者と監査人との間の協議によって各社で取扱いに相違が生じ，かえって比較可能性が低下する可能性がある。 (5)SPEに係る会計上の取扱いが不明確であることを理由に，それを利用した不動産ファンド等のスキーム組成に支障をきたし，不動産投資市場における投資の収縮等の悪影響を生じさせる可能性がある。
利用者 (格付機関)	・格付機関では，現行会計基準で連結されていないSPEについても，実質的にはスポンサーの会社の事業の一部として重要な位置づけにあり，また，当該SPEの債務不履行がスポンサーにとってレピューテーショナルリスクとなりうると判断する場合は，連結対象とみなし分析を行っている。この場合，SPEがノンリコース形態となっていても，必ずしもスポンサーから切り離されたものとは見ていない。 ・具体的な分析手法としては，(1)開示情報だけでなく非開示情報も用いて，SPEに対する出資金の毀損リスクの評価を行い，(2)SPEの企業にとっての重要性の評価（当該企業の事業の一部であるかどうかの評価）を行った上で，(3)重要と判断される場合には，SPEの債務のリファイナンスリスクに関する評価を行う。また，定量分析も行っており，SPEの保有資産の時価や稼働状況なども見ている。これらの分析を踏まえ，最終的に当該企業の格付を行うこととなる。
監査人 (監査法人)	・例外規定は，個別財務諸表でオフ・バランスしたものが連結財務諸表上でオンバランスとなることが生じないように設けられたものであり，SPEの受動的な性質を前提としているが，実務は混乱している。混乱の要因としては，SPEの「受動的性格」や「資産から生ずる収益を証券の保有者に享受させる目的」よりも，「出資者及び資産を譲渡した会社」に偏った解釈に基づく適用や，推定規定の事実上のみなし化，貸借対照表上の負債削減手段としてのニーズの存在，法制度の改正によるSPEの業務内容の多様化への対応の未整備などが挙げられる。 ・直近期におけるいくつかの企業の開示数値を見ると，オフ・バランスとなっているSPEの総資産や借入債務合計が，対総資産比や対借入債務比で非常に大きな影響を有する企業もみられ，連結しないことは問題がある。また，これらの会社の開示では，譲渡した会社にあたるという趣旨の記載はみられず，その利用目的について，バリューアップや事業の一環といった受動的性格とはいえない内容の記載もみられ，基準設定当初の趣旨とは異なるSPEの使い方がされている。 ・注記はあくまで当面の対応であり，連結とは次元が異なるものであり，事業の一環として営むSPEは，連結財務諸表に含めるのが実態を反映する会計処理である。「2度の改正」という意見は一見分かりやすそうな議論ではあるが，そもそも，SPEの問題は，東京合意の時点で存在した基準の差異の問題であり，MoU対応のコンバージェンスの問題ではなく，また，開発されているIASBの連結基準の適用は実際には相当程度先になると考えられる。以上から，公開草案どおりに短期的対応を行うべきである。

出所：企業会計基準委員会（2010h. pp.1-2）を基に作成。

明されている。

(3) 参考人からの意見聴取の内容

　SPE専門委は，2010年公開草案に対するコメント・レターにおいて表明された見解を踏まえ，関係者の意見聴取を行った上で審議を続けることが適当であるとし，2010年12月16日に開催した第215回企業会計基準委員会において，参考人を招致し，意見聴取を実施した。参考人として招致されたのは，財務諸表作成者（不動産会社），利用者（格付機関）および監査人（監査法人）であり，意見聴取の内容は〔表7-14〕のとおりである。

　意見聴取の内容のうち，財務諸表作成者（不動産会社）および監査人（監査法人）による意見は，2009年論点整理および2010年公開草案に対して送付されたコメント・レターの内容と基本的に同様である。財務諸表作成者（不動産会社）は自社のビジネス上の理由により例外規定の一部改訂へ反対し，監査人（監査法人）は受動的SPEにのみ例外規定が適用されるべきとして，例外規定の一部改訂へ賛成をしている。格付機関に対する意見聴取では，現行会計基準では連結範囲に含まれていないSPEについて，スポンサー会社の事業の一部として重要な位置づけにあり，当該SPEの債務不履行が生じた場合に，スポンサーにとってレピュテーショナルリスク（風評リスク）となりうると判断する場合には，連結対象であるとみなして分析を行っていることが示されている。

(4) 改訂後の例外規定の考え方と特別目的事業体の連結会計基準に関する検討状況

　参考人からの意見聴取の実施後，企業会計基準委員会は，2011年1月12日に開催した第216回企業会計基準委員会において例外規定の改訂案を議決し，2011年3月25日付けで，改正企業会計基準第22号「連結財務諸表に関する会計基準」（以下，2011年連結会計基準）を公表した。議決の際においても例外規定を廃止すべきという見解が述べられたものの，企業会計基準委員会は，2011年連結会計基準において「SPEへ資産を譲渡した企業にのみ例外規定の適用を認める」という，例外規定の適用主体への制限を新たに設けた[9]。

　これまで検討したとおり，企業会計基準委員会において行われたSPEの連結

会計基準の見直しをめぐる検討は，当初の時点では，CESRの技術的助言や東京合意を踏まえて，IFRSとのコンバージェンスの観点から例外規定を廃止することが検討された。しかしながら，IASBにおける連結会計基準に関する審議が延期されるという状況の下で，企業会計基準委員会は「例外規定の廃止」に代えて，「開発型証券化取引に用いられるSPEへの例外規定の適用に関する問題に対応する」という短期的対応を優先することとし，その結果，2011年連結会計基準において，例外規定の適用主体への制限が新たに設けられることとなった。

例外規定の一部改訂後，企業会計基準委員会は，2012年6月19日に開催した第76回SPE専門委と同年7月5日に開催した第247回企業会計基準委員会において，例外規定を含むSPEの連結に関する今後の進め方について検討を行った。ここでは，2011年連結会計基準により例外規定の要件を満たさないSPEが増加することが見込まれるため，SPEの連結会計基準の明確化を図るための見直し作業を開始すべきであること，および，見直し作業にあたっては，IFRS第10号との整合性を検討すべき，といった見解が示されている（企業会計基準委員会. 2012. p.3）。

加えて，SPEの連結会計基準の見直しを行うとした場合には，すべての会社を対象とした見直しの検討の中でSPEの連結会計基準の見直しや整備を検討する，あるいは，SPEに限定して見直しを行うか，のいずれかが考えられるとし，仮に，SPEに限定して検討するとした場合には，(1)事業を営む典型的な事業体とそれ以外の事業体との区別をどのようにするか，SPEの定義を設けるか，(2)例外規定の要否・見直しの必要性，(3)証券化に関する会計基準の見直しの必要性，(4)IFRS第10号における支配概念と具体的な適用指針をどのように参照し，整合性を図っていくか，という4点を検討すべき項目として挙げている（企業会計基準委員会. 2012. pp.4-5）。

ただし，SPEの連結会計基準の見直しに関する否定的な見解として，すべての会社を対象とした見直しの検討の中でSPEの連結会計基準の見直しや整備を検討するとすれば，検討が大幅に遅延する恐れがあることや，SPE以外の事業体に対する現行の支配力基準の見直しの必要性は高くないことが指摘されている。その他に，2011年連結会計基準の公表から間もなく，同基準の適用時期

(2013年4月1日から開始される事業年度より適用開始)が未だ到来していないため,基準の安定性を欠くこととなるという指摘がある(企業会計基準委員会.2012.p.4)。その後,企業会計基準委員会は,2013年1月10日に開催した第258回企業会計基準委員会において,2011年連結会計基準の適用日が到来していないため,現時点でさらなる改正は慎重に進めるべきとした(企業会計基準委員会.2013a.p.3)。

なお,企業会計基準委員会は,SPEの連結に関する例外規定については依然問題意識が存在するため,これまでの検討で示された意見や考え方を整理・取りまとめることとし,2013年3月29日付で「特別目的会社の連結範囲等に関する検討の中間取りまとめ」(企業会計基準委員会.2013b)(以下,2013年中間取りまとめ)を公表した。2013年中間取りまとめの内容は本書において既に検討した内容と同じであるが,同取りまとめは,例外規定を含むSPEの連結会計基準に関するわが国会計基準の今後の方向性として,「国際的な会計基準の改訂に対応することが,わが国における会計基準の改善につながるかどうかを見極めるために,引き続きIFRS第10号の支配の考え方に関する検討を進めていくことが重要であると考えている。」(2013年中間取りまとめ,6項)としている。

ただし,2013年中間取りまとめの公表以降,SPE専門委および企業会計基準委員会はSPEの連結会計基準に関する審議を行っていない。すなわち,本書の執筆時点である2014年9月末の時点では,例外規定を含むSPEの連結会計基準に関するわが国会計基準の今後の方向性としては,IFRSとのコンバージェンスを図ることが示されてはいるものの,その実現時期は必ずしも明らかとはいえない状況にある。

注
1 これにより,既存のQSPEは,SFAS第167号により改訂されたFIN第46号に基づいて連結要否を判断することが求められることとなった。
2 概念フレームワークに関する共同プロジェクトは,2004年4月にIASBとFASBとの間で,共通の概念フレームワークを開発することを目的として発足したプロジェクトである。このプロジェクトは,AからHまでの8つのフェーズに分類されて検討が進められ,これらの8つのフェーズのうち,フェーズD「報告エンティティ」において,資産に対する支配と連結範囲の決定における支配の関係についての検討が行われた。
3 本書では,IASBとFASBによる概念フレームワークの改訂に関するプロジェクトについ

て検討する際には,「報告エンティティ」と表記し,それ以外の公開草案および基準書では「報告企業」と表記している。

4　IASBにおける通常の基準設定プロセスでは,公開草案の公表に先立って討議資料が公表されるが,金融危機への対応を迅速に図るために討議資料の公表は省略されている。

5　2008年公開草案は「報告企業」という用語を,「他の企業の支配を有する可能性のある企業」としている(2008年公開草案. para. B29. footnote)。

6　IASBは2008年12月に公開草案第10号「連結財務諸表」を公表した時点では,確定版の基準書の発行を2009年後半に予定していた。しかし,2009年MoU(FASB and IASB. 2009)において,2010年第3四半期を目処に,あらゆる企業をカバーする連結に関するコンバージされた会計基準の公表を予定していることが確認され,IASBによる連結会計基準の公表は,当初の予定よりも大幅に延期することが合意された。この点については,本章第3節を参照されたい。

7　なお,C案(旧2案)については,2010年8月5日に開催した第207回企業会計基準委員会の時点で,例外規定に関連する規定や設定当初の趣旨からすれば,譲渡者が出資者を兼ねている場合まで排除するものではないことを理由として,採用を見送った旨が報告されている(企業会計基準委員会. 2010f)。

8　その他に,監査法人2団体(あずさ監査法人,監査法人トーマツ)は,例外規定の改訂を前提としたコメント・レターを提出している。したがって,11通のコメント・レターのうち7通のコメント・レターにおいて,例外規定の一部改訂が支持されたといえる。

9　企業の準備に時間を要するとの意見を受けて,企業会計基準委員会は,2011年連結会計基準の適用時期を当初の予定よりも1年繰り下げ,2013年4月以後に開始される会計年度から適用することとした。

第8章
特別目的事業体の連結会計基準に関する国際比較とコンバージェンスの方向性

第1節　特別目的事業体の連結会計基準に関する国際比較

1．サブプライム金融危機・世界金融危機以前の特別目的事業体の連結会計基準に関する国際比較

　サブプライム金融危機・世界金融危機以前のSPEの連結に関する米国会計基準，IFRSおよびわが国会計基準を比較すると〔表8-1〕のとおりである。

　各会計基準における共通点は，議決権基準（持株基準）や支配力基準（意思決定機関への支配）では，SPEの連結要否の判断を行うことは困難であることを前提として，「SPEとの関与から生じるリスクと経済価値が帰属する者に，当該SPEを連結することを求める」としている点である。一方で，「SPEの捉え方」と，「SPEとの関与から生じるリスクと経済価値の認識・測定方法」については，各会計基準の間にはいずれも相違が存在する。

　SPEの捉え方については，まず，米国会計基準では，改訂FIN第46号において，議決権の過半数所有の有無によって連結要否の判断を行うことが適切な事業体でない事業体として，VIEの定義が設けられている。次に，IFRSでは，SIC12号において，SPEへの支配を表す4つの指標のうち，事業活動に関する指標と意思決定に関する指標において「SPEが有する特徴」が示されており，これに基づいて，SPEの範囲が特定される。わが国会計基準では，連結範囲Q&Aにおいて，「特定目的会社等」および「特別目的会社等」という表現があるものの，SPEの範囲の特定に関する特段の基準は設けられていない。なお，実務対応報告第20号においては，SPEの範囲を特定せずに，支配力基準（事業体の意思決定機関に対する支配の有無による連結要否の判断基準）では連結要否の判断を

〔表8-1〕サブプライム金融危機・世界金融危機以前の
SPEの連結会計基準に関する国際比較

	米国会計基準 (改訂FIN第46号)	IFRS (SIC12号)	わが国会計基準 (連結範囲Q&A, 実務対応報告第20号)
SPEの 範囲・定義	・次の要件のいずれかを満たす事業体をVIEと定義し,定量的分析を求めている。 (1)リスクを負担する持分投資の総額が不十分(通常,総資産の10%)である。 (2)当該事業体のリスクを負担する持分投資家が支配的財務投資の特徴を欠いている。	・SPEとは,次のような事業体であると説明している。 (1)リース,研究開発活動,または金融資産の証券化などの,十分に限定された目的を達成するために設立されている。 (2)事業活動に関する意思決定の権限が,著しく制限されている場合が多い。	・「特定目的会社等,特別目的会社等」と記述されているが,SPEの範囲や定義は明示されていない(連結範囲Q&A)。 ・SPEの範囲を特定せずに,支配力基準では連結要否の判断を行うことが困難な事業体については,リスクと経済価値の帰属の有無に基づいて連結要否の判断をすることを求めている(実務対応報告第20号)。
SPEの連結 要否の 判断基準	・VIEから生じるリスク・経済価値を変動持分と定義し,変動持分の過半を負担あるいは享受する者(主たる受益者)に,当該VIEを連結することを要求している。 ・変動持分の測定に関する定量的基準を設け,これに基づいてVIEの連結要否の判断を行うことを求めている。	・SPEを支配している者に,当該SPEの連結を要求している。 ・SPEへの支配を示す指標として,「リスク」と「便益」に関する指標とその具体例が示されている。 ・リスクと経済価値について,定量的な判断は求めていない。	・SPEから生じるリスクと経済価値が帰属する者に,当該SPEの連結を要求している(連結範囲Q&A,実務対応報告第20号)。 ・リスクと経済価値について定量的な判断は求めていない(連結範囲Q&A,実務対応報告第20号)。 ・連結範囲Q&Aは,資産をSPEに譲渡した者によるSPEの連結を想定しており,実務対応報告第20号は,出資者(出資以外の資金拠出者を含む)によるSPEの連結を想定している。

行うことが困難な事業体については,リスクと経済価値の帰属の有無により連結要否の判断を行うことを求めている。

このように,各会計基準におけるSPEの捉え方は,それぞれ異なっているが,実務対応報告第20号の公表により,VIEという会計上の事業体の定義が設けられている点と事業体がVIEに該当するか否かの判断にあたり定量的分析が求められている点を除いて,米国会計基準とわが国会計基準におけるSPEの捉え方は,同様のものとなっている。すなわち,IFRSはSPEの性質に関する指標によりSPEの範囲を特定するのに対し,米国会計基準およびわが国会計基準は,通常の連結要否の判断基準(米国会計基準は議決権基準,わが国会計基準は支

配力基準)では連結要否の判断を行うことが困難な事業体をSPEと捉えているのである。

SPEとの関与から生じるリスクと経済価値の認識・測定方法について、米国会計基準では、改訂FIN第46号において、SPE (VIE) との関与から生じるリスクと経済価値を変動持分と定義し、変動持分を定量的に算出した結果に基づいてSPE (VIE) の連結要否の判断を行うことを求めている。一方で、IFRS (SIC12号) およびわが国会計基準 (連結範囲Q&Aおよび実務対応報告第20号) は、リスクと経済価値の帰属の有無に基づいてSPEの連結要否の判断を行うとするものの、定量的な判断を行うことは求めていない。すなわち、米国会計基準においてのみ、SPEとの関与から生じるリスクと経済価値の認識・測定にあたり定量的判断を行うことが求められているのである。

2. サブプライム金融危機・世界金融危機以後の特別目的事業体の連結会計基準に関する国際比較

サブプライム金融危機・世界金融危機以後の米国会計基準、IFRSおよびわが国会計基準におけるSPEの連結会計基準を比較すると〔表8-2〕のとおりである。また、サブプライム金融危機・世界金融危機の前後におけるSPEの連結に関する各会計基準の位置づけと、コンバージェンスの方向性を整理すると〔図8-1〕のとおりである。

サブプライム金融危機・世界金融危機の発生を受けて、FASBとIASBは、米国会計基準とIFRSとのコンバージェンスを念頭において、SPEの連結会計基準の見直しに取り組み、その結果、「SPEの捉え方」および「SPEとの関与から生じるリスクと経済価値の認識・測定方法」のいずれにおいても、互いに共通の性質を持つ会計基準となった。すなわち、米国会計基準とIFRSとの間では、互いの会計基準の考え方を取り入れることを通じて、SPEの連結会計基準のコンバージェンスが進展したといえる。

なお、わが国におけるSPEの連結会計基準は、SPEへ資産を譲渡した者によるSPEの連結を想定した連結範囲Q&Aと、出資者 (出資以外の資金の提供者を含む) による事業体の連結を想定した実務対応報告第20号から構成される。これらの基準のうち、実務対応報告第20号は、サブプライム金融危機が表面化

〔表8-2〕サブプライム金融危機・世界金融危機以後の
SPEの連結会計基準の国際比較

	米国会計基準 (ASC810, SFAS第167号)	IFRS (IFRS第10号, IFRS第12号)	わが国会計基準[注] (連結範囲Q&A, 実務対応報告第20号)
SPEの 範囲・定義	・次の要件のいずれかを満たす事業体をVIEと定義し，定量的分析を求めている。 (1)リスクを負担する持分投資の総額が不十分（通常，総資産の10%）である (2)リスクに晒されている持分投資の保有者のグループが，以下①〜③のいずれかの性質を欠いている事業体である ①経済的業績に最も影響を与える影響を指示するパワー ②期待損失を引き受ける義務 ③期待残余利益を享受する権利	・誰が事業体支配をしているかの決定に際して，議決権または類似の権利が決定的な要因とならないように組成された事業体を，SEと定義している（IFRS第12号）。 ・SEとみなされる事業体として，下記の3つを挙げている（IFRS第12号）。 (1)証券化ヴィークル (2)ABSにより資金調達を行う事業体 (3)一部の投資ファンド	・「特定目的会社等，特別目的会社等」と記述されているが，SPEの範囲や定義は明示されていない（連結範囲Q&A）。 ・SPEの範囲を特定せずに，支配力基準では連結要否の判断を行うことが困難な事業体については，リスクと経済価値の帰属の有無に基づいて連結要否の判断をすることを求めている（実務対応報告第20号）。
SPEの連結 要否の 判断基準	・下記の3点のすべての特性を有している者に，VIEの連結を要求している。 (1)VIEの経済的業績に最も影響を指示するパワー (2)VIEの期待損失を引き受ける義務 (3)VIEの期待残余利益を享受する権利 ・上記(1)〜(3)の評価にあたっては，定性的分析によって判断することが求められている。	・SEを支配している者に，当該SEの連結を要求している（IFRS第10号）。 ・SEの連結要否の判断にあたり，「投資先の事業体の目的および設計」を考慮し，下記の3点について検討を行うことを求めている（IFRS第10号）。 (1)投資先が晒されているようなリスク（下方へのリスクだけではなく，上方へのリスクを含む。以下同じ） (2)投資先に関与している当事者に移転されるように設計されているリスク (3)投資者が(1)，(2)のリスクの一部または全部に晒されているかどうか ・上方および下方リスク（リスクと経済価値）に関する定量的基準はない。	・SPEから生じるリスクと経済価値が帰属する者に，当該SPEの連結を要求している（連結範囲Q&A，実務対応報告第20号）。 ・リスクと経済価値について定量的な判断は求めていない（連結範囲Q&A，実務対応報告第20号）。 ・連結範囲Q&Aは，資産をSPEに譲渡した者によるSPEの連結を想定しており，実務対応報告第20号は，出資者（出資以外の資金拠出者を含む）によるSPEの連結を想定している。

注：わが国会計基準は，実務対応報告第20号が公表された2006年6月以降のもの。

第8章　特別目的事業体の連結会計基準に関する国際比較とコンバージェンスの方向性

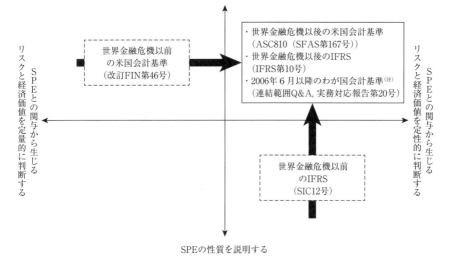

〔図8-1〕サブプライム金融危機・世界金融危機の前後における
SPEの連結会計基準に関するコンバージェンスの方向性

注：実務対応報告第20号は，サブプライム金融危機が表面化する以前である2006年6月に公表された。
　なお，2000年1月に公表された連結範囲Q&Aは，SPEの範囲について「特定目的会社等」および「特別目的会社等」と記述しているのみであり，図中のいずれにも位置づけることはできない。そのため，実務対応報告第20号公表以前（2006年6月以前）のわが国会計基準については図中には示していない。ただし，実務対応報告第20号公表以前のわが国会計基準は，定量的判断を求めていないという点では，図中の左右でいえば右側に該当する。

する約9カ月前の時点である2006年9月に公表された基準書であるものの，企業会計基準委員会およびSPE専門委は，IASB連結プロジェクトの審議内容を踏まえて検討を行っていたことから，結果として，わが国におけるSPEの連結会計基準は，SPEの捉え方と，SPEとの関与から生じるリスクと経済価値の認識・測定にあたって定量的な判断を求めていないという，いずれの点においてもIFRSとのコンバージェンスが進展することとなった。

このように，サブプライム金融危機・世界金融危機以降，「SPEの捉え方」および「SPEとの関与から生じるリスクと経済価値の認識・測定方法」のいずれにおいても，米国会計基準，IFRSおよびわが国会計基準は，お互いに共通の性質を持つ会計基準となっている。なお，時系列的に見れば，FASBや

IASBによるSPEの連結会計基準に関する検討内容を踏まえた検討の成果として公表されたわが国会計基準は，結果としては，サブプライム金融危機が表面化する以前の時点において，SPEの連結会計基準に関するコンバージェンスの方向性を示していたといえる。

第2節　特別目的事業体の連結に関する例外規定の国際比較

1．サブプライム金融危機・世界金融危機以前の特別目的事業体の連結に関する例外規定の国際比較

　サブプライム金融危機・世界金融危機以前の時点におけるSPEの連結に関する例外規定を比較すると〔表8-3〕のとおりである。世界金融危機以前の米国会計基準およびわが国会計基準では，いずれも例外規定が設けられている。これまで検討したとおり，米国およびわが国会計基準における例外規定は，いずれも，金融資産の証券化取引（バランスシート型金融資産証券化）において生じる「金融資産の認識中止に関する会計基準とSPEの連結会計基準との間に生じるコンフリクト」を回避することを含め，あらかじめ連結範囲に含まれないSPEの範囲を特定することで，証券化取引の円滑な実施を支援することを主な目的として設けられたものといえる。

　一方で，米国およびわが国会計基準における例外規定には，例外規定の位置づけや，例外規定が適用されるSPEが保有可能な資産に関する制限について相違が存在する。まず，例外規定の位置づけについていえば，米国会計基準の例外規定は，金融資産の認識中止に関する会計基準の枠組みの中で設けられている規定であった。これに対して，わが国会計基準の例外規定は，米国会計基準における初期の例外規定（EITF論点第96-20号）を基に設けられたものではあるが，連結会計基準の枠組みの中で規定されている[1]。次に，例外規定が適用されるSPEが保有可能な資産に関する制限について，米国会計基準では金融資産に制限されているが，わが国会計基準では，証券化取引（バランスシート型資産証券化）に用いられるSPEであれば，譲り受ける資産の種類について制限

〔表8-3〕サブプライム金融危機世界金融危機以前の
SPEの連結に関する例外規定の国際比較

	例外規定の位置づけ	例外規定を満たすSPEへ求められる各種の要件			
		譲渡人からの分離に関する要件	事業活動の制限	保有資産に関する制限	資産の処分方法に関する制限
米国会計基準	金融資産の認識中止に関する会計基準(SFAS第140号)	譲渡人は，SPEを一方的に解散することができず，(1)SPEが発行した受益権の10％以上を外部の第三者が保有している，または(2)保証付モーゲージの証券化であること。	認められる事業内容が著しく制限されていること。	受動的な性質を有する金融資産等であること。	現金以外の金融商品を第三者へ売却・処分するにあたり，一定の状況に対して，自動的に対応する場合であること。
IFRS	• 例外規定はない（IASB連結プロジェクトの審議において，特定の取引（例えば，証券化）であることを根拠として例外規定を設けることに対し，否定的見解が示されている）。				
わが国会計基準	連結会計基準(1998年具体的な取扱い)	会計基準上では，特段の要件はない。	以下の2点を要求。(1)資産から生ずる収益を当該SPEが発行する証券の出資者に享受させることを目的とすること。(2)上記の目的に従って適切に遂行されていること。	会計基準上では，保有可能な資産に関する制限はない。	会計基準上では，特段の制限はない。

は設けられていない。

　これらの点を踏まえると，わが国会計基準における例外規定は，米国会計基準の例外規定をベースとしているものの，不動産の証券化（バランスシート型非金融資産証券化のうち，不動産を対象とする証券化）を円滑に実施するという当時の政策の影響の下で，「連結範囲に含まれないこととなるSPEをあらかじめ会計基準において規定する」という点がより重視されたものと考えることができる。

　なお，IFRSでは例外規定は設けられておらず，また，IASBは，IASB連結プロジェクトの発足当初の時点で，例外規定の設定について否定的な見解を示した。これは，IASBは，2003年IAS第39号において，金融資産の認識中止の判断に関する指針の内部にSPEの連結要否の結果を組み込むことで，金融資産

を譲り受けるタイプの証券化(バランスシート型金融資産証券化)取引において生じる「金融資産の認識中止に関する会計基準とSPEの連結会計基準との間に生じるコンフリクト」を解消したことを，その根拠の1つとして挙げることができる。このように，IFRSは，米国会計基準とわが国会計基準とは明らかに異なったアプローチによって，バランスシート型金融資産証券化の実施にあたって生じる「金融資産の認識中止に関する会計基準とSPEの連結に関する会計基準との間に生じるコンフリクト」の解決を図っている。

2．サブプライム金融危機・世界金融危機以後の 特別目的事業体の連結に関する例外規定の国際比較

FASBは，SPEの連結会計基準の見直しに関する審議の結果，2009年6月に公表したSFAS第166号(ASC860)においてQSPEの概念を削除し，例外規定を廃止した。これにより，例外規定は存在しないという点で，米国会計基準とIFRSとの間では，SPEの連結会計基準に関するコンバージェンスが進展した。

一方で，企業会計基準委員会は，EUによる同等性評価や東京合意，2005年のSPE提言を契機として開始したSPEの連結会計基準に関する包括的な見直しをめぐる検討の結果，短期的対応として，例外規定の適用主体に関する制限(SPEへ資産を譲渡した者にのみ例外規定の適用を認めるという制限)を新たに加えたものの，例外規定そのものの廃止には至っていない。そのため，例外規定は，世界金融危機以降の米国会計基準，IFRSおよびわが国会計基準のうち，わが国会計基準においてのみ存在する規定となっている。

企業会計基準委員会は，2013年中間取りまとめにおいて，IFRS第10号とのコンバージェンスを前提として検討するという方向性を示していることから，今後は，例外規定の廃止に向けた検討を再開することが考えられる。しかしながら，2013年中間取りまとめの公表後，本書の執筆時点である2014年9月末までの間にSPE専門委は開催されておらず，例外規定に関する今後の方向性は現時点では不透明な状況にある。

第8章　特別目的事業体の連結会計基準に関する国際比較とコンバージェンスの方向性

第3節　特別目的事業体の連結会計基準および例外規定に関するコンバージェンスの方向性

1．特別目的事業体の連結会計基準に関するコンバージェンスの方向性

　前節において検討したとおり，サブプライム金融危機・世界金融危機以後の各会計基準におけるSPEの連結会計基準は，SPEの捉え方や，リスクと経済価値の帰属の有無により連結要否の判断を行うという点，リスクと経済価値の認識・測定にあたっては定性的に判断を行うという点において，互いに共通の性質を持つ会計基準となっている。すなわち，IASB連結プロジェクト，サブプライム金融危機・世界金融危機以後に行われたFASBとIASBとのコンバージェンス・プロジェクト，および，これらの議論を踏まえて検討を行った企業会計基準委員会による検討の結果，SPEの連結会計基準のコンバージェンスは進展したといえる。

　ただし，現在のわが国におけるSPEの連結会計基準は，資産の譲渡人を対象とした基準と出資者（出資以外の資金の提供者を含む）を対象とした基準の2つの基準から構成されていることから，2013年中間取りまとめが示すように，企業会計基準委員会が今後もIFRSとのコンバージェンスを念頭に置いてSPEを含む連結会計基準の検討を行うとすれば，今後は，これらの2つの会計基準と一般的な事業体の連結会計基準を統合した，SPEを含む連結に関する包括的基準の導入に向けた検討を行うことが求められる。

2．特別目的事業体の連結に関する例外規定のコンバージェンスの方向性

　サブプライム金融危機の表面化を契機として行われたSPEの連結会計基準の見直しに向けた取り組みの結果，FASBはQSPEの概念を削除し，例外規定を廃止した。一方で，企業会計基準委員会は，例外規定の一部改訂を実施した上で，例外規定を存続させている。その結果，現時点では，SPEの連結に関する例外規定は，米国会計基準，IFRSおよびわが国会計基準のうち，わが国会計基準においてのみ存在する規定となっている。

ただし，例外規定を一部改訂した上で存続させるとした企業会計基準委員会の決定は，IASBによる連結会計基準の公表が大幅に延期されるという状況の下での短期的な対応であり，企業会計基準委員会は，2013年中間取りまとめにおいて，IFRSとのコンバージェンスを実現することを明示している。したがって，今後は，例外規定の廃止に向けた検討を再開する必要がある。なお，例外規定の廃止に向けた検討の再開にあたっては，連結会計基準と金融資産の認識中止に関する会計基準との関係について検討を行い，連結範囲の決定後に金融資産の認識中止の判断を行うことを明示することが求められる。

注
1　第3章第5節において検討したとおり，FASBは，QSPEを含むSPEの連結に関する取扱いについて，FASB連結プロジェクトの成果として基準を設けることを予定していたものの，1995年連結公開草案は確定版の基準書としての公表には至らなかったことがその背景にある。

補章 I
特別目的事業体に関する開示情報の価値関連性

第1節　はじめに

　企業会計基準委員会は，2007年3月に企業会計基準適用指針第15号「一定の特別目的会社に係る開示に関する適用指針」（以下，適用指針第15号）を公表した。適用指針第15号は，例外規定（2011年連結会計基準により一部改訂）に基づいて連結範囲から除外されるSPEである8条7項SPEを「開示対象特別目的会社」（以下，開示対象SPE）と呼ぶこととし，開示対象SPEを用いた取引を実施している企業に対して，(1)開示対象SPEの概要，(2)開示対象SPEを用いた取引の概要，(3)開示対象SPEとの取引金額等，の開示を求めている[1]。

　本章では，適用指針第15号による開示情報を用いて，8条7項SPEを連結範囲に含めた場合の連結財務データを作成し，従来の連結会計情報と8条7項SPEを連結範囲に含めた連結会計情報のいずれが，より高い価値関連性を有しているかについて検証する。

第2節　特別目的事業体の開示に関する会計基準の考え方

　第4章において検討したとおり，わが国では，1998年具体的な取扱いにおいて例外規定が導入された。1998年具体的な取扱いにおける例外規定は，例外規定の対象となるSPEの定義を資産流動化法（平成10年法律第105号）に依存している。しかしながら，2002年に実施された同法の抜本的改正によって借入制限や資産流動化計画の変更に関する要件が緩和されたことに伴い，必ずしも受動的（当初の計画に従い，認められる事業活動には特段の意思決定を有しない

177

こと）とはいえないSPEへの例外規定の適用に関する懸念が生じることとなった。

　企業会計基準委員会は，かかる問題に関する検討に先立って，8条7項SPEに関する開示の充実を図ることとし，2007年3月に適用指針第15号を公表した。同号において，開示の対象とされる8条7項SPE（開示対象SPE）の位置づけは〔図補Ⅰ-1〕のとおりである。

　適用指針第15号により開示が求められる項目は，(1)開示対象SPEの概要，(2)開示対象SPEを用いた取引の概要，(3)開示対象SPEとの取引金額，の3項目であり，これらの項目の具体的な内容は〔表補Ⅰ-1〕のとおりである。また，適用指針第15号に基づく開示例は〔表補Ⅰ-2〕のとおりである。

〔図補Ⅰ-1〕開示対象SPEの位置づけ

```
        子会社の範囲              子会社に該当しないものの範囲
┌─────────────────┬─────────────────┐┌─────────────────┐
│ ①出資者等の子会社  │ ②出資者等の子会社 ││ ③②以外で子会社に│
│ に該当するものと   │ に該当しないもの  ││ 該当しない SPE   │
│ されている SPE     │ と推定された SPE  ││                  │
│                    │ （開示対象 SPE）  ││                  │
└─────────────────┴─────────────────┘└─────────────────┘
```

連結会計基準第7項(1)から(3)のいずれかに該当するもの
出所：適用指針第15号．11項「図 特別目的会社と子会社の関係」を基に作成。

〔表補Ⅰ-1〕適用指針第15号により開示が求められる項目

開示項目	開示項目の内容
(1)開示対象SPEの概要	・開示対象SPEの数 ・主な法形態 ・会社との関係（開示対象SPEの議決権に対する所有割合，役員の兼任状況など）
(2)開示対象SPEを用いた取引の概要	・会社と開示対象SPEとの取引状況（主な対象資産等の種類，主な取引形態，回収サービス業務や収益を享受する残存部分の保有などの継続的な関与の概要，将来における損失負担の可能性など） ・会社と開示対象SPEとの取引の目的
(3)開示対象SPEとの取引金額	・当期に行った主な取引の金額（資産の譲渡取引額など） ・当該取引の期末残高（資金取引に係る債権債務や債務保証，担保などの額） ・当期の主な損益計上額（譲渡損益，金融損益，投資からの分配損益，回収サービス業務による損益など） ・開示対象SPEの直近の財政状態（資産総額や負債総額）

出所：適用指針第15号．3項を基に作成。

補章Ⅰ　特別目的事業体に関する開示情報の価値関連性

〔表補Ⅰ-2〕適用指針第15号に基づく開示対象SPEの開示例

1　開示対象特別目的会社別目的会社の概要及び開示対象特別目的会社を利用した取引の概要

　当社は，不動産事業の一環として，特別目的会社（主に資産流動化法上の特定目的会社）に対して，出資を行っております。
　特別目的会社は，当社からの出資等のほか，各金融機関からの借り入れ（ノンリコース・ローンおよび社債）により不動産の開発および賃貸事業を行っております。
　当社は事業終了後，拠出した出資金等を適切に回収する予定であり，平成23年3月末日現在，将来における損失の可能性はないと判断しております。また，将来において損失が発生した場合には，当社の負担する損失は出資金等の額に限定されます。
　なお，いずれの特別目的会社についても，当社は議決権のある出資等を有しておらず，役員や従業員の派遣もありません。
　平成23年3月末日において，投資残高のある特別目的会社は25社あり，直近の決算日における主な資産，負債および純資産（単純合算）は次のとおりです。

(単位：百万円)

主な資産		主な負債および純資産	
不動産	658,966	借入金等 [注1]	542,371
その他	42,179	優先資本金等 [注2]	112,208
		その他	46,567
合計	701,146	合計	701,146

(注1)　当社が拠出した資産流動化法上の特定目的会社の特定社債が含まれております。
(注2)　資産流動化法上の特定目的会社の優先資本金および匿名組合出資預かり金であり，当社からの拠出分であります。
　　　なお，これらの当連結会計年度残高については2（注1）をご参照下さい。
　開示対象特別目的会社が所有する賃貸等不動産の開示対象特別目的会社における貸借対照表計上額および当連結会計年度末の時価は次のとおりであります。

(単位：百万円)

開示対象特別目的会社貸借対照表計上額	当連結会計年度末の時価
658,966	1,114,133

2　当連結会計年度における特別目的会社との取引金額等

(単位：百万円)

	主な取引の金額又は当連結会計年度末残高	主な損益	
		（項目）	（金額）
投資有価証券等 [注1]	137,413	営業収益 [注2]	26,677
		営業外収益 [注3]	35
不動産賃借 [注4]	―	営業原価	44,395
管理業務等受託 [注5]	―	営業収益 [注2]	36
不動産売買 [注6]	18,699	―	―

(注1)　投資有価証券等の当連結会計年度末残高の内訳は，投資有価証券72,678百万円，販売用不動産エクイティ64,735百万円であり，資産流動化法上の特定目的会社に対する優先出資証券，特定社債および匿名組合出資金であります。
(注2)　出資に対する利益配当を営業収益として計上しております。
(注3)　特定社債の受取利息を営業外収益として計上しております。
(注4)　当社は特別目的会社から不動産を賃借しております。
(注5)　当社は特別目的会社から管理業務等を受託しております。
(注6)　当社は特別目的会社から不動産（土地・建物等）を購入しております。

出所：住友不動産（2011, p.93）「有価証券報告書（第78期）」より抜粋。

第3節　先行研究のレビュー

　Landsman et al.（2008）は，2000年から2004年までの間に資産の証券化（asset securitization）を行った企業を対象として，SPEが所有する資産および負債が，証券市場においては，SPEに資産を譲渡した企業の資産および負債として認識されているのかどうかについて検証している。Landsman et al.（2008）の実証結果によれば，SPEが所有する資産および負債は，SPEに資産を譲渡した企業に帰属する（すなわち，譲渡された資産の所有に伴うリスクと便益は，SPEではなくSPEに資産を譲渡した企業に帰属する）ことを示唆している。

　Luo and Warfield（2014）は，改訂FIN第46号公表前後（1999年から2005年までの間）にSPEを利用した企業の利益情報の有用性について検証している。利益操作あるいはオフ・バランスを目的としていないSPEを設立した企業の利益情報の有用性は，改訂FIN第46号公表後に向上したことを明らかにしている。このことは，利益操作あるいはオフ・バランスを目的としてSPEを設立した企業についての利益情報の有用性は，改訂FIN第46号公表後には向上したとはいえないことを示している。

　中野（2009, 2011）は，2007年7月から2008年3月までの間に，証券アナリスト30名に対して，SPEの連結に関する問題点と意義について，個別訪問に基づく聴き取り調査を行った。中野（2009, 2011）によれば，財務諸表利用者は，SPEの連結が進展することによって，連結財務諸表が利用・分析しにくくなるとの認識をもっている。また，SPEに関する補足開示に加え，SPEを連結すべきか否かについては意見の一致を見ていない（SPEを連結すべきであるという意見が比較的多い）ことを示している。

第4節　リサーチ・デザイン

1．仮説の設定

　前述のとおり，中野（2009, 2011）は，財務諸表利用者（証券アナリスト）への聞き取り調査の結果，SPEを連結すべきか否かについて意見は一致しなかったとしている。そこで本章では，従来の連結会計情報の価値関連性と8条7項SPEを連結範囲に含めた連結会計情報のいずれがより高い価値関連性を有しているかについて検証する。仮に，投資家が8条7項SPEを連結範囲に含めて投資意思決定を行っているとすれば，従来の連結会計情報よりも，8条7項SPEを連結範囲に含めた連結会計情報が相対的に大きな情報内容を有するはずである。

　具体的には，従来の連結会計情報の価値関連性と8条7項SPEを連結範囲に含めた連結会計情報の価値関連性に差はない，という帰無仮説を検証する。

2．分析モデル

　モデル1は，分析のベースとなるモデルであり，期末から2カ月後の株価（Price）（対数変換後の株価，以下，株価）を，連結純利益（NI）と連結純資産（BV）で回帰するモデルである。モデル2は，株価を8条7項SPEとの取引から生じる諸収益と諸費用を加減算した利益（adjNI）（以下，修正後連結純利益）と，8条7項SPEの資産・負債を合算し，8条7項SPEとの取引から生じる債権・債務を加減算した後に算出した純資産（adjBV）（以下，修正後連結純資産）で回帰するモデルである。

　仮に，モデル1よりもモデル2のほうがより情報内容が大きいのであれば，従来の連結会計情報（NI, BV）よりも，8条7項SPEを連結範囲に含めた連結会計情報（adjNI, adjBV）の価値関連性が高いと判断することができる。情報内容の大きさの比較は，Vuong（1989）検定を用いて判断する。

　モデル3は，株価（Price）を被説明変数として，連結純利益（NI），連結純資産（BV），修正後連結純利益と連結純利益の差分（diffNI），修正後連結純資

産と連結純資産の差分（diffBV）の4つの説明変数で回帰するモデルである。仮に，修正後連結純利益と連結純利益の差分（diffNI），または，修正後連結純資産と連結純資産の差分（diffBV）の偏回帰係数が統計的に有意な値を示すのであれば，当該変数は追加的な情報内容を有していると判断することができる。

モデル1： $Price_{it} = \alpha + \beta_1 NI_{it} + \beta_2 BV_{it} + \varepsilon_{it}$
モデル2： $Price_{it} = \alpha + \beta_1 adjNI_{it} + \beta_2 adjBV_{it} + \varepsilon_{it}$
モデル3： $Price_{it} = \alpha + \beta_1 NI_{it} + \beta_2 BV_{it} + \beta_3 diffNI_{it} + \beta_3 diffBV_{it} + \varepsilon_{it}$

3．分析対象企業とデータの出所

本章において分析対象とした企業は，わが国の証券市場に上場している企業で，適用指針第15号に従って「開示対象SPEの直近の決算日における主な資産，負債および純資産（単純合算）」と「開示対象SPEとの間で行われた主な取引」について開示を実施している企業である。

開示対象SPEに関するデータは，「eol」（プロネクサス）の全文検索機能を用いて，同データベースに掲載されている各社の有価証券報告書より手作業で収集した。その他の財務データは，eolが提供する要約財務諸表データを用いた。株価は，「株価CD-ROM 2013」（東洋経済新報社）より入手した。

なお，本章では，適用指針第15号に基づいて開示される「開示対象SPEの直近の決算日における主な資産，負債および純資産（単純合算）」と「開示対象開示対象SPEとの間で行われた主な取引」を基に，〔表補Ⅰ-3〕に示す簡易的な手続きによって，8条7項SPEを連結範囲に含めた連結財務データを算出した。

4．外れ値の処理

決算日から2カ月後の株価を対数変換した後に，第1四分位（Q1）または第3四分位（Q3）の外側に四分位範囲（Q3-Q1）の1.5倍の距離をとり，これを超過するものを外れ値とみなして取り除いた[2]。その他の変数は，1株あたりの数値に変換した後に，上記と同じ方法で外れ値を取り除いた。外れ値を取り除いた後の標本数は88であり，基本統計量および相関係数表は〔表補Ⅰ-4，表補Ⅰ-5〕のとおりである。

〔表補Ⅰ-3〕連結財務データの修正手続き

1．修正後連結資産合計
　内訳：連結資産合計
　（＋）開示対象SPE資産合計
　（－）開示対象SPE開示企業によるSPEへの出資額
　（－）開示対象SPE開示企業によるSPEへの貸付金
　（－）開示対象SPE開示企業と開示対象SPEとの取引で生じた譲渡益相当額
　（－）開示対象SPE開示企業が開示対象SPEより受け取った受取利息相当額
　（－）開示対象SPE開示企業が開示対象SPEより受け取った受取配当金相当額
　（－）開示対象SPE開示企業が開示対象SPEより受け取った受取家賃相当額
　（＋）開示対象SPE開示企業が計上した開示対象SPEに係る分配損失相当額
　（＋）開示対象SPE開示企業による開示対象SPEへの貸付金に係る貸倒引当金計上額

2．修正後連結負債合計
　内訳：連結負債合計
　（＋）開示対象SPE負債合計
　（－）開示対象SPE負債合計のうち，開示対象SPE開示企業による貸付金

3．修正後連結純資産合計（adjBV）
　内訳：修正後連結資産合計－修正後連結負債合計

4．修正後連結利益（adjNI）
　内訳：少数株主損益調整前当期純利益（連結純利益）（NI）
　（－）開示対象SPE開示企業が開示対象SPEとの資産譲渡取引で計上した売却益
　（＋）開示対象SPE開示企業が開示対象SPEへ支払った賃料・リース料（支払賃料・支払リース料）
　（－）開示対象SPE開示企業が開示対象SPEより受け取った利息（受取利息）
　（－）開示対象SPE開示企業が開示対象SPEより受け取った配当金（受取配当金）
　（＋）開示対象SPE開示企業が計上した開示対象SPEに係る分配損失
　（＋）開示対象SPE開示企業が計上した開示対象SPEに対する貸付金に係る貸倒引当金繰入額

5．修正後連結純利益と連結純利益（少数株主損益調整前当期純利益）との差分（diffNI）＝adjNI－NI
6．修正後連結純資産と連結純資産の差分（diffBV）＝adjBV－BV

〔表補Ⅰ-4〕基本統計量（n＝88）

	Price	NI	BV	adjNI	adjBV	diffNI	diffBV
第1四分位	5.5396	13.3904	300.6711	6.4427	326.0524	-4.3818	-0.4772
中央値	5.9902	26.6877	450.2363	25.4504	469.6134	-0.0546	2.0450
平均値	6.2499	43.6349	682.5471	41.2266	704.1657	-2.4083	21.6186
第3四分位	7.0157	58.6963	977.9289	49.1833	1042.1559	2.3746	31.9347
標準偏差	0.8914	46.4546	520.9118	54.3599	526.6611	19.5319	53.0930
尖度	-0.8965	1.5493	2.4725	1.1369	2.0958	5.2487	8.0232
歪度	0.4823	1.4754	1.4817	1.3912	1.3682	-1.0553	2.1887

〔表補Ⅰ-5〕相関係数表（n＝88）

	Price	NI	BV	adjNI	adjBV	diffNI	diffBV
Price	1	0.7429	0.8490	0.6823	0.8383	0.1563	0.1832
NI	0.7705	1	0.7071	0.8556	0.7012	0.1998	0.1893
BV	0.8425	0.7827	1	0.6444	0.9940	0.1272	0.2346
adjNI	0.7319	0.9368	0.7256	1	0.6471	0.5229	0.2283
adjBV	0.8385	0.7802	0.9949	0.7240	1	0.1384	0.3066
diffNI	0.2043	0.2290	0.1577	0.5550	0.1592	1	0.2763
diffBV	0.0515	0.0599	0.0579	0.0625	0.1581	0.0317	1

注：対角線より左下はピアソンの相関係数を示し，対角線より右上はスピアマンの順位相関係数を示す。

第5節　分析結果と解釈

　修正後連結純利益（adjNI）および修正後連結純資産（adjBV）の情報内容の大きさについて，従来の会計基準に基づいて報告される連結純利益（NI）と連結純資産（BV）と比較した結果は〔表補Ⅰ-6〕のとおりである。分析の結果，修正後連結純利益（adjNI）および修正後連結純資産（adjBV）と，従来の会計基準に基づいて報告される連結純利益（NI）および連結純資産（BV）の情報内容の大きさには，差異があるとはいえないという結果となった。

　次に，修正後連結純利益と連結純利益の差分（diffNI）および修正後連結純資産と連結純資産の差分（diffBV）について，追加的な情報内容の有無を分析した結果は〔表補Ⅰ-7〕のとおりである。分析の結果，修正後連結純利益と連結純利益の差分（diffNI）および修正後連結純資産と連結純資産との差分（diffBV）のいずれも，追加的な情報内容があるとはいえないという結果となった。

　これらの結果は，例外規定に基づいて連結範囲から除外されているSPEである8条7項SPEを連結範囲に含めたとしても，連結財務諸表の価値関連性が向上するとはいえないことを示している。

〔表補Ⅰ-6〕相対情報内容の分析結果

		切片	NI, adjNI	BV, adjBV	自由度調整済決定係数	Vuong Z統計量
モデル1	偏回帰係数 p値	5.2879 0.0000	0.0055 0.0017	0.0011 0.0000	0.7356	0.3989 p = 0.6900
モデル2	偏回帰係数 p値	5.2995 0.0000	0.0043 0.0017	0.0011 0.0000	0.7297	モデル1 ≒ モデル2

〔表補Ⅰ-7〕増分情報内容の分析結果

	切片	NI	BV	diffNI	diffBV	自由度調整済決定係数
偏回帰係数 p値	5.3000 0.0000	0.0053 0.0033	0.0011 0.0000	0.0020 0.4483	0.0000 0.9677	0.7312

第6節　むすび

　本章では，適用指針第15号による開示情報を用いて，8条7項SPEを連結範囲に含めた場合の連結財務データを作成し，従来の連結会計情報と8条7項SPEを連結範囲に含めた連結会計情報のいずれが，より高い価値関連性を有しているかについて検証した。

　分析の結果，従来の会計基準に基づいて報告される連結純利益（NI）および連結純資産（BV）と，修正後連結純利益（adjNI）および修正後連結純資産（adjBV）の情報内容の大きさには，差異があるとはいえないという結果となった。また，修正後連結純利益と連結純利益との差分（diffNI）および修正後連結純資産と連結純資産との差分（diffBV）について，追加的な情報内容の有無を分析した結果，いずれの変数も追加的な情報内容があるとはいえないという結果となった。

　これらの結果は，8条7項SPEを連結範囲に含めたとしても連結財務諸表の価値関連性は向上するとはいえないこと，すなわち，投資家は，例外規定に基づいて連結範囲から除外されているSPEである8条7項SPEを連結範囲に含め，投資意思決定を行っているとはいえないことを示している。

注
1　第7章第4節において検討したとおり，企業会計基準委員会は，例外規定の改廃に向けた検討の結果，2011年連結会計基準において，「例外規定の適用は，SPEへ資産を譲渡した者にのみ認める」という新たな制限を設けた。
2　外れ値の処理については，祷（2009）に基づいている。

補章Ⅱ
特別目的事業体の連結に関する例外規定の改訂と実体的裁量行動

第1節　はじめに

　企業会計基準委員会は，2011年連結会計基準において例外規定の一部を改訂した。従来の例外規定は，一定の要件を満たすSPE（8条7項SPE）を，「当該SPEの出資者およびSPEへ資産を譲渡した企業の子会社に該当しないものと推定する」としていたが，2011年連結会計基準により，出資者に係る記述が削除された。この改訂によって，SPEとの関係が資産の譲渡人に該当しない企業は，新たにSPEを連結範囲に含めることが求められることになる。

　本章では，例外規定の一部改訂が企業に与える潜在的影響の程度と実体的裁量行動の有無との関係について考察する。具体的には，「例外規定の一部改訂が企業に与える潜在的な影響が大きい（小さい）企業は実体的裁量行動を実施する（実施しない）」という仮説を検証する。

第2節　先行研究のレビュー

　Bens and Monahan（2008）は，ABCP発行プログラムを実施している米国およびカナダの銀行を対象として，FIN第46号の適用に伴う実体的裁量行動を分析した。分析の結果，ABCP発行プログラムの実施を目的として組成されたSPEを連結範囲に含めることが求められることで，自己資本比率が低下し政府の自己資本規制に抵触する可能性がある銀行は，ABCPの発行を抑制するとともに，SPEとの契約内容を調整することでSPEの連結を回避する，という実体的裁量行動を採ったことを明らかにしている。

Zhang（2009）は，SPEを利用する企業が採る，SPEの連結に関する会計基準の厳格化に伴う影響を回避するための行動モデルを〔図補Ⅱ-1〕のとおり示している。このモデルは，FIN第46号の適用に伴って連結範囲に含まれるSPEの負債額を対象として，「当初に連結範囲に含まれると想定されたSPEの負債」と，「実際に連結範囲に含まれることとなったSPEの負債」との関係を示している。これは，当初に連結範囲に含まれると想定されたSPEの負債の規模が大きい企業は，SPEとの契約内容の変更や，SPEを用いた取引を取り止めるといった実体的裁量行動を採ることで，実際に連結範囲に含まれるSPEの負債額の削減を行うことを示している。Zhang（2009）の分析結果によれば，SPEを利用する企業は，上記のモデルに近い行動を採ったことが明らかにされている。

　鈴木（2010）は，わが国の主要不動産会社を対象として，2009年12月期および2010年3月期（2009年度）の連結財務諸表をもとに，8条7項SPE（開示対象SPE）の利用状況について調査をしている〔表補Ⅱ-1〕。調査の結果，8条7項SPEの負債額が，連結貸借対照表に計上されている有利子負債額に近い，または上回る規模の企業があり，例外規定の改訂によってネットD/Eレシオが現状の2倍近くに悪化する企業があることを指摘している。

〔図補Ⅱ-1〕 特別目的事業体の連結規制強化の影響の程度と実体的裁量行動との関係

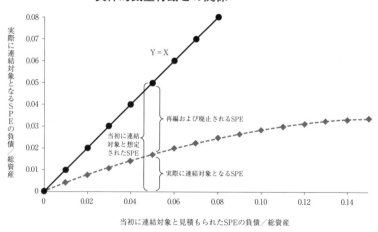

出所：Zhang（2009. p.12）Figure 1, *The relation between VIE and E*［*VIE*］.

〔表補Ⅱ-1〕主要不動産会社による8条7項SPEへの出資・負債状況

(単位：億円)

	三井不動産	三菱地所	住友不動産	野村不動産	東京建物	東急不動産	NTT都市開発
自己資本	10,078	11,832	4,889	3,014	2,555	2,031	1,502
SPEエクイティ（匿名組合出資）	1,380	2,134	1,340	949	2,151	2,162	0
有利子負債	17,467	17,538	19,352	7,596	5,039	4,789	4,968
SPE負債（ノンリコースローン）	4,100	4,080	5,770	0	4,349	6,330	0
有利子負債+SPE負債	21,567	21,618	25,122	7,596	9,388	11,119	4,968
ネットD/Eレシオ(倍)	1.67	1.33	3.65	2.22	1.90	2.14	3.30
オフバランス分を含むネットD/Eレシオ(倍)	2.08	1.68	4.83	2.22	3.61	5.25	3.30

出所：鈴木（2010. p.12）「主要不動産会社のSPCへの出資・負債状況」を基に作成。

第3節　リサーチ・デザイン

1．仮説の設定

　Bens and Monahan（2008）やZhang（2009）は，SPEの連結規制強化に伴い，規制強化による潜在的な影響が大きい企業は，SPEを用いた取引の削減やSPEを用いた取引の調整（取引内容の変更）を実施したことを明らかにしている。本章では，例外規定の改訂に伴う潜在的影響の程度と，実体的裁量行動の有無との関係について分析する。具体的には，「例外規定の改訂に伴う潜在的な影響が相対的に大きい（小さい）企業では，実体的裁量行動が観察される（観察されない）」という仮説を検証する。

2．分析対象企業とデータの出所

　第7章第4節において検討したとおり，企業会計基準委員会による例外規定の一部改訂の意図は，「開発型証券化取引に用いられるSPEなど，必ずしも受動的とはいえないSPEへの例外規定の適用を制限すること」にある。そこで，本章では，開発型証券化取引を実施している企業として，鈴木（2010）が挙げ

〔表補Ⅱ-2〕分析対象企業

	決算月	業種[注]
三井不動産株式会社	3月末	不動産業
三菱地所株式会社	3月末	不動産業
住友不動産株式会社	3月末	不動産業
東京建物株式会社	12月末	不動産業
東急不動産株式会社	3月末	不動産業

注：業種分類は東証33業種分類による。

ている主要不動産会社7社のうち，開示対象SPEの開示がない2社を除く5社を対象として分析を実施する〔表補Ⅱ-2〕。

分析にあたって用いる財務データは，eol（プロネクサス）が提供する要約財務データを用いた。実体的裁量行動の有無については，後述する総資本対SPE負債比率ギャップに加えて，各社の有価証券報告書やIR関連資料，日経テレコン21（日本経済新聞社）による日経4誌の記事検索等を利用した。なお，分析にあたって利用する財務データ，有価証券報告書，IR関連資料，日経4誌の記事，その他の文献・資料は，いずれも2012年9月末日までに公表されたものを用いている。

3．分析方法

(1) 潜在的影響の程度

例外規定の一部改訂が企業に与える潜在的影響の程度は，鈴木（2010）を参考として，D/Eレシオギャップにより定量化する。D/Eレシオギャップは，修正ネットD/Eレシオ（開示対象SPEの負債を加算して算出したネットD/Eレシオ）とネットD/Eレシオとの差分である。D/Eレシオギャップが相対的に大きい（小さい）企業は，例外規定の改訂による潜在的な影響が大きい（小さい）と判断する。

なお，本章では，2009年12月期または2010年3月期（2009年度）の時点では実体的裁量行動は行われていないものと仮定し，2009年12月期または2010年3月期（2009年度）の時点におけるD/Eレシオギャップにより，各社における潜在的影響の相対的な程度を定量化する。

$$\text{ネットD/Eレシオ} = \frac{\text{有利子負債} - (\text{現金預金} + \text{有価証券})}{\text{自己資本}}$$

修正ネットD/Eレシオ

$$= \frac{\text{開示対象SPE負債} + \text{有利子負債} - (\text{現金預金} + \text{有価証券})}{\text{自己資本}}$$

D/Eレシオギャップ＝修正ネットD/Eレシオ－ネットD/Eレシオ

(2) 実体的裁量行動の有無

　実体的裁量行動の有無は，Zhang（2009）を参考として，「期首期末平均総資本で規準化した開示対象SPE負債」の前年度のとの差分（以下，総資本対SPE負債比率ギャップ）により観察する。総資本対SPE負債比率ギャップが著しくマイナスの値を採る場合，当該年度中に，開示対象SPEを用いた取引を削減するという実体的裁量行動を実施した可能性があると考える。その上で，当該企業の有価証券報告書やIR関連資料，日経4誌の記事検索等により，実体的裁量行動の有無とその内容について調査する。

　前述のとおり，本章では，2009年12月期または2010年3月期（2009年度）の時点では実体的裁量行動は行われていないものと仮定し，2010年12月期または2011年3月期（2010年度）以降の4年間を分析期間としている。

$$\text{総資本対SPE負債比率ギャップ} = \frac{\text{開示対象SPE負債}_t}{\text{期首期末平均総資本}_t} - \frac{\text{開示対象SPE負債}_{t-1}}{\text{期首期末平均総資本}_{t-1}}$$

(3) 潜在的影響の程度と実体的裁量行動の有無との関係

　潜在的影響の相対的な大きさ（小ささ）を縦軸とし，実体的裁量行動の有無を横軸とするマトリクス形式の図〔図補Ⅱ-2〕による分類に基づいて，潜在的影響の程度と実体的裁量行動の有無との関係を考察する。図中のセルAに位置づけられる企業は，「潜在的影響が相対的に大きく，かつ，実体的裁量行動

〔図補Ⅱ-2〕想定される潜在的影響の程度と実体的裁量行動の有無との関係

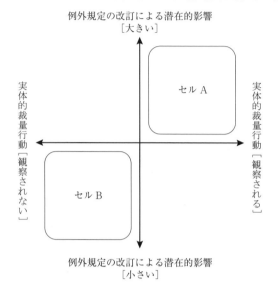

が観察される企業」であり，セルBに位置づけられる企業は，「潜在的影響が相対的に小さく，かつ，実体的裁量行動が観察されない企業」である。

第4節　分析結果と解釈

1．潜在的影響に関する分析結果

　D/Eレシオギャップにより定量化した各企業の潜在的影響の程度を整理すると〔表補Ⅱ-3〕のとおりである。D/Eレシオギャップの平均値は1.43ポイント，中央値は1.18ポイントであることから，潜在的影響が相対的に大きい企業として，東急不動産（3.10ポイント）と東京建物（2.16ポイント）の2社を挙げることができる。住友不動産（1.18ポイント）は，5社中では概ね中間の位置づけにある。三井不動産（0.39ポイント）と三菱地所（0.33ポイント）の2社は，潜在的影響は相対的に小さい企業であると判断することができる。

補章Ⅱ　特別目的事業体の連結に関する例外規定の改訂と実体的裁量行動

〔表補Ⅱ-3〕例外規定の改訂が企業に与える潜在的影響の程度 (注1)

	東急不動産	東京建物	住友不動産	三井不動産	三菱地所
開示対象SPE負債（100万円）	629,132	549,138	577,815	392,746	385,966
ネット有利子負債 (注2)（100万円）	434,242	486,689	1,783,150	1,683,185	1,546,772
自己資本（100万円）	203,136	254,481	488,897	1,007,811	1,183,156
修正ネットD/Eレシオ（倍）	5.23	4.07	4.83	2.06	1.63
ネットD/Eレシオ（倍）	2.14	1.91	3.65	1.67	1.31
D/Eレシオギャップ（ポイント）	3.10	2.16	1.18	0.39	0.33
同ギャップ平均値（ポイント）			1.43		
同ギャップ中央値（ポイント）			1.18		

注1：12月決算の東京建物は2009年12月期，それ以外の4社は2010年3月期の連結財務データを利用した。
注2：有利子負債から現金・預金と有価証券（流動資産として計上されている有価証券）を控除した金額。

2．実体的裁量行動に関する分析結果

(1) 東急不動産株式会社の実体的裁量行動

　東急不動産の2009年3月期（2008年度）～2012年3月期（2011年度）の総資本対開示対象SPE負債比率ギャップの平均値は－7.65ポイント，中央値は－6.42ポイントである。2011年3月期（2010年度）の総資本対開示対象SPE負債比率ギャップは－12.83ポイントであり，同ギャップの著しい減少が観察される〔表補Ⅱ-4〕。これは，2011年3月期（2010年度）に実体的裁量行動が行われた可能性があることを示している。

〔表補Ⅱ-4〕東急不動産株式会社の総資本対開示対象SPE負債比率
　　　　　　および同比率ギャップ

	2008年3月期（2007年度）	2009年3月期（2008年度）	2010年3月期（2009年度）	2011年3月期（2010年度）	2012年3月期（2011年度）
開示対象SPE負債(100万円)	700,765	679,474	629,132	524,695	590,300
総資本(期首期末平均)(100万円)	983,995	1,024,824	1,045,548	1,108,392	1,453,097
総資本対開示対象SPE負債比率(％)	71.22	66.30	60.17	47.34	40.62
同比率ギャップ(ポイント)	N.A.	-4.91	-6.13	-12.83	-6.71
同比率ギャップ平均値(ポイント)	N.A.		-7.65		
同比率ギャップ中央値(ポイント)	N.A.		-6.42		

193

東急不動産の開示資料（東急不動産．2010a, 2010b, 2010c, 2010d）によれば，2010年9月に，東急不動産が全額出資する連結対象外SPE（例外規定が適用されているSPE。以下，旧SPE）は，保有する5物件を，東急不動産が全額出資をして新たに設立した3つのSPE（以下，新SPE）へ売却したことが公表されている。この取引によって，東急不動産は273億円の配当収入を売上高に計上するとともに，新SPEを「新SPEが物件取得した後」に連結している。新SPEの連結により，同社の営業収益は約16億円，営業利益は約5億円増加する見込みであり，連結総資産は933億円，有利子負債は605億円増加する見込みであることが公表されている[1]。

東急不動産と同社が出資するSPEとの間で実施されたこの一連の取引は，含み益がある不動産と含み損がある不動産を組み合わせて売却し，含み損益が相殺された後に新たなSPEを連結するというスキームであり，例外規定の改訂に備えたものである（日本経済新聞社．2010，村上．2010，鈴木．2011）。したがって，東急不動産は，2011年3月期（2010年度）中に実体的裁量行動を実施したものと判断することができる。

(2) 東京建物株式会社の実体的裁量行動

東京建物の2008年12月期（2008年度）〜2011年12月期（2011年度）の総資本対開示対象SPE負債比率ギャップの平均値は0.39ポイント，中央値は−0.31ポイントである。同社の2010年12月期（2010年度）および2011年12月期（2011年

〔表補Ⅱ-5〕東京建物株式会社の総資本対開示対象SPE負債比率および同比率ギャップ

	2008年 12月期 (2008年度)	2009年 12月期 (2009年度)	2010年 12月期 (2010年度)	2011年 12月期 (2011年度)	2012年 12月期 (2012年度)
開示対象SPE負債(100万円)	412,232	563,815	549,138	541,964	513,011
総資本(期首末平均)(100万円)	754,402	898,783	966,761	948,709	912,971
総資本対開示対象SPE負債比率(％)	54.64	62.73	56.80	57.13	56.19
同比率ギャップ(ポイント)	N.A.	8.09	−5.93	0.32	−0.94
同比率ギャップ平均値(ポイント)	N.A.		0.39		
同比率ギャップ中央値(ポイント)	N.A.		−0.31		

度）の総資本対開示対象SPE負債比率ギャップは±1ポイント未満であることから，同比率ギャップで見る限り，実体的裁量行動は観察されない〔表補Ⅱ-5〕。

しかしながら，東京建物は，2012年2月に公表した2011年12月期（2011年度）決算短信で示した中期経営計画（2012～2014年度）において，SPE連結後の目標数値として，2014年12月期（2014年度）の目標とするD/Eレシオ[2]を3倍に設定している（東京建物. 2012a. pp.11-13）。2011年12月期（2011年度）の同社のD/Eレシオは，開示対象SPEの負債を含めない場合は2.78倍であるが，開示対象SPEの負債を含めると5.52倍[3]となっていることから，同社はこの3カ年でD/Eレシオの大幅な改善を図る方針を明示したといえる。

実体的裁量行動の具体的な方針について，同社の2011年12月期（2011年度）決算短信では「SPE関連資産の売却等を見込んでいる」（東京建物. 2012a. p.5）と記述するに留まっているものの，2012年5月に公表した2012年度第1四半期決算短信（東京建物. 2012b）や関連するプレスリリース（日本プライムリアルティ投資法人. 2012）によれば，同社が出資するSPE（例外規定に従って連結対象外とされているSPE）は，保有する開発中の不動産（2014年4月末竣工予定）の敷地部分をREITへ売却したことが公表されている[4]。これに伴い，東京建物は，売却益を原資とした配当（15,971百万円）をSPEから受け取るとともに，2012年12月期（2012年度）第1四半期末の有利子負債を4,412百万円減少させている。

これらのことから，東京建物では，例外規定の改訂による実体的裁量行動は2010年12月期（2010年度）～2011年12月期（2011年度）には観察されないものの，2012年12月期（2012年度）あるいはそれ以降に，SPEからの配当を返済原資として有利子負債の削減を図るという，中期経営計画に示した方針に沿った実体的裁量行動が観察されると判断することができる。

(3) 住友不動産株式会社の実体的裁量行動

住友不動産の総資本対開示対象SPE負債比率ギャップの平均値は1.43ポイント，中央値は－1.77ポイントである。2011年3月期（2010年度）の総資本対開示対象SPE負債比率ギャップは－1.77ポイントであることから，同ギャップの著しい減少は観察されないと判断することができる〔表補Ⅱ-6〕。

〔表補Ⅱ-6〕住友不動産株式会社の総資本対開示対象SPE負債比率
および同比率ギャップ

	2008年3月期(2007年度)	2009年3月期(2008年度)	2010年3月期(2009年度)	2011年3月期(2010年度)	2012年3月期(2011年度)
開示対象SPE負債(100万円)	356,863	667,635	577,815	542,371	(早期適用)
総資本(期首期末平均)(100万円)	2,820,951	2,950,207	3,087,254	3,201,150	3,546,950
総資本対開示対象SPE負債比率(％)	12.65	22.63	18.72	16.94	N.A.
同比率ギャップ(ポイント)	N.A.	9.98	-3.91	-1.77	N.A.
同比率ギャップ平均値(ポイント)	N.A.		1.43		N.A.
同比率ギャップ中央値(ポイント)	N.A.		-1.77		N.A.

〔表補Ⅱ-7〕住友不動産株式会社の修正ネットD/Eレシオ(注)の推移

	2011年3月期(2010年度)	2012年3月期(2011年度)	2013年3月期(2012年度)
修正ネットD/Eレシオ(倍)	4.64	N.A.	N.A.
2011年連結基準適用後のネットD/Eレシオ(倍)	N.A.	4.35	3.87
開示対象SPE負債(100万円)	542,371	N.A.	N.A.
ネット有利子負債(100万円)	1,901,850	2,407,640	2,424,932
開示対象SPE負債＋ネット有利子負債(100万円)	2,444,221	2,407,640	2,424,932
自己資本(100万円)	526,227	553,844	627,012

注：この表で示す修正ネットD/Eレシオは，有価証券を控除せずに算出した。

　住友不動産は，2010年5月に公表した第5次中期経営計画（住友不動産．2010）において，2013年3月期（2012年度）までにネットD/Eレシオ[5]を4倍程度へ改善することを目標として挙げている。なお，同社は2011年4月から開始される会計年度より2011年連結会計基準の早期適用をしているため，このネットD/Eレシオは開示対象SPEを連結範囲に含めたものである。

　第5次中期経営計画において目標として示されたネットD/Eレシオの目標値の実現には，開示対象SPEを用いた取引を削減することが含まれている可能性があるが，同社の有価証券報告書やその他のIR資料では，SPEを用いた開発型証券化取引をこれまでに削減したことや将来の削減予定に関する記述は見られ

ない。また，2011年3月期（2010年度）以後の同社の開示対象SPE負債とネット有利子負債の合計額，および，2012年3月期（2011年度）と2013年3月期（2012年度）の有利子負債の合計額（2011年連結会計基準の適用により，当該合計額には開示対象SPE負債が合算されている）はほぼ同じ水準であり，これに対して自己資本の金額が増加している〔表補Ⅱ-7〕。つまり，同社のネットD/Eレシオの改善は，主に自己資本の増加によるものである。したがって，住友不動産では例外規定の改訂に伴う実体的裁量行動は観察されないと判断することができる。

(4) 三井不動産株式会社の実体的裁量行動

三井不動産の2009年3月期（2008年度）〜2012年3月期（2011年度）の総資本対開示対象SPE負債比率ギャップの平均値・中央値は－0.28ポイントである。同社の2011年3月期（2010年度）の総資本対開示対象SPE負債比率ギャップは－1.04ポイント，2012年3月期（2011年度）は0.06ポイントであり，同ギャップの著しい減少は観察されない〔表補Ⅱ-8〕。

加えて，三井不動産は，2012年5月9日に公表した2012年3月期（2011年度）決算短信において，同年4月から開始される会計年度より2011年連結会計基準の早期適用を予定している旨を開示し，2013年3月期（2012年度）の期末有利子負債の見積額（SPEを連結範囲に加えた金額に相当する）が，2,120,000百万円となる予定であることを開示している（三井不動産. 2012. p.10）。この見積

〔表補Ⅱ-8〕三井不動産株式会社の総資本対開示対象SPE負債比率および同比率ギャップ

	2008年3月期（2007年度）	2009年3月期（2008年度）	2010年3月期（2009年度）	2011年3月期（2010年度）	2012年3月期（2011年度）
開示対象SPE負債(100万円)	356,863	411,412	392,746	341,551	351,002
総資本(期首期末平均)(100万円)	3,464,340	3,696,438	3,734,405	3,745,561	3,824,555
総資本対開示対象SPE負債比率(％)	10.30	11.13	10.52	9.12	9.18
同比率ギャップ(ポイント)	N.A.	0.83	-0.61	-1.40	0.06
同比率ギャップ平均値(ポイント)	N.A.		-0.28		
同比率ギャップ中央値(ポイント)	N.A.		-0.28		

〔表補Ⅱ-9〕三井不動産株式会社の有利子負債の推移と2012年3月期の見積額

	2008年3月期(2007年度)	2009年3月期(2008年度)	2010年3月期(2009年度)	2011年3月期(2010年度)	見積額2012年3月期(2011年度)
有利子負債(100万円)	1,550,420	1,733,558	1,746,719	1,740,047	N.A.
開示対象SPE負債(100万円)	356,863	411,412	392,746	341,551	N.A.
有利子負債＋開示対象SPE負債(100万円)	1,907,283	2,144,970	2,139,465	2,081,598	2,120,000

額は，2012年3月期（2011年度）の有利子負債と開示対象SPE負債額の合計額である2,081,598百万円とほぼ同じ水準である〔表補Ⅱ-9〕。

また，同社の有価証券報告書やその他のIR資料においても，SPEを用いた開発型証券化取引をこれまでに削減したことや将来の削減予定に関する記述は見られない。したがって，三井不動産は，例外規定の改訂に伴う実体的裁量行動はこれまでに実施しておらず，今後も実体的裁量行動の実施は予定していないと考えることができる。

(5) 三菱地所株式会社の実体的裁量行動

三菱地所の2009年3月期（2008年度）〜2012年3月期（2011年度）の総資本

〔表補Ⅱ-10〕三菱地所株式会社の総資本対開示対象SPE負債比率および同比率ギャップ

	2008年3月期(2007年度)	2009年3月期(2008年度)	2010年3月期(2009年度)	2011年3月期(2010年度)	2012年3月期(2011年度)
開示対象SPE負債(100万円)	188,239	339,893	385,966	371,575	354,521
総資本(期首期末平均)(100万円)	3,887,205	4,378,104	4,392,068	4,300,137	4,316,112
総資本対開示対象SPE負債比率(％)	4.84	7.76	8.79	8.64	8.21
同比率ギャップ(ポイント)	N.A.	2.92	1.02	-0.15	-0.43
同比率ギャップ平均値(ポイント)	N.A.	0.84			
同比率ギャップ中央値(ポイント)	N.A.	0.44			

対開示対象SPE負債比率ギャップの平均値は0.84ポイント，中央値は−0.44ポイントである。同社の2011年3月期（2010年度）の総資本対開示対象SPE負債比率ギャップは−0.15ポイント，2012年3月期（2011年度）の同比率ギャップは−0.43ポイントであり，同ギャップの著しい減少は見られない〔表補Ⅱ-10〕。したがって，同社では，実体的裁量行動が行われたとはいえないと判断することができる。

3．潜在的影響の程度と実体的裁量行動の有無の関係に関する分析結果

例外規定の改訂が企業に与える潜在的影響の程度と実体的裁量行動の有無との関係を，マトリクス形式の図で整理すると〔図補Ⅱ-3〕のとおりである。セルAに位置づけられる企業に，東急不動産と東京建物の2社がある。これらの企業は，潜在的影響の程度が相対的に大きく，かつ，実体的裁量行動が観察される企業である。そして，セルBに位置づけられる企業に，三井不動産と三菱地所の2社がある。これらの企業は，潜在的影響の程度が相対的に小さく，かつ，実体的裁量行動は観察されない企業である。なお，住友不動産の潜在的影

〔図補Ⅱ-3〕潜在的影響の程度と実体的裁量行動の有無との関係に関する分析結果

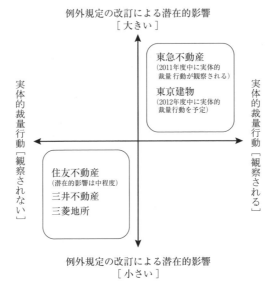

響は中程度であるが,実体的裁量行動は観察されないことから,暫定的にセルBに含めることとした。

このように,本章の分析の結果は,「例外規定の一部改訂の潜在的な影響が相対的に高い企業にのみ,実体的裁量行動を実施する傾向がある」という,当初に挙げた仮説を支持する結果となった。

第5節　むすび

本章では,2011年連結会計基準による例外規定の一部改訂が企業に与える潜在的影響の程度と,実体的裁量行動の有無との関係について分析した。本章で用いたサンプルはわずか5社であることから,結果の解釈には慎重にならざるを得ないが,「例外規定の改訂の潜在的な影響が相対的に高い企業にのみ,実体的裁量行動を実施する傾向がある」という仮説を支持する分析結果となった。この結果は,例外規定が適用されるSPE以外のSPEを対象とした研究結果ではあるが,Bens and Monahan (2008) やZhang (2009) による先行研究の結果と整合的である。

補章Iの分析結果と本章の分析結果とを総合的に考察すると,8条7項SPEを連結範囲に含めたとしても連結会計情報の価値関連性は向上するとはいえないことから,投資家は,8条7項SPEを連結範囲に含め投資意思決定を行っているとはいえない。ただし,企業は,8条7項SPEが新たに連結範囲に含まれることに伴う財政状態の悪化に対してはネガティブな見解を有しており,その影響を回避する実体的裁量行動を行っている。つまり,投資家はその投資意思決定にあたって例外規定が適用された連結財務諸表であるか否かについて中立的であるものの,企業は例外規定に基づいて連結範囲から除外されるSPEである8条7項SPEを用いた取引へのニーズを有していることを示している。

注
1　東急不動産の開示資料(東急不動産.2010a,2010b,2010c,2010d),日本経済新聞社(2010),村上(2010),鈴木(2011)において示されている金額は,いずれも億円単位で

表記されている。
2　東京建物が示すD/Eレシオは，有利子負債から現金・預金を控除せず算出した倍率である。
3　2011年度の開示対象SPE負債（513,001百万円）を含め算出。なお，前注と同様に現金・預金を控除していない。
4　四半期連結財務諸表では，開示対象SPEに関する注記の開示は求められておらず，東京建物は開示を行っていない。そのため，第1四半期の総資本対開示対象SPE負債比率および同比率ギャップは算出していない。
5　住友不動産の第5次経営計画におけるネットD/Eレシオでは，有価証券は控除されていない。

参考文献

〔日本語文献〕

青木浩子. 2000.『国際証券取引と開示規制』東京大学出版会.
青木浩子. 2003.『新バーゼル合意と資産証券化』有斐閣.
秋葉賢一. 1996.「金融資産及び負債のオフバランス化に関する最近の動向」『資産流動化研究』2：pp.121-130.
秋葉賢一. 1997a.「証券化におけるSPEの連結会計問題に係わる動向」『資産流動化研究』3：pp.229-239.
秋葉賢一. 1997b.「金融資産負債の認識の中止に関する動向」『旬刊経理情報』(826)：pp.4-10.
秋葉賢一. 1998a.「金融資産のオフバランス化会計問題」『SFI会報』(20)：pp.10-19.
秋葉賢一. 1998b.「信託を利用した流動化スキームと会計問題」『金融研究』17 (4)：pp.173-207.
秋葉賢一. 1999.「連結会計における特別目的会社の取扱い」『商事法務』(1522)：pp.27-32.
秋葉賢一. 2001.「資産の流動化」『JICPAジャーナル』(548)：pp.46-52.
秋葉賢一. 2002.「リエゾン国会議報告(第4回)(IASBと各国会計基準設定主体との会議)」『JICPAジャーナル』(565)：pp.54-59.
秋葉賢一. 2008.「連結の範囲をめぐる会計基準の動向」『企業会計』60(10)：pp.18-25.
秋葉賢一. 2011a.「IFRSにおける新たな連結基準(1)－議決権の過半数を所有していない場合－」『週刊経営財務』(3018)：pp.34-38.
秋葉賢一. 2011b.「IFRSにおける新たな連結基準(2)－SPEやファンドに対する適用－」『週刊経営財務』(3019)：pp.50-54.
秋葉賢一. 2012.「金融危機と規制当局,基準設定主体の対応」大日方隆編. 2012.『金融危機と会計規制－公正価値測定の誤謬－』中央経済社. 第4章. pp.123-166.
秋葉賢一. 2014.『エッセンシャルIFRS（第3版）』中央経済社.
秋山純一. 2000.「SICの役割,現状と課題」『COFRIジャーナル』(42)：pp.72-79.
あずさ監査法人. 2009.「『連結財務諸表における特別目的会社の取扱い等に関する論点の整理』に対するコメント」(2009年4月13日)<https://www.asb.or.jp/asb/asb_j/documents/exposure_draft/comments/pdf_renketsuzaimu/CL-05_lmtd.pdf> Last visited September 30, 2014.
あらた監査法人編. 2013.『IFRS解説シリーズⅡ 連結』第一法規.
あらた監査法人アカウンティング・サポート部. 2010.「企業会計基準公開草案第44号『連結財務諸表に関する会計基準（案）』等に対するコメント」(2010年11月4日) <https://www.asb.or.jp/asb/asb_j/documents/exposure_draft/comments/pdf_spe-tanki/CL07_lmtd.pdf> Last visited September 30, 2014.
あらた監査法人アシュアランス業務部門品質管理部アカウンティング・サポート・グループ.

2009.「『連結財務諸表における特別目的会社の取扱い等に関する論点の整理』に対するコメント」(2009年 4 月13日) <https://www.asb.or.jp/asb/asb_j/documents/exposure_draft/comments/pdf_renketsuzaimu/CL-13_lmtd.pdf> Last visited September 30, 2014.
あらた監査法人企業会計研究会. 2009.「米国における金融資産の流動化をめぐる会計の動向－金融資産の認識の中止と変動持分事業体の連結の改訂」『企業会計』61(9):pp.84-89.
あらた監査法人企業会計研究会. 2010a.「IFRSをめぐる動向 第 6 回 連結会計(組成された企業)(2010年までの動向)」『週刊経営財務』(2966):pp.30-33.
あらた監査法人企業会計研究会. 2010b.「財務報告概念フレームワーク 報告企業の公開草案」『企業会計』62(6):pp.76-79.
池田幸典. 2014a.「財務諸表における構成要素の定義・認識の検討方向」藤井秀樹編『国際財務報告の基礎概念』中央経済社. 第 6 章. pp.105-132.
池田幸典. 2014b.「非支配株主持分を巡る会計問題」日本会計研究学会第73回大会自由論題報告論文. pp.1-15.
石原宏司. 2006a.「ASBJとIASBの共同プロジェクト第 3 回目会合」『季刊会計基準』(13):pp.16-27.
石原宏司. 2006b.「第 2 回 ASBJとFASBの定期協議」『季刊会計基準』(15):p.196.
伊藤眞. 2013.『公正価値測定とオフバランス化』中央経済社.
禚道守. 2009.「外れ値の処理－企業財務データの場合」橋本紀子・渡辺美智子・櫻井尚子編.『Excelで始める経済統計データの分析(改訂版)』日本統計協会. 第13章. pp.105-113.
禚道守・山地範明・威知謙豪. 2008.「包括利益情報の有用性に関する実証研究」『京都マネジメント・レビュー』(8):pp.1-19.
禚道守・山地範明・威知謙豪. 2010.「収益性指標における包括利益の有用性」『京都産業大学論集 社会科学系列』(27):pp.207-225.
禚道守・山地範明・威知謙豪. 2011.「資本利益率の価値関連性に関する実証研究—証券市場からみた資本と利益の関係」『年報経営分析研究』(27):pp.23-29.
今福愛志. 2003.「新しい事業体と『エンティティ概念』」『企業会計』55(8):pp.18-23.
祝迫得夫・古市峰子. 2004.「コーポレート・ガバナンスと会計問題－エンロン破綻とアメリカの制度改革を巡って－」『経済研究』55(4):pp.328-344.
岩田規久男. 2009.『金融危機の経済学』東洋経済新報社.
上田耕治. 2007.「特別目的事業体(SPE)の会計処理を巡る国際的課題」平松一夫編.『国際財務報告論－会計基準の収斂と新たな展開』中央経済社. 第15章. pp.241-259.
上田耕治. 2010.『企業内容開示の動向』関西学院大学出版会.
上田晋一. 2012.「報告企業の形成と支配概念の適用－SPE連結と金融資産の認識中止を題材として－」『成城大学経済研究』(198):pp.253-272.
SPC法のあり方に関する懇親会.1998.「『SPC法のあり方に関する懇親会』論点整理(中間報告)」. (片山さつき. 1998.『SPC法とは何か 資産の証券化と流動化にむけて』日経BP社. 資料 1 . pp.200-209).
江藤栄作. 2006.「実務対応報告第20号『投資事業組合に対する支配力基準及び影響力基準の適用に関する実務上の取扱い』の解説」『季刊会計基準』(15):pp.146-153.
大垣尚志. 1998.『ストラクチャード・ファイナンス入門』日本経済新聞社.

大澤栄子. 2005.「ASBJとFASBによる第1回協議」『季刊会計基準』(14): pp.71-77.
大澤栄子. 2006.「第4回 ASBJとIASBの共同プロジェクト」『季刊会計基準』(15): pp.190-195.
大沢基夫. 1996.「FASB基準書第125号『金融資産の譲渡およびサービス業務ならびに負債の消滅にかかわる会計』について」『COFRIジャーナル』(24): pp.75-84.
太田康弘. 1999.「アセット・ファイナンスの会計」醍醐聰編『国際会計基準と日本の企業会計』中央経済社. 第7章第3節: pp.338-351.
大塚宗春. 2000.「金融商品会計基準の設定について」『JICPAジャーナル』537: pp.12-15.
大塚宗春編. 1999.『逐条解説 金融商品会計基準』中央経済社.
大沼宏. 1998.「資産証券化と認識中止の根底にある会計的論理」『商学討究』48(4): pp.115-139.
岡本紀明. 2006.「実質優先の会計判断と会計基準設定に関する研究」神戸大学大学院経営学研究科博士学位論文.
荻茂生. 1999.「『金融資産の譲渡に関する会計処理: 財務会計基準書第125号の改訂』の概要と影響」『旬刊経理情報』(899): pp.66-68.
荻茂生編. 2007.『証券化とSPE連結の会計処理－金融商品のオフバランス化をめぐる実務－（第3版）』中央経済社.
荻原正圭. 2007.「第4回 ASBJとFASBによる定期会議」『季刊会計基準』(19): pp.165-172.
小野傑. 1991.「REIT（不動産投資信託）」証券化関連商品開示制度研究委員会編『米・英における証券化関連商品のディスクロージャー』企業財務制度研究会. 第2部第2章第1節Ⅲ. pp.68-73.
蔭山道子. 2014.「米証券化市場、回復の兆し、不動産ローン担保、昨年2倍、高利回り需要急増、記入大手が発行」『日本経済新聞』2014年3月4日朝刊. 7面.
片山さつき. 1998.『SPCとは何か－資産の証券化と流動化にむけて－』日経BP社.
勝田信篤. 2006.「特別目的会社の連結と倒産隔離」『清和法学研究』13(2): pp.13-48.
加藤厚. 2000.『新会計基準の完全解説－IOSCOの影響と更なる制度改革の方向性』中央経済社.
加藤厚. 2002.「『見せかけ会計』－サブスタンス・オーバー・フォーム背信への戒め－」『旬刊経理情報』(985): pp.8-13.
金子康則. 2011.『オフバランス会計の実務－金融資産の消滅、連結範囲からネッティング処理まで』中央経済社.
亀岡恵理子. 2014.「SPEの連結に関する会計基準とSPEの非連結スキーム」『商学研究科紀要』（早稲田大学）(78): pp.165-190.
川北英隆編.2012.『証券化－新たな使命とリスクの検証』きんざい.
川西安喜. 2010.「財務報告のための概念フレームワーク: 報告企業」『会計・監査ジャーナル』(658): pp.54-59.
神田秀樹・小宮山賢・菱田哲也. 1993.『セキュリタイゼーション』金融財政事情研究会.
姜昌憲. 2010.「変動持分事業体の会計に関する研究－新たな事業体関係の会計フレームワークの構築を目指して－」日本大学大学院経済学研究科博士学位論文.
企業会計基準委員会. 2002a.「リエゾン国会議報告（第4回）（IASBと各国会計基準設定主体との会議）」<http://web.archive.org/web/20071110222528/http://www.asb.or.jp/html/

iasb/liaison/20020520_04.php> Last visited September 30, 2014.
企業会計基準委員会. 2002b.「第13回企業会計基準委員会：議事要旨」（2002年3月15日）<https://www.asb.or.jp/asb/asb_j/minutes/20020419/20020419_013.jsp> Last visited September 30, 2014.
企業会計基準委員会. 2005「国際会計基準（IAS/IFRS）と日本基準の比較（詳細版）」『季刊会計基準』(8)：pp.18-37.
企業会計基準委員会. 2006a.「第98回企業会計基準委員会：議事要旨(6) 特別目的会社の連結に関する検討について」（2006年2月7日）<https://www.asb.or.jp/asb/asb_j/minutes/20060207/20060207_14.pdf> Last visited September 30, 2014.
企業会計基準委員会. 2006b.「第98回企業会計基準委員会：審議資料(6) 特別目的会社の連結に関する検討について（資料）」（2006年2月7日）<https://www.asb.or.jp/asb/asb_j/minutes/20060207/20060207_15.pdf> Last visited September 30, 2014.
企業会計基準委員会. 2006c.「第100回企業会計基準委員会：報告事項(1) 国際会計基準審議会（IASB）との会計基準のコンバージェンスに向けた共同プロジェクトの第三回会合の概要」（2006年3月9日）<https://www.asb.or.jp/asb/asb_j/minutes/20060309/20060309_17.pdf> Last visited September 30, 2014.
企業会計基準委員会. 2006d.「第105回企業会計基準委員会：議事要旨(1) 実務対応報告公開草案『投資事業組合に対する支配力基準及び影響力基準の適用に関する実務上の取扱い（案）』について』」（2006年5月30日）<https://www.asb.or.jp/asb/asb_j/minutes/20060530/20060530_01.pdf> Last visited September 30, 2014.
企業会計基準委員会. 2006e.実務対応報告公開草案第24号「投資事業組合に対する支配力基準及び影響力基準の適用に関する実務上の取扱い（案）」（2006年6月6日）．
企業会計基準委員会. 2006f.「第107回企業会計基準委員会：議事要旨(5) 特別目的会社専門委員会における検討状況について」（2006年6月30日）<https://www.asb.or.jp/asb/asb_j/minutes/20060630/20060630_07.pdf> Last visited September 30, 2014.
企業会計基準委員会. 2006g.「第107回企業会計基準委員会：審議事項(5) 短期的な対応－特別目的会社（SPE）に関する開示の充実」（2006年6月30日）<https://www.asb.or.jp/asb/asb_j/minutes/20060630/20060630_08.pdf> Last visited September 30, 2014.
企業会計基準委員会. 2006h.「第108回企業会計基準委員会：審議事項(4)-1 主なコメントの概要とそれらに対する対応案」（2006年7月11日）<https://www.asb.or.jp/asb/asb_j/minutes/20060711/20060711_11.pdf> Last visited September 30, 2014.
企業会計基準委員会. 2006i. 企業会計基準第10号「金融商品に関する会計基準」（2006年8月11日，最終改正2008年3月10日）．
企業会計基準委員会. 2006j. 実務対応報告第20号「投資事業組合に対する支配力基準及び影響力基準の適用に関する実務上の取扱い」（2006年9月8日）．
企業会計基準委員会. 2006k.「我が国会計基準の開発に関するプロジェクト計画について－EUによる同等性評価等を視野に入れたコンバージェンスへの取組み－」『季刊会計基準』(15)：pp.86-93.
企業会計基準委員会. 2006l.「ASBJ プロジェクト計画表（コンバージェンス関連項目）」『季刊会計基準』(15)：p.93.

企業会計基準委員会. 2007. 企業会計基準適用指針第15号「一定の特別目的会社に係る開示に関する適用指針」(2007年3月29日, 最終改正2011年3月25日).
企業会計基準委員会. 2008a.「第166回企業会計基準委員会：議事要旨(3) 特別目的会社専門委員会における検討状況について」(2008年11月20日) <https://www.asb.or.jp/asb_j/minutes/20081120/20081120_07.pdf> Last visited September 30, 2014.
企業会計基準委員会. 2008b. 企業会計基準第22号「連結財務諸表に関する会計基準」(2008年12月16日, 最終改正2013年9月13日).
企業会計基準委員会. 2009a.「連結財務諸表における特別目的会社の取り扱い等に関する論点の整理」(2009年2月6日).
企業会計基準委員会. 2009b.「第172回企業会計基準委員会: 審議資料(6)-1『IASB公開草案第10号（ED10)「連結財務諸表」の概要』」(2009年2月26日). <https://www.asb.or.jp/asb_j/minutes/20090226/20090226_06.pdf> Last visited September 30, 2014.
企業会計基準委員会. 2009c.「第187回企業会計基準委員会：審議事項(4)-2『「SPEの取扱い」を削除した場合における連結範囲の基本的な考え方（案)』(2009年10月15日) <https://www.asb.or.jp/asb_j/minutes/20091015/20091015_07.pdf> Last visited September 30, 2014.
企業会計基準委員会. 2010a.「第195回企業会計基準委員会：審議事項(5)-1『特別目的会社専門員会における検討状況－ディスカッション・ポイント』」(2010年2月12日) <https://www.asb.or.jp/asb_j/minutes/20100212/20100212_06.pdf> Last visited September 30, 2014.
企業会計基準委員会. 2010b.「第195回企業会計基準委員会：審議事項(5)-2『特別目的会社専門委員会の今後の進め方（連結範囲について)』」(2010年2月12日) <https://www.asb.or.jp/asb_j/minutes/20100212/20100212_07.pdf> Last visited September 30, 2014.
企業会計基準委員会. 2010c. 第195回企業会計基準委員会：議事要旨(5)『特別目的会社専門委員会における検討状況について』」(2010年2月12日) <https://www.asb.or.jp/asb_j/minutes/20100212/20100212_14_lmtd.pdf> Last visited September 30, 2014.
企業会計基準委員会. 2010d.「第198回企業会計基準委員会：審議事項(3)-1『特別目的会社専門委員会－ディスカッション・ポイント』(2010年3月25日) <https://www.asb.or.jp/asb/asb_j/minutes/20100325/20100325_01.pdf> Last visited September 30, 2014.
企業会計基準委員会. 2010e.「第198回企業会計基準委員会：議事要旨(3) 特別目的会社専門委員会における検討状況について」(2010年3月25日) <https://www.asb.or.jp/asb_j/minutes/20100325/20100325_14_lmtd.pdf> Last visited September 30, 2014.
企業会計基準委員会. 2010f.「第207回企業会計基準委員会：議事要旨(2)『特別目的会社専門委員会における検討状況について』」(2010年8月5日) <https://www.asb.or.jp/asb_j/minutes/20100805/20100805_08_lmtd.pdf> Last visited September 30, 2014.
企業会計基準委員会. 2010g. 企業会計基準公開草案第44号「連結財務諸表に関する会計基準（案)」(2010年9月3日).
企業会計基準委員会. 2010h.「第215回企業会計基準委員会：議事要旨(1)『特別目的会社専門委員会における検討状況について（参考人招致)』」(2010年12月16日) <https://www.asb.or.jp/asb/asb_j/minutes/20101216/20101216_01_lmtd.pdf> Last visited September 30,

2014.
企業会計基準委員会. 2011a.「第216回企業会計基準委員会：議事要旨（2）『特別目的会社専門委員会における検討状況について』」（2011年1月12日）<https://www.asb.or.jp/asb_j/minutes/20110112/20110112_13_lmtd.pdf> Last visited September 30, 2014.
企業会計基準委員会. 2011b. 企業会計基準第22号「連結財務諸表に関する会計基準」（最終改正，2013年9月）.
企業会計基準委員会. 2012.「第247回企業会計基準委員会: 審議事項（3）『連結・特別目的会社専門委員会の検討状況について』」（2012年7月5日）<https://www.asb.or.jp/asb_j/minutes/20120705/20120705_04.pdf> Last visited September 30, 2004.
企業会計基準委員会. 2013a.「第258回企業会計基準審議会：審議事項（3）『連結・特別目的会社専門委員会 今後の進め方について』」（2013年1月10日）<https://www.asb.or.jp/asb_j/minutes/20130110/20130110_02.pdf> Last visited September 30, 2004.
企業会計基準委員会. 2013b.「特別目的会社の連結範囲等に関する検討の中間取りまとめ」（2013年3月29日）.
企業会計基準委員会・International Accounting Standards Board（IASB）. 2005.「企業会計基準委員会と国際会計基準審議会は共同プロジェクトの進め方に合意」（2005年1月21日）<https://www.asb.or.jp/asb/asb_j/press_release/overseas/pressrelease_20050121.pdf> Last visited September 30, 2014.
企業会計審議会. 1997a.「連結財務諸表制度の見直しに関する意見書」（1997年6月6日）.
企業会計審議会. 1997b.「金融商品に係る会計処理基準に関する論点整理」（1997年6月6日）.
企業会計審議会. 1998a.「金融商品に係る会計基準の設定に関する意見書（公開草案）」（1998年6月16日）.
企業会計審議会. 1998b.「金融商品に係る会計基準（案），同注解（案）」（1998年6月16日）.
企業会計審議会. 1998c.「連結財務諸表制度における子会社及び関連会社の範囲の見直しに係る具体的な基準（案）」（1998年9月14日）.
企業会計審議会. 1998d.「企業会計審議会総会議事録」（1998年10月30日）.
企業会計審議会. 1998e.「連結財務諸表制度における子会社及び関連会社の範囲の見直しに係る具体的な取扱い」（平成10年10月30日）.
企業会計審議会. 1999.「金融商品に係る会計基準の設定に関する意見書」（1999年1月22日）.
企業会計審議会. 2000.「企業会計審議会総会議事録」（2000年7月28日）<http://www.fsa.go.jp/singi/singi_kigyou/gijiroku/soukai/f-20000823_2.html> Last visited September 30, 2014.
企業会計審議会企画調整部会. 2006a.「第11回企業会計審議会企画調整部会議事録」（2006年7月19日）<http://www.fsa.go.jp/singi/singi_kigyou/gijiroku/kikaku/20060719.pdf> Last visited September 30, 2014.
企業会計審議会企画調整部会. 2006b「第12回企業会計審議会企画調整部会議事録」（2006年7月31日）<http://www.fsa.go.jp/singi/singi_kigyou/gijiroku/kikaku/20060731.pdf> Last visited September 30, 2014.
企業会計審議会企画調整部会. 2006c.「会計基準のコンバージェンスに向けて（意見書）」（2006年7月31日）<http://www.fsa.go.jp/news/18/singi/20060731-3.pdf> Last visited

September 30, 2014.
企業会計審議会金融商品部会. 1998.「企業会計審議会第17回金融商品部会議事録」(1998年3月13日).
企業会計審議会第一部会. 1998a.「企業会計審議会第14回第一部会議事録」(1998年9月14日).
企業会計審議会第一部会. 1998b.「企業会計審議会第16回第一部会議事録」(1998年10月9日).
企業会計審議会第一部会. 1998c.「企業会計審議会第17回第一部会議事録」(1998年10月21日).
北川明. 2000.「ミューラーFASB委員との懇談会について」『COFRIジャーナル』12: pp.113-123.
北原徹. 2002a.「証券化と資産転換」『証券経済学会年報』37: pp.81-85.
北原徹. 2002b.「ストラクチャード・ファイナンスと証券化の展開」『立教経済学研究』56(1): pp.37-59.
北原徹. 2005.「証券化における資産担保とマネジメント裁量性」『立教経済学研究』58(3): pp.119-142.
木下正俊. 2004.『私の「資産流動化」教室－健全な市場のための資産流動化論－』西田書店.
草野真樹. 2011.「証券化取引の動機と帰結」『會計』186(6): pp.84-96.
久禮義継編. 2008.『流動化・証券化の会計と税務（第4版）』中央経済社.
経済産業省企業会計の国際対応に関する研究会. 2004.「企業会計の国際対応に関する研究会中間報告」経済産業省.
経済産業省企業会計研究会. 2005.「企業会計研究会中間報告書」経済産業省.
国土交通省総合政策局不動産業課不動産投資市場整備室・不動産証券化協会監修, 開発型不動産証券化研究会編. 2004.『開発型不動産証券化の知識と実際』ぎょうせい.
古賀智敏. 1997.「FASB連結会計の新展開－FASB公開草案の問題点と改訂の動きを中心として」『企業会計』49(13): pp.87-93.
古賀智敏. 1999.『デリバティブ会計（第2版）』森山書店.
古賀智敏・五十嵐則夫. 1999.『会計基準のグローバル戦略』森山書店.
小賀坂敦. 2013.「会計基準アドバイザリー・フォーラム（ASAF）について」『会計・監査ジャーナル』(696): pp.31-35.
越野啓一. 2000.「わが国における連結範囲判定基準の特徴と課題－FASBの連結方針における支配概念をめぐって」『金沢経済大学論集』34(2): pp.1-18.
越野啓一. 2004.「変動持分事業体の連結方針－米国における連結方針の見直しをめぐって－」『金沢星陵大学論集』38(2): pp.21-26.
越野啓一. 2006.「連結会計基準の国際的動向－連結範囲および持分法適用会社の拡張の方向－」『富大経済論集』52(2): pp.321-344.
越野啓一. 2011.「連結範囲決定基準の見直し：特別目的会社の連結方針をめぐって」『富大経済論集』56(3): pp.95-130.
小林秀之編. 2002.『資産流動化の仕組みと実務－倒産隔離と近時の立法－』新日本法規.
小宮山賢. 1997a.「IASC解釈指針委員会（ロンドン会議）報告」『JICPAジャーナル』(503): pp.62-63.
小宮山賢. 1997b.「IASC解釈指針委員会（ロンドン会議）報告」『JICPAジャーナル』(508): pp.117-119.

小宮山賢. 1998a.「IASC解釈指針委員会(パリ会議)報告」『JICPAジャーナル』(511): pp.53-56.
小宮山賢. 1998b.「IASC解釈指針委員会(ロンドン会議)報告」『JICPAジャーナル』(512): pp.104-106.
小宮山賢. 1998c.「IASC解釈指針委員会(第5回ロンドン会議)報告」『JICPAジャーナル』(516): pp.104-106.
小宮山賢. 1998d.「IASC解釈指針委員会(第6回ロンドン会議)報告」『JICPAジャーナル』(518): pp.72-75.
小宮山賢. 1999.「IASC解釈指針委員会(第7回ロンドン会議)報告」『JICPAジャーナル』(522): pp.78-80.
小宮山賢. 2000.『金融商品・年金会計入門(改訂版)』税務経理協会.
小宮山賢. 2002.「SPE問題と監査」『会計プログレス』3: pp.31-44.
小宮山賢. 2005.「資産流動化の会計処理」資金循環における市場型間接金融の役割に関する研究会『「資金循環における市場型間接金融の役割に関する研究会」報告書』財務省財務総合政策研究所. pp.231-239.
小宮山賢. 2006.「企業情報の開示と監査の厳格化」『會計』169 (3): pp.28-41.
小宮山賢. 2013.「連結範囲の基準差異を辿る」『早稲田商学』(434): pp.475-510.
小宮山賢・秋葉賢一. 1995.「債権流動化に係る会計上の論点について」『COFRIジャーナル』(21): pp.2-16.
小宮山賢・市川育義. 1997.「改訂後の連結財務諸表原則および連結財務諸表注解について」『COFRIジャーナル』(28): pp.2-33.
コーマン, ロアン (Coman, Roanne). 2004.「証券化における特別目的事業体の連結とディスクロージャーに関する国際比較」『JICPAジャーナル』(590): pp.33-39.
コーマン, ロアン (Coman, Roanne). 2005.「証券化における回収サービス業務と時価評価」『會計』168(3): pp.119-131.
齋木夏生. 2009a.「FASB基準書第166号(140号の改訂)『金融資産の譲渡に関する会計処理』の概要とその影響」『旬刊経理情報』(1123): pp.35-39.
齋木夏生. 2009b.「FASB基準書第167号『FASB解釈指針第46号(2003年12月改訂版)の改訂』の概要とその影響」『旬刊経理情報』(1125): pp.30-35.
齋藤雅子. 2009a.「リポーティング・エンティティの概念形成」『會計』175(6): pp.70-83.
齋藤雅子. 2009b.「リポーティング・エンティティと連結の関係における支配概念の特性」『大阪産業大学経営論集』10(3): pp.1-12.
財務会計基準機構テーマ協議会. 2003.「第4回テーマ協議会議事概要」(2003年2月7日) <http://web.archive.org/web/20071027112309/http://www.asb.or.jp/html/theme_advisory/minutes/20030207.php> Last visited September 30, 2014.
財務会計基準機構テーマ協議会. 2004.「第7回テーマ協議会議事概要」(2004年6月17日) <http://web.archive.org/web/20071027112153/http://www.asb.or.jp/html/theme_advisory/minutes/20040617.php> Last visited September 30, 2014.
財務会計基準機構テーマ協議会. 2005a.「第10回テーマ協議会議事概要」(2005年11月17日) <https://www.asb.or.jp/asb/asb_j/standards_advisory/theme_advisory/

minutes/20051117.jsp> Last visited September 30, 2014.
財務会計基準機構テーマ協議会. 2005b.「第10回テーマ協議会提言書」(2005年12月20日) <https://www.asb.or.jp/asb/asb_j/standards_advisory/theme_advisory/suggestion/suggestion20051117.pdf> Last visited September 30, 2014.
桜井久勝. 1997.「新連結財務諸表と連結の範囲」『税経通信』52(12): pp.107-113.
佐々木秀和. 2010.「企業会計公開草案第44号『連結財務諸表に関する会計基準（案）』等に対するコメント」(2010年11月9日) <https://www.asb.or.jp/asb/asb_j/documents/exposure_draft/comments/pdf_spe-tanki/CL03_lmtd.pdf> Last visited September 30, 2014.
佐藤真良. 2002a.「アメリカSPE連結基準の新しい展開－エンロン事件が促す実態基準への飛躍－（上）」『週刊経営財務』(2573): pp.32-40.
佐藤真良. 2002b.「アメリカSPE連結基準の新しい展開－エンロン事件が促す実態基準への飛躍－（中）」『週刊経営財務』(2574): pp.58-64.
佐藤真良. 2002c.「アメリカSPE連結基準の新しい展開－エンロン事件が促す実態基準への飛躍－（下）」『週刊経営財務』(2575): pp.38-44.
佐藤真良. 2002d.「アメリカSPE連結基準の公開草案について」『週刊経営財務』(2585): pp.36-44.
佐藤嘉雄. 2003.「FASB解釈指針書第46号『変動持分事業体の連結』の概要」『会計情報』321: pp.30-36. <http://web.archive.org/web/20041105120125/http://www.e-tohmatsu.com/ek/webai/webkj/0305.pdf> Last visited September 30, 2014.
柴健次. 2000.『テキスト金融情報会計』中央経済社.
新日本有限責任監査法人品質管理本部. 2010.「企業会計公開草案第44号『連結財務諸表に関する会計基準（案）』等に対する意見」(2010年11月4日) <https://www.asb.or.jp/asb/asb_j/documents/exposure_draft/comments/pdf_spe-tanki/CL05_lmtd.pdf> Last visited September 30, 2014.
旬刊経理情報編集部. 2008a.「今後のSPCの取扱い等に関する論点整理がなされる－ASBJ, SPC専門委」『旬刊経理情報』(1196): p.5.
旬刊経理情報編集部. 2008b.「連結の範囲の改正に向け，来年1月末に論点整理を公表か－ASBJ, SPC専門委」『旬刊経理情報』(1199): p.9.
杉本徳栄. 2010.「今後のIFRSの動向」仰星監査法人編『ケーススタディでみるIFRS』きんざい. pp.621-684.
鈴木洋子. 2010.「間近に迫るSPCの連結化，消える不動産業界の魔法の杖」『週刊ダイヤモンド』98(33): pp.10-12.
鈴木洋子. 2011.「SPCの連結義務化に向け右往左往が始まる不動産業界」『週刊ダイヤモンド』99(3): p.18.
須田一幸. 2000.『財務会計の機能－理論と実証』白桃書房.
須田一幸編. 2004.『会計制度改革の実証分析』同文舘出版.
住友不動産株式会社. 2010.「中期経営計画策定のお知らせ」(2010年5月12日). <http://www.sumitomo-rd.co.jp/ir/settlement/files/1005_0005/release_management%20plan.pdf> Last visited September 30, 2014.

税務研究会編集部. 1998a.「経団連 持分ゼロは連結の範囲から除外すべき 新連結制度の範囲に係る基準案に対してコメント」『週刊経営財務』(2396): pp.3-4.

税務研究会編集部. 1998b.「SPCの連結問題は発生しないとすべきと要望」『週刊経営財務』(2398): p.2.

関雄太. 2002.「信用回復への自助努力 − 企業財務問題」淵田康之・大崎貞和編『検証 アメリカの資本市場改革』日本経済新聞社. 第6章. pp.144-171.

全国銀行協会. 2010.「『連結財務諸表に関する会計基準(案)』等に対する意見について」(2010年11月4日) <https://www.asb.or.jp/asb/asb_j/documents/exposure_draft/comments/pdf_spe-tanki/CL06_lmtd.pdf> Last visited September 30, 2014.

高橋正彦. 2004.「日本における証券化の現状と展望」堀内昭義・池尾和人編『日本の産業システム9 金融サービス』NTT出版.

高橋正彦. 2009.『増補新版 証券化の法と経済学』NTT出版.

高橋円香. 2011.「不動産証券化に関する会計研究」明治大学大学院商学研究科博士学位論文.

威知謙豪. 2004.「資産の流動化と米国における特別目的事業体の連結基準」『京都マネジメント・レビュー』(京都産業大学)(6): pp.117-131.

威知謙豪. 2005.「国際会計基準における特別目的事業体の連結基準」『京都マネジメント・レビュー』(京都産業大学)(7): pp.67-82.

威知謙豪. 2006.「わが国における特別目的事業体の連結会計基準」『京都マネジメント・レビュー』(京都産業大学)(9): pp.61-76.

威知謙豪. 2007.「(研究ノート) 特別目的事業体の連結会計基準に関する国際比較」『京都産業大学論集社会科学系列』(24): pp.153-180.

威知謙豪. 2008.「特別目的事業体の連結会計基準のコンバージェンスに向けた課題 − 一定の要件を満たす特別目的事業体を連結除外とする例外規定を中心に − 」『愛産大経営論叢』(愛知産業大学)(11): pp.61-71.

威知謙豪. 2009.「国際財務報告基準における金融資産の認識中止に関する会計基準 − 特別目的事業体の連結会計基準との関係を中心に − 」『国際会計研究学会年報』(2009年度): pp.87-98.

威知謙豪. 2013a.「わが国会計基準における特別目的事業体の連結に関する例外規定の改訂に関する考察」『産業経済研究所紀要』(中部大学)(23): pp.135-152.

威知謙豪. 2013b.「特別目的事業体の連結に関する例外規定の改訂に伴う実体的裁量行動」『経営情報学部論集』(中部大学)27(1・2): pp.119-137.

威知謙豪・山地範明. 2014.「開示対象特別目的会社の価値関連性に関する研究」日本会計研究学会第73回大会自由論題報告論文. pp.1-9.

田邊昇・杉本茂・田中博・田村幸太郎・中村里佳・三国仁司. 2003.『実務・不動産証券化』商事法務.

東急不動産株式会社. 2010a.「業績予想の修正に関するお知らせ」(2010年9月28日) <http://www.tokyu-land.co.jp/ir/statement/new/pdf/sk-20100928_1.pdf> Last visited September 30, 2014.

東急不動産株式会社. 2010b.「会社分割に関するお知らせ」(2010年9月28日) <http://www.tokyu-land.co.jp/ir/statement/new/pdf/sk-20100928_2.pdf> Last visited September 30,

2014.
東急不動産株式会社. 2010c.「子会社の異動に関するお知らせ（2010年9月28日）<http://www.tokyu-land.co.jp/ir/statement/new/pdf/sk-20100928_3.pdf> Last visited September 30, 2014.
東急不動産株式会社. 2010d.「特別損失の発生に関するお知らせ」（2010年9月28日）<http://www.tokyu-land.co.jp/ir/statement/new/pdf/sk-20100928_4.pdf> Last visited September 30, 2014.
東京建物株式会社. 2012a.「平成23年12月期決算短信〔日本基準〕（連結）」（2012年2月14日）.
東京建物株式会社. 2012b.「平成24年12月期第1四半期決算短信〔日本基準〕（連結）」（2012年5月10日）.
徳賀芳弘. 2005.「EUの国際会計戦略－インターナショナルアカウンティングの再挑戦と『同等性評価』問題－」『国際会計研究学会年報』（2005年度）: pp.45-54.
鳥飼裕一. 2001.「連結財務諸表における支配」概念フレームワーク関する研究委員会『概念フレームワークに関する調査』企業財務制度研究会. 第4章第6節. pp.183-209.
鳥飼裕一. 2002.「米国におけるSPE連結基準－エンロン破綻の余波－」『旬刊経理情報』（990）: pp.22-25.
中北徹・佐藤真良. 2003.「エンロン，ワールドコム事件と企業統治」『フィナンシャル・レビュー』（68）: pp. 8 -33.
中野貴之. 2009.「SPEの連結と開示をめぐる課題」八田進二編『会計・監査・ガバナンスの基本問題』同文舘出版. 第7章. pp.103-116.
中野貴之. 2011.「SPEの連結と開示」『法政大学キャリアデザイン学部紀要』(8): pp.117-139.
永峰輝一. 2005.「QSPE要件の厳格化等 SFAS第140号改訂草案の概要」『旬刊経理情報』（1098）: pp.42-45.
中村忠・小宮山賢. 1998.『対談 新連結会計入門』税務経理協会.
日本銀行. 2014.「資金循環（係数・ストック）『特別目的会社・信託』」（日本銀行ウェブサイト「時系列統計データ検索サイト」<http://www.stat-search.boj.or.jp/index.html>より入手）Last visited July 1, 2014.
日本経済団体連合会経済基盤本部. 2010.「『連結財務諸表に関する会計基準（案）』等に対するコメント」（2010年11月4日）<https://www.asb.or.jp/asb/asb_j/documents/exposure_draft/comments/pdf_spe-tanki/CL11_lmtd.pdf> Last visited September 30, 2014.
日本経済新聞社. 1998.「SPC，連結対象外に，会計士協会が大蔵省に意見書－債権流動化阻害の恐れ」『日経金融新聞』1998年9月28日. 17面.
日本経済新聞社. 2003.「『セントレジス』東京・汐留の進出撤回－エンロン禍，枠組み壊す（ニュースの裏側）」『日経流通新聞MJ』2003年12月2日. 17面.
日本経済新聞社. 2007.「米サブプライム担保証券，ムーディーズ，大量格下げ，計131本。」『日経金融新聞』2007年6月27日. 9面.
日本経済新聞社. 2010.「東急不，ゴルフ場減損289億円，4～9月，SPCの配当で相殺」『日本経済新聞』2010年9月29日朝刊. 17面.
日本公認会計士協会. 1998. 監査委員会報告第60号「連結財務諸表における子会社及び関連会社の範囲の決定に関する監査上の取扱い」（1998年12月8日，最終改正2002年4月16日）.

日本公認会計士協会. 2000.「金融商品会計に関する実務指針」(2000年 1 月31日，最終改正2006年10月20日).
日本公認会計士協会. 2002.「特別目的会社 (SPC) に関する調査結果報告」(2002年12月10日).
日本公認会計士協会. 2009.「『連結財務諸表における特別目的会社の取扱い等に関する論点の整理』に対する意見」(2009年 4 月13日) <https://www.asb.or.jp/asb/asb_j/documents/exposure_draft/comments/pdf_renketsuzaimu/CL-14_lmtd.pdf> Last visited September 30, 2014.
日本公認会計士協会会計制度委員会. 1999.「金融商品に係る実務指針に関する論点整理」(1999年 8 月23日).
日本公認会計士協会監査委員会. 2000.「連結財務諸表における子会社及び関連会社の範囲の決定に関する監査上の留意点に関するQ&A」(2000年 1 月19日，最終改正2012年 3 月22日).
日本公認会計士協会監査・保証実務委員会. 2005a.「特別目的会社を利用した取引に関する監査上の留意点についてのQ&A（公開草案）」(2005年 7 月 4 日).
日本公認会計士協会監査・保証実務委員会. 2005b.「特別目的会社を利用した取引に関する監査上の留意点についてのQ&A」(2005年 9 月30日).
日本公認会計士協会監査・保証実務委員会. 2005c.「特別目的会社を利用した取引に関する会計基準等の設定・改正に関する提言」(2005年 9 月30日).
日本公認会計士協会理事会. 2004.「2004年 9 月 8 日付け諮問『現行会計実務における特別目的事業体 (SPE) を取り巻く諸問題を整理し，現行会計基準を前提とした監査上の留意点を取りまとめられたい』（新規）」『JICPAジャーナル』592: p.64.
日本資産流動化研究所. 1994.『我が国における資産流動化の今後の展望と課題に関する調査研究』産業研究所.
日本資産流動化研究所. 1995.『欧米における金融資産証券化の発展要因及び手法に関する調査研究』産業研究所.
日本資産流動化研究所. 1996.『米国における資産担保型証券の実態に関する調査研究』産業研究所.
日本資産流動化研究所. 1999a.『平成10年度 資産流動化と投資家保護に関する調査報告書 第 1 分冊 債権流動化の会計に関する委員会』日本資産流動化研究所.
日本資産流動化研究所. 1999b.『平成10年度 資産流動化と投資家保護に関する調査報告書 第 3 分冊 債権流動化と倒産法制に関する委員会』日本資産流動化研究所.
日本資産流動化研究所. 2000.『平成11年度 資産流動化と投資家保護に関する調査報告書』日本資産流動化研究所.
日本資産流動化研究所. 2003.『平成14年度 資産流動化と投資家保護に関する調査報告書 第 2 分冊 海外の資産流動化に関する調査研究委員会報告書－会計編』日本資産流動化研究所.
日本証券業協会・全国銀行協会. 2014.「証券化市場の動向調査のとりまとめ－2013年度の発行動向」(2014年 5 月30日) <http://www.jsda.or.jp/shiraberu/syoukenka/doukou/files/2013doukou2.pdf> 別紙「2013年度の発行金額」(2014年 5 月30日) <http://www.jsda.or.jp/shiraberu/syoukenka/doukou/files/2013doukou2b.xls> Last visited September 30, 2014.
日本長期信用銀行編. 1993.『日本の金融資産証券化の手法』日本経済新聞社.

日本プライムリアルティ投資法人. 2012.「資産の取得に関するお知らせ（（仮称）大手町1-6計画（底地））」<http://www.jpr-reit.co.jp/site/file/tmp-uCa 8 f.pdf>.
日本貿易会経理委員会. 2009.「『連結財務諸表における特別目的会社の取扱い等に関する論点の整理』に係るコメントについて」(2009年4月10日) <https://www.asb.or.jp/asb/asb_j/documents/exposure_draft/comments/pdf_renketsuzaimu/CL-04_lmtd.pdf> Last visited September 30, 2014.
日本貿易会経理委員会. 2010.「企業会計基準公開草案第44号（企業会計基準第22号の改正案）『連結財務諸表に関する会計基準（案）』等に対するコメントについて」(2010年11月2日) <https://www.asb.or.jp/asb/asb_j/documents/exposure_draft/comments/pdf_spe-tanki/CL02_lmtd.pdf> Last visited September 30, 2014.
野本博之・山地範明. 1995.「連結方針と連結手続」米国財務会計基準（連結会計）研究委員会.『連結会計をめぐる米国財務会計基準の動向』企業財務制度研究会. 第4編第2章. pp.288-300.
パクター, P.・若杉明・平松一夫・逆瀬重郎. 1993.「FASB連結プロジェクトの背景と現状」『COFRIジャーナル』(12): pp.17-31.
橋上徹. 2006.「集団投資スキームを利用した取引事例からみる適正な企業内容の開示のあり方」『旬刊経理情報』(1123): pp.57-61.
橋上徹. 2007a.「特別目的会社・信託等を巡る開示問題（第1回）－開示規制の現状－」『企業会計』59(7): pp.105-116.
橋上徹. 2007b.「特別目的会社・信託等を巡る開示問題（第2回）－開示規制への実務対応－」『企業会計』59(8): pp.112-122.
橋上徹. 2007c.「特別目的会社・信託等を巡る開示問題（第3回）－国際的な動向と方向性（前編）－」『企業会計』59(9): pp.119-128.
橋上徹. 2007d.「特別目的会社・信託等を巡る開示問題（第4回・最終回）－国際的な動向と方向性（後編）－」『企業会計』59(10): pp.120-126.
長谷川英司・斉藤尚・森谷竜太郎. 2002.『バランスシート効率化戦略 流動化・証券化から金庫株の活用まで』中央経済社.
林克次. 1995a.「債権の流動化－売掛債権の海外SPCへの譲渡」『JICPAジャーナル』(479): pp.33-39.
林克次. 1995b.「金融資産流動化の会計処理に関する一考察」『資産流動化研究』1：pp.113-133.
平松一夫. 1996.「金融商品をめぐる国際会計基準の展開：E48からIAS32まで」『商学論究』（関西学院大学）43(2/3/4): pp.285-297.
平松一夫. 1999.「アメリカ連結会計基準の新展開」野村健太郎編『連結会計基準の国際的調和』白桃書房. 第6章. pp.58-67.
広瀬義州. 1995.『会計基準論』中央経済社.
藤井則彦. 1997.『日本の会計と国際会計（増補第3版）』中央経済社.
藤井則彦. 2005.『エッセンシャル・アカウンティング』同文舘出版.
藤井則彦. 2010.『財務管理と会計－基礎と応用－（第4版）』中央経済社.
藤井則彦編. 2003.『中東欧諸国の会計と国際会計基準』同文舘出版.

藤井則彦編. 2014.『チャレンジ・アカウンティング（三訂版）』同文舘出版.
藤井則彦・山地範明. 2005.「中・東欧におけるIASへの対応」平松一夫・徳賀芳弘編.『会計基準の国際的統一 －国際会計基準への各国の対応－』中央経済社. 第6章. pp.131-144.
藤井則彦・山地範明. 2008.『ベーシック・アカウンティング（改訂版）』同文舘出版.
藤井秀樹. 2006.「EUにおける会計基準の同等性評価とわが国の制度的対応」『Kyoto University Working Paper』J-52: 1-15. <http://www.econ.kyoto-u.ac.jp/～chousa/WP/j-52.pdf> Last visited September 30, 2014.
藤井眞理子. 2009.『金融革新と市場危機』日本経済新聞出版社.
藤井美智雄. 1999.「連結方針と手続プロジェクト」『旬刊経理情報』(899): pp.20-22.
不動産協会. 2010.「『連結財務諸表に関する会計基準（案）』に対する意見」(2010年11月4日) <https://www.asb.or.jp/asb/asb_j/documents/exposure_draft/comments/pdf_spe-tanki/CL04_lmtd.pdf> Last visited September 30, 2014.
不動産協会企業財務・会計委員会. 2009.「『連結財務諸表における特別目的会社の取扱い等に関する論点の整理』に対する意見」(2009年4月13日) <https://www.asb.or.jp/asb/asb_j/documents/exposure_draft/comments/pdf_renketsuzaimu/CL-08_lmtd.pdf> Last visited September 30, 2014.
不動産証券化協会. 2009.「連結財務諸表における特別目的会社の取扱い等に関する論点の整理（平成21年2月6日）関する意見書」(2009年4月10日) <https://www.asb.or.jp/asb/asb_j/documents/exposure_draft/comments/pdf_renketsuzaimu/CL-03_lmtd.pdf> Last visited September 30, 2014.
不動産証券化協会. 2010.「『連結財務諸表に関する会計基準（案）』等（平成22年9月3日公表）に関する意見書」(2010年10月27日) <https://www.asb.or.jp/asb/asb_j/documents/exposure_draft/comments/pdf_spe-tanki/CL01_lmtd.pdf> Last visited September 30, 2014.
プロネクサス総合研究所. 2009.「『連結財務諸表における特別目的会社の取扱い等に関する論点の整理』に対する意見」(2009年4月13日) <https://www.asb.or.jp/asb/asb_j/documents/exposure_draft/comments/pdf_renketsuzaimu/CL-10_lmtd.pdf> Last visited September 30, 2014.
米国財務会計基準（連結会計）研究委員会. 1995.『連結会計をめぐる米国財務会計基準の動向』企業財務制度研究会.
米国財務会計基準（金融商品）研究委員会. 1995.『金融商品をめぐる米国財務会計基準の動向』(上巻)・(下巻). 企業財務制度研究会.
水野孝彦. 2003.「連結会計－企業実体と連結方針」河合秀敏・森田良久編『21世紀の会計と監査』同文舘出版. 第6章. pp.100-112.
水野孝彦. 2004.「米国FASBによる支配力規準の展開」『東邦学誌』（愛知東邦大学）23(2): pp.1-13.
みずほ総合研究所. 2002a.「エンロン事件の概要と米国の制度改革」『みずほリポート』 <http://www.mizuho-ri.co.jp/research/economics/pdf/report/report02-19M.pdf> Last visited September 30, 2014.
みずほ総合研究所. 2002b.『エンロン・ワールドコムショック』東洋経済新報社.

みずほ総合研究所編. 2007.『サブプライム金融危機』日本経済新聞社.
三井不動産株式会社. 2012.「平成24年3月期決算短信〔日本基準〕(連結)」(2012年5月9日).
宮田慶一. 2004.「金融資産の譲渡の会計処理－留保リスクと便益の認識・認識中止の問題を中心に」『金融研究』23 (2): pp.49-72.
向伊知郎. 2004.「連結範囲の拡大と変動持分事業体 －支配概念を中心として－」『JICPAジャーナル』(589): pp.44-49.
向伊知郎. 2005a.「変動持分事業体の連結と主たる受益者の特定」『愛知学院大学論叢 経営学研究』14(4): pp.309-319.
向伊知郎. 2005b.「支配力基準による連結範囲の決定－アメリカにおける検討を中心に－」『愛知学院大学論叢 経営学研究』14(4): pp.13-31.
向伊知郎. 2006.「連結財務情報の信頼性(1)－連結の範囲を中心として－」日本会計研究学会特別委員会最終報告『財務情報の信頼性に関する研究』pp.167-191.
向伊知郎. 2008.「連結財務情報の信頼性－連結の範囲と特別目的事業体」友杉芳正・田中宏・佐藤倫正編『財務諸表の信頼性－会計と監査の挑戦』税務経理協会.第Ⅳ部第1章. pp.149-159.
村上徒紀郎. 2010.「「開発型SPC」連結対象に，資産膨らみ効率低下も，不動産各社対応は検討中」『日本経済新聞』2010年10月2日朝刊. 15面.
森トラスト株式会社. 2003.「Press Release, ヒルトンの最高級ブランド『コンラッド』が日本初進出－『東京塩留ビルディング（建設中)』への誘致を実現－」(2003年11月28日) <http://www.mori-trust.co.jp/pressrelease/2003/20031128.pdf> Last visited February 17, 2006.
山﨑和哉. 2001.『資産流動化法－改正SPC法・投信法の解説と活用法』金融財政事情研究会.
山崎彰三・山田辰巳. 1999.「国際会計基準委員会（IASC）理事会報告（チューリッヒ会議）」『JICPAジャーナル』(523): pp.76-79.
山地範明. 2000.『連結会計の生成と発展（増補改訂版)』中央経済社.
山地範明. 2003.「FASB『変動持分事業体の連結』の考え方」『企業会計』55(8): pp.25-31.
山地範明. 2006.「連結財務諸表制度」平松一夫編『財務諸表論』東京経済情報出版. 第29章. pp.373-382.
山地範明. 2011.『会計制度（5訂版)』同文舘出版.
山地範明. 2012.「解題新書 支配概念をめぐる論点－連結会計との関係を中心に」『企業会計』64(9): pp.128-132.
山地範明. 2014.「財務報告の主体と範囲」平松一夫・辻山栄子編『体系現代会計学第4巻 会計基準のコンバージェンス』中央経済社. 第4章. pp.119-176.
山田辰巳. 1995.「FASBの金融商品プロジェクト」米国財務会計基準（金融商品）研究委員会編.『金融商品をめぐる米国財務会計基準の動向：基準の背景と概要（上巻)』企業財務制度研究会. 第1部第2章. pp.15-46.
山田辰巳. 2001.「IASB会議報告（第4回会議)」『JICPAジャーナル』(555): pp.79-82.
山田辰巳. 2002.「IASB会議報告（第12回会議)」『JICPAジャーナル』(564): pp.85-89.
山田辰巳. 2006a.「IASB会議報告（第55回会議)」『JICPAジャーナル』(611): pp.92-98.
山田辰巳. 2006b.「2006年2月に公表されたMOUについて」『季刊会計基準』(13): pp.66-67.

山田辰巳. 2006c.「第96回企業会計基準委員会 報告事項(1)-2『IASB会議報告（第52回会議）』」<https://www.asb.or.jp/asb/asb_j/minutes/20060113/20060113_15.pdf> Last visited September 30, 2014.

山田辰巳. 2008.「IASB会議報告（第77回～78回会議）」『会計・監査ジャーナル』(636): pp.58-71.

山田辰巳. 2010.「概念フレームワーク改訂プロジェクトについて－経緯と議論の現状」『企業会計』62(8): pp.23-30.

山田辰己. 2011.「IASB会議報告（第130回～135回会議）」『会計・監査ジャーナル』(668): pp.45-62.

山中栄子. 2007.「ASBJとIASBのコンバージェンス・プロジェクト（第6回定期協議）」『季刊会計基準』(19): pp.150-162.

吉川満. 2008.「米国大統領作業部会，サブプライム報告」資本市場調査本部情報（2008年4月23日）<http://www.dir.co.jp/souken/research/report/law-research/financial/08042302financial.pdf>.

吉田康英. 1993.「米国における金融資産証券化会計の現状－オフバランス化に対する攻防－」『JICPAジャーナル』(453): pp.86-90.

吉田康英. 2001.『金融商品の会計基準－国際基準・米国基準・日本基準の比較－』税務経理協会.

吉田康英. 2013.「金融商品会計の再構築（その1）－世界金融危機と会計基準の見直し要請－」『中京経営研究』22(1-2): pp.75-84.

吉田康英. 2014.「金融商品会計の再構築（その2）－会計の視点による世界金融危機の構成要素の解析－」『中京経営研究』23(1-2): pp.51-60.

ラグー, ステファン・河野明生. 2005.「CESR技術的助言による補完措置詳細（上）・（下）」『旬刊経理情報』(1091): pp.18-22, (1092): pp.40-44.

流動化・証券化協議会会計小委員会. 2009.「『連結財務諸表における特別目的会社の取扱い等に関する論点の整理』の公表に対する意見」（2009年4月10日）<https://www.asb.or.jp/asb/asb_j/documents/exposure_draft/comments/pdf_renketsuzaimu/CL-02_lmtd.pdf> Last visited September 30, 2014.

渡辺雅雄. 2012a.「オフバランス会計と目的指向型の会計基準設定」『国際会計研究学会年報』（2012年度第1号）: pp.5-17.

渡辺雅雄. 2012b.「金融資産に対する支配の移転と認識中止」『会計論叢』（明治大学）(7): pp.85-109.

〔外国語文献〕

American Institute of Certified Public Accountants (AICPA). 1959. Accounting Research Bulletin No.51: *Consolidated Financial Statement*. (August, 1959). （日本公認会計士協会国際委員会訳. 1969. 会計研究公報第51号「連結財務諸表」『会計原則総覧』関東図書. pp.198-209).

American Institute of Certified Public Accountants (AICPA). 1978. Issue Paper: *Reporting Finance Subsidiaries in Consolidated Financial Statements*. (December 27, 1978).

参考文献

Basel Committee on Banking Supervision. 2001. *Consultative Document: Asset Securitisation*. (January, 2001). <http://www.bis.org/publ/bcbsca06.pdf> Last visited September 30, 2014.

Barnes, D. and E. Marshall. 2003. The Impact of International Accounting Standards on Securitization Deals. *International Financial Law Review: 2003 Structured Finance Yearbook*: pp.7-10.

Batson, N. 2003. *Second Interim Report of Neal Batson, Court Appointed Examiner*.

Benis, M. 1979. The Non-Consolidated Finance Company Subsidiary. *Accounting Review*. 54(4): pp.808-814.

Bens, D. and S. Monahan. 2008. Altering Investment Decisions to Manage Financial Reporting Outcomes: Asset-Backed Commercial Paper Conduits and FIN 46. *Journal of Accounting Research*. 56(5): pp.1017-1055.

Board of Governors of Federal Reserve System. 2014. *Financial Accounts of the United States(Z1), L125(A)Issuers of Asset-Backed Securities, n.s.a.*

Bockus, K. A., W. D. Northcut and M. E. Zmijewski. 2003. Accounting and Disclosure Issues in Structured Finance. C. L. Culp and W. A. Niskanen (eds). *Corporate Aftershock: The Public Policy Lessons from the Collapse of Enron and Other Major Corporations*. John Wiley & Sons. Chapter 8. pp.193-208.

Coman, R. 2006. The past, Present and Future of Securitization Market in Japan. J. A. Batten, T. A. Fetherston, and P. G. Szilagyi. (eds). *Japanese Fixed Income Markets: Money, Bond And Interest Rate Derivatives*. Elsevier Science. pp.51-76.

CESR. 2004. *Concept Paper on Equivalence of Certain Third Country GAAP and Description of Certain Third Countries Mechanisms of Enforcement of Financial Information*. Ref: CESR/04-509. (October 21, 2004).

CESR. 2005a. *Draft Technical Advice on Equivalence of Certain Third Country GAAP and Description of Certain Third Countries Mechanisms of Enforcement of Financial Information*. Ref: CESR/04-509C. (February 3, 2005).

CESR. 2005b. *Technical Advice on Equivalence of Certain Third Country GAAP and Description of Certain Third Countries Mechanisms of Enforcement of Financial Information*. Ref: CESR/05-230b (June 5, 2005).

Culp, C. L. and W. A. Niskanen (ed). 2003. *Corporate aftershock: the public policy lessons from the collapse of Enron and other major corporations*. John Wiley & Sons.

Culp, C. L. and S. H. Hanke. 2003. Empire of the Sun: An Economic Interpretation of Enron's Energy Business. Policy Analysis. *Cato Project on Corporate Governance, Audit and TAX Reform*. 470: pp.1-19. (February 20, 2003). <http://www.cato.org/pubs/pas/pa470.pdf> Last visited September 30, 2014.

Emerging Issues Task Force (EITF). 1984. Emerging Issue Task Force Issue No. 84-30: *Sales of Loans to Special Purpose Entities*. (Date Discussed: October 18, 1984; November 15 1984; February 23, 1989; May 18, 1989). FASB. 2004. *EITF Abstracts: A Summary of Proceedings of the FASB Emerging Issues Task Force: as of September 29-30, 2004*. 1:

63-64C.
Emerging Issues Task Force (EITF). 1990. Emerging Issue Task Force Topic No. D-14: *Transactions involving Special Purpose Entities*. (Dates Discussed: February 23, 1989; May 31, 1990). FASB. 2004. *EITF Abstracts: A Summary of Proceedings of the FASB Emerging Issues Task Force: as of September 29-30, 2004*. 2: 4979-4980B.
Emerging Issues Task Force (EITF). 1991. Emerging Issue Task Force Issue No. 90-15: *Impact of Nonsubstantive Lessors, Residual Value Guarantees, and Other Provision in Leasing Transactions* (Dates Discussed: July 12, 1990; September 7, 1990; November 8, 1990; January 10, 1991; July 11, 1991). FASB. 2004. *EITF Abstracts: A Summary of Proceedings of the FASB Emerging Issues Task Force: as of September 29-30, 2004*. 1: 623-624H.
Emerging Issues Task Force (EITF). 1996a. FASB Emerging Issues Task Force Description of Open Issues September 19, 1996 Meeting, Issue 96-W, "Impact of FASB Statement No. 125, Accounting for Transfers and Servicing of Financial Assets and Extinguishment of Liabilities, on Consolidation of Special Purpose Entities. *FASB Emerging Issues Task Force Minute/Issue Summaries*. 13(9): pp.4-5.
Emerging Issues Task Force (EITF). 1996b. EITF Issue No. 96-20: Impact of FASB Statement No. 125, Accounting for the Transfers and Servicing of Financial Assets and Extinguishment of Liabilities, on Consolidation of Special-Purpose Entities, Issue Summary No.1. *FASB Emerging Issues Task Force Minute/Issue Summaries*. 13(9): pp.1-12.
Emerging Issues Task Force (EITF). 1996c. September 18-19, 1996 EITF Meeting Minutes, Issue No.96-20: Impact of FASB Statement No. 125, Accounting for the Transfers and Servicing of Financial Assets and Extinguishment of Liabilities, on Consolidation of Special-Purpose Entities. *FASB Emerging Issues Task Force Minute/Issue Summaries*. 13(11): pp.26-27.
Emerging Issues Task Force (EITF). 1996d. November 14, 1996 EITF Meeting Minutes, Issue No.96-20: Impact of FASB Statement No. 125, Accounting for the Transfers and Servicing of Financial Assets and Extinguishment of Liabilities, on Consolidation of Special-Purpose Entities. *FASB Emerging Issues Task Force Minute/Issue Summaries*. 13(13): pp.45-46.
Emerging Issues Task Force (EITF). 1996e. Emerging Issue Task Force Issue No. 96-20: *Impact of FASB Statement No. 125, Accounting for Transfers and Servicing of Financial Assets and Extinguishments of Liabilities, on Consolidation of Special-Purpose Entities*. (Dates Discussed: September 18-19, 1996; November 14, 1996; January 23, 1997). FASB. 1997. *EITF Abstracts: A Summary of Proceedings of the FASB Emerging Issues Task Force: as of September 18, 1997*. 889-890C.
Enron Corporation. 2001a. News Release, *Enron Repots Recurring Third Quarter Earnings of $0.43 Per Diluted Share; Reports Non-recurring charges of $1.01 Billion After Tax; Reaffirms Recurring Earnings Estimate of $1.80 for 2001 and 2.15 for 2002; and Expands*

Financial Reporting, for Immediate Release: Tuesday, Oct. 16, 2001. <http://www.enron.com/corp/pressroom/releases/2001/ene/docs/68-3QEarningsLtr.pdf> Last visited December 31, 2006.

Enron Corporation. 2001b. *Quarterly Report Pursuant to Section 13 or 15(d) of the Securities Exchange Act of 1934, For the Quarterly Period ended September 30, 2001.*

Ernst & Young. 2004. *International GAAP 2005.* LexisNexis.（新日本監査法人監訳. 2006.『International GAAP 2005 第 6 巻 International GAAPの概要』,『International GAAP 2005 第 2 巻 金融商品』,『International GAAP2005　第 3 巻 企業結合』,『International GAAP2005　第 4 巻 貸借対照表』,『International GAAP2005　第 5 巻 損益計算書』,『International GAAP2005　第 6 巻 開示その他』. レクシスネクシス・ジャパン）.

Ernst & Young. 2009. *Technical Line: FASB Statement No. 167, Amendments to FASB Interpretation No. 46(R).* (July, 2009). <http://www.ey.com/Publication/vwLUAssets/TechnicalLine_BB1812_Consolidation_31July2009/$FILE/TechnicalLine_BB1812_Consolidation_31July2009.pdf> Last visited October 30, 2014.（新日本有限責任監査法人訳. 2012.「Technical Line: FASB基準書第167号『FASB解釈指針所第46号(R) の改訂』」<http://www.shinnihon.or.jp/shinnihon-library/publications/issue/us/technical-line/pdf/TechnicalLine-2009-07-31.pdf> Last visited September 30, 2014.

Ernst & Young. 2011. *Technical Line: A Quick Guide to Understanding the Variable Interest Model and Eight Common Misconceptions.* (October 20, 2011). <http://www.ey.com/Publication/vwLUAssets/TechnicalLine_BB2196_VariableInterest_20October2011/$FILE/TechnicalLine_BB2196_VariableInterest_20October2011.pdf>（新日本有限責任監査法人訳. 2012.「Technical Line: 変動持分モデルを理解するためのクイック・ガイド，そして一般的に広く見受けられる 8 つの誤解」『Technical Line：基準および実務上の問題点に関する適用指針』No. 2011-19.（2011年10月20日））<http://www.shinnihon.or.jp/shinnihon-library/publications/issue/us/technical-line/pdf/TechnicalLine-2011-10-20.pdf> Last visited September 30, 2014.

Fabozzi, F. J. (ed). 2001. *Accessing Capital Markets through Securitization.* Frank J. Fabozzi Associates.

Financial Accounting Standards Board (FASB). 1986. Financial Instrument and "Off Balance Sheet Financing", *FASB Status Report.* (117): p.5.

Financial Accounting Standards Board (FASB). 1987. Statement of Financial Accounting Standard No. 94: *Consolidation of All Majority-Owned Subsidiaries - an amendment of ARB No.51, with related amendments of APB Opinion No.18 and ARB No.43, Chapter12* (October, 1987).（日本公認会計士協会国際委員会訳. 1991. SFAS第94号「すべての過半数所有子会社の連結」）.

Financial Accounting Standards Board (FASB). 1991. Discussion Memorandum: *An Analysis of Issues Related Consolidation Policy and Procedures* (September 10, 1991).

Financial Accounting Standards Board (FASB). 1993. Securitization and Other Transfers of Financial Assets. *FASB Status Report.* (248): p.5.

Financial Accounting Standards Board (FASB). 1994a. Securitization and Other Transfers of Financial Assets. *FASB Status Report.* (251): p.4.

Financial Accounting Standards Board (FASB). 1994b. Securitization and Other Transfers of Financial Assets. *FASB Status Report.* (254): pp.4-5.

Financial Accounting Standards Board (FASB). 1994c. *Preliminary Views on Major Issues Related to Consolidation Policy* (August 26, 1994).

Financial Accounting Standards Board (FASB). 1995a. Exposure Draft, Proposed Statement of Financial Accounting Standards: *Consolidated Financial Statements: Policy and Procedures* (October 16, 1995).

Financial Accounting Standards Board (FASB). 1995b. Exposure Draft, Proposed Statement of Financial Accounting Standards: *Accounting for Transfers and Servicing of Financial Assets and Extinguishments of Liabilities.* (October 24, 1995).

Financial Accounting Standards Board (FASB). 1996. Statement of Financial Accounting Standard No. 125: *Accounting for Transfers and Servicing of Financial Assets and Extinguishments of Liabilities.* (June, 1996).（日本公認会計士協会国際委員会訳. 1997. 財務会計基準書第125号「金融資産の譲渡及びサービス業務並びに負債の消滅に関する会計処理」）.

Financial Accounting Standards Board (FASB). 1999a. Exposure Draft (Revised), Proposed Statement of Financial Accounting Standards: *Consolidated Financial Statements: Purpose and Policy* (February 23, 1999).

Financial Accounting Standards Board (FASB). 1999b. Exposure Draft, Proposed Statement of Financial Accounting Standards: *Accounting for Transfers and Servicing of Financial Assets and Extinguishments of Liabilities.* (June 28, 1999).

Financial Accounting Standards Board (FASB). 2000a. Statement of Financial Accounting Standard No. 140: *Accounting for Transfers and Servicing of Financial Assets and Extinguishments of Liabilities (a replacement of FASB Statement No. 125).* (September, 2000).（日本公認会計士協会国際委員会訳. 2001. 財務会計基準書第140号「金融資産の譲渡及びサービス業務並びに負債の消滅に関する会計処理」）.

Financial Accounting Standards Board (FASB). 2000b. *Consolidation Policy − Modified Approach Working Draft as of September 27, 2000.* (September 27, 2000). <http://www.fasb.org/resources/ccurl/77/388/modified.pdf> Last visited September 30, 2014.

Financial Accounting Standards Board (FASB). 2001a. *News Release 1/11/01: FASB Reports Change in Approach to Consolidation Policy Project.* (January 11, 2001). <http://www.fasb.org/news/nr011101.shtml> Last visited September 30, 2014.

Financial Accounting Standards Board (FASB). 2001b. Consolidations and Related Matters. *FASB Status Report.* (332): pp.7-9.

Financial Accounting Standards Board (FASB). 2001c. Consolidations and Related Matters. *FASB Status Report.* (335): p.8.

Financial Accounting Standards Board (FASB). 2002a. Summary of Tentative Decisions: *Entities That Lack Sufficient Independent Economic Substance.* (April 12, 2002).

Financial Accounting Standards Board (FASB). 2002b. Exposure Draft, *Proposed*

参考文献

Interpretation Consolidation of Certain Special Purpose Entities: an interpretation of ARB No.51 (June, 2002).
Financial Accounting Standards Board (FASB). 2002c. *Minute of the October 16, 2002, Board Meeting.* (October 16, 2002). <http://www.fasb.org/resources/ccurl/1001/11/10-16-02_spe.pdf >. Last visited September 30, 2014.
Financial Accounting Standards Board (FASB). 2003a. FASB Interpretation No.46: *Consolidation of Variable Interest Entities -an interpretation of ARB No.51.* (January 31, 2003).
Financial Accounting Standards Board (FASB). 2003b. *Statement 140 Implementation. Minute of the January 22, 2003 Board Meeting.* (January 29, 2003).
Financial Accounting Standards Board (FASB). 2003c. Exposure Draft Proposed Statement of Financial Accounting Standards: *Qualifying Special-Purpose Entities and Isolation of Transferred Assets an Amendment of FASB Statement No. 140.* (June 10, 2003).
Financial Accounting Standards Board (FASB). 2003d. FASB Interpretation No.46, *Consolidation of Variable Interest Entities -an interpretation of ARB No.51.* (Revised December 15, 2003).
Financial Accounting Standards Board (FASB). 2005. Exposure Draft (Revised), Proposed Statement of Financial Accounting Standards: *Accounting for Transfers of Financial Assets an Amendment of FASB Statement No. 140. Revision of Exposure Draft Issued June 10, 2003.* (August 11, 2005).
Financial Accounting Standards Board (FASB). 2008a. Preliminary Views, *Conceptual Framework for Financial Reporting: The Reporting Entity.* (May, 2008).
Financial Accounting Standards Board (FASB). 2008b. Exposure Draft, Proposed Statement of financial Accounting Standards: *Accounting for Transfers of Financial Assets an amendment of FASB Statement No. 140.* (September 15, 2008).
Financial Accounting Standards Board (FASB). 2008c. Exposure Draft, Proposed Statement of financial Accounting Standards: *Amendments to FASB Interpretation No. 46(R).* (September 15, 2008).
Financial Accounting Standards Board (FASB). 2009a. Statement of Financial Accounting Standards No. 166, *Accounting for Transfers of Financial Assets – an amendment of FASB Statement No. 140.* (June, 2009). (日本公認会計士協会国際委員会訳. 2010.「財務会計基準書第166号 金融資産の譲渡に関する会計処理 FASB基準書第140号の改訂」).
Financial Accounting Standards Board (FASB). 2009b. Statement of Financial Accounting Standards No. 167, *Amendments to FASB Interpretation No. 46(R).* (June, 2009). (日本公認会計士協会国際委員会訳. 2010.「財務会計基準書第167号 FASB解釈指針書第46号（改訂）への改訂」).
Financial Accounting Standards Board (FASB) and International Accounting Standards Board (IASB). 2002. *Memorandum of Understanding "The Norwalk Agreement".* <http://www.fasb.org/resources/ccurl/443/883/memorandum.pdf> (September 18, 2002). Last visited September 30, 2014. (古内和明訳. 2003.「覚書：ノーウォーク合意」

『JICPAジャーナル』570: p.74).
Financial Accounting Standards Board (FASB) and International Accounting Standards Board (IASB). 2006. *A Roadmap for Convergence between IFRS and US GAAP – 2006-2008, Memorandum of Understanding between the FASB and the IASB*. (February 27, 2006) <http://www.ifrs.org/Use-around-the-world/Global-convergence/Convergence-with-US-GAAP/Documents/MoU.pdf>. Last visited September 30, 2014. (企業会計基準委員会訳.「IFRSと米国会計基準との間のコンバージェンスに対するロードマップ – 2006-2008, FASBとIASBとの覚書」<https://www.asb.or.jp/asb/asb_j/iasb/press/20060227.pdf> Last visited September 30, 2014.
Financial Accounting Standards Board (FASB) and International Accounting Standards Board (IASB). 2008. *Completing the February 2006 Memorandum of Understanding: A Progress Report and Timetable for Completion*. (September, 2008). <http://www.ifrs.org/Use-around-the-world/Global%20convergence/Convergence-with-US-GAAP/Documents/Memorandum_of_Understanding_progress_report_and_timetable.pdf> Last visited September 30, 2014. (企業会計基準委員会訳. 2008.「2006年2月の覚書の完了：進捗状況の報告及び完了予定表」<https://www.asb.or.jp/asb/asb_j/iasb/press/20080911_press.pdf> Last visited September 30, 2014).
Financial Accounting Standards Board (FASB) and International Accounting Standards Board (IASB). 2009. *FASB and IASB Reaffirm Commitment to Memorandum of Understanding – A Joint Statement of the FASB and IASB*. (November 5, 2009) <http://www.ifrs.org/News/Press-Releases/Documents/JointCommunique_October2009FINAL4.pdf> Last visited September 30, 2014. (一部邦訳として，企業会計基準委員会. 2009.「第189回企業会計基準委員会：報告事項(1)-2『IASB/FASB MOUプロジェクトのマイルストーンの目標』」(2009年11月12日) <https://www.asb.or.jp/asb/asb_j/minutes/20091112/20091112_10.pdf> Last visited September 30, 2014. を参照).
Financial Crisis Inquiry Commission (FCIC). 2011. *Financial Crisis Inquiry Report: Final Report of the Financial Crisis Inquiry Commision on the Causes of the Financial and Economic Crisis in the United States, Official Government Edition*. (January, 2011).
Financial Stability Forum (FSF). 2008. *Report of the Financial Stability Forum on Enhancing Market and Institutional Resilience*. (April 7, 2008)
Herz, R. H. 2013. *Accounting Changes: Chronicles of Convergence, Crisis, and Complexity in Financial Reporting*. AICPA. (杉本徳栄・橋本尚訳. 2014.『会計の変革－財務報告のコンバージェンス，危機および複雑性に関する年代記』同文舘出版).
Hartgraves, A. L. and G. J. Benston. 2002. The Evolving Accounting Standards for Special Purpose Entities and Consolidations. *Accounting Horizons*. 6(3): pp.245-258.
Holtzman, M. P., Venuti, E., and Fonfeder, R. 2003. Enron and the Raptors. *The CPA Journal*. 73(4): pp.24-34.
International Accounting Standards Board (IASB). 2001. Press Release, *IASB Announces Agenda of Technical Project*. (July 31, 2001). <http://www.iasplus.com/en/binary/resource/iasb0107.pdf> Last visited September 30, 2014. (財務会計基準機構訳. 2001.

「IASB、テクニカル・プロジェクトの検討テーマを発表」『JICPAジャーナル』(555): pp.86-89).

International Accounting Standards Board (IASB). 2002. *IASB UPDATE*. (April, 2002). <http://www.ifrs.org/Updates/IASB-Updates/2002/Documents/apr02.pdf> Last visited September 30, 2014.

International Accounting Standards Board (IASB). 2003a. IASB Project Summary, *Consolidation (including special purpose entities) (Latest revision: October 7, 2003. Last Board Discussion: September 18, 2003)* (October 7, 2003).

International Accounting Standards Board (IASB). 2003b. International Accounting Standard No. 39, *Financial Instruments: Recognition and Measurement*. (Revised, December 17, 2003). (企業会計基準委員会監訳. 2005. 国際会計基準書第39号「金融商品：認識および測定」『国際財務報告基準書2004』レクシスネクシス・ジャパン).

International Accounting Standards Board (IASB). 2004a. IASB Project Summary, *Consolidation (including Special Purpose Entities) (Last revised 2004/05/31) (Date of last Board discussion: May 2004)*. (May 31, 2004).

International Accounting Standards Board (IASB). 2004b. IASB Project Summary, *Consolidation (including Special Purpose Entities) (Last revised 2004/08/03) (Last Board discussion: May 2004)*. (August 3, 2004).

International Accounting Standards Board (IASB). 2004c. IASB Project Summary, *Consolidation (including Special Purpose Entities) (Revised 23 November 2004) (Reflects decisions up to and including the November 2004 Board Meeting)*. (November 2004).

International Accounting Standards Board (IASB). 2005a. IASB Project Summary, *Consolidation (including Special Purpose Entities)*. (December, 2005).

International Accounting Standards Board (IASB). 2005b. *Conceptual Framework Reporting Entity: Preliminary Staff Research (IASB Agenda paper 2B)*. (December, 2005) <http://www.ifrs.org/Meetings/MeetingDocs/IASB/Archive/Conceptual-Framework/Previous%20Work/CF-0512b02b.pdf> Last visited September 30, 2014.

International Accounting Standards Board (IASB). 2006a. Press Release, *The ASBJ and the IASB hold third meeting on joint project toward convergence*. (March 2, 2006). (企業会計基準委員会・国際会計基準審議会. 2006.「会計基準のコンバージェンスに向けた共同プロジェクトの第3回会合開催」(2006年3月2日) <https://www.asb.or.jp/asb/asb_j/press_release/overseas/pressrelease_20060302.pdf>) Last visited September 30, 2014.

International Accounting Standards Board (IASB). 2006b. *IASB UPDATE*. (March, 2006). <http://www.ifrs.org/Updates/IASB-Updates/2006/Documents/mar06.pdf> Last visited September 30, 2014.

International Accounting Standards Board (IASB). 2006c. IASB Project Summary, *Consolidation (including Special Purpose Entities)*. (April, 2006).

International Accounting Standards Board (IASB). 2006d. *IASB Work Plan - projected timetable as at 30 September 2006*. <http://web.archive.org/web/20061016100439/http://

www.iasb.org/Current+Projects/IASB+Projects/IASB+Work+Plan.htm> Last visited September 30, 2014.
International Accounting Standards Board (IASB). 2008a. Discussion Paper, *Preliminary Views on an improved Conceptual Framework for Financial Reporting: The Reporting Entity*. (May, 2008).
International Accounting Standards Board (IASB). 2008b. *IASB UPDATE*. (April, 2008) <http://www.ifrs.org/Updates/IASB-Updates/2008/Documents/IASBUpdateApril08.pdf> Last visited September 30, 2014.
International Accounting Standards Board (IASB). 2008c. Exposure Draft, *ED 10 Consolidated Financial Statements*.
International Accounting Standards Board (IASB). 2010a. Exposure Draft, *Conceptual Framework for Financial Reporting*. (March, 2010).
International Accounting Standards Board (IASB). 2010b. Staff draft, *IFRS X Consolidated Financial Statements*. (September, 2010).
International Accounting Standards Board (IASB). 2010c. IFRS No. 9, *Financial Instruments*. (October, 2010). (企業会計基準委員会訳. 2013. IFRS第9号「金融商品」『国際財務報告基準書 (IFRS) 2013』中央経済社).
International Accounting Standards Board (IASB). 2011a. IFRS No.10, *Consolidated Financial Statements*. (May, 2011). (企業会計基準委員会訳. 2013. IFRS第10号「連結財務諸表」『国際財務報告基準 (IFRS) 2013』中央経済社).
International Accounting Standards Board (IASB). 2011b. IFRS No. 12, *Disclosure of Interests in Other Entities*. (May, 2011). (企業会計基準委員会訳. 2013. IFRS第12号「他の企業への関与の開示」『国際財務報告基準 (IFRS) 2013』中央経済社).
International Accounting Standards Board (IASB). 2013. Discussion Paper, *A Review of the Conceptual Framework for Financial Reporting*. (July, 2013). (日本語版)「『財務報告に関する概念フレームワーク』の見直し」(2013年7月公表).
International Accounting Standard Board, IAS 39 Implementation Guidance Committee (IAS39 IGC). 2003. *IAS 39 Implementation Guidance: Question and Answers*.
International Accounting Standards Committee (IASC). 1991. Exposure Draft E40: *Financial Instruments*. (September, 1991). (日本公認会計士協会訳. 1992. 公開草案第40号「金融商品 (案)」『JICPAジャーナル』(440): pp.129-138, (441): pp.109-126).
International Accounting Standards Committee (IASC). 1994a. Exposure Draft E48: *Financial Instruments*. (January, 1994). (日本公認会計士協会訳. 1994. 公開草案第48号「金融商品 (案)」『JICPAジャーナル』(467): pp.77-127).
International Accounting Standards Committee (IASC). 1994b. International Accounting Standard No. 27, *Consolidated Financial Statement and Accounting for Investments in Subsidiaries*. (Reformatted, 1994). 日本公認会計士協会国際委員会訳. 2001. IAS第27号「連結財務諸表及び子会社に対する投資の会計処理」『国際会計基準書2001』同文舘出版).
International Accounting Standards Committee (IASC). 1997a. Discussion Paper, *Accounting for Financial Assets and Financial Liabilities*. (March, 1997) (日本公認会計

士協会訳. 1997. ディスカッション・ペーパー「金融資産及び金融負債の会計処理」).
International Accounting Standards Committee (IASC). 1997b. *News from the SIC.* 1. (July, 1997).
International Accounting Standards Committee (IASC). 1997c. News Releases: *IASC Announce Proposals on Financial Instruments.* (September 8, 1997) <http://web.archive.org/web/19980211085826/www.iasc.org.uk/frame/cen8_31.htm> Last visited September 30, 2014. (日本公認会計士協会調査研究部国際課訳. 1997.「IASC金融商品に関する提案を公表」『JICPAジャーナル』(508): pp.75-76).
International Accounting Standards Committee (IASC). 1997d. News Releases: *IASC Board Decides Way Forward on Financial Instruments.* (November 4, 1997). <http://web.archive.org/web/19980211085748/www.iasc.org.uk/frame/cen8_34.htm> Last visited September 30, 2014. (「IASC理事会が金融商品に係る方針を決定」『JICPAジャーナル』510: pp.98-99).
International Accounting Standards Committee (IASC). 1997e. *News from the SIC.* 2. (November, 1997).
International Accounting Standards Committee (IASC). 1998a. *News from the SIC.* 3. (January, 1998).
International Accounting Standards Committee (IASC). 1998b. *News from the SIC.* 4. (April, 1998).
International Accounting Standards Committee (IASC). 1998c. *News from the SIC.* 5. (June, 1998).
International Accounting Standards Committee (IASC). 1998d. Exposure Draft E62, Proposed International Accounting Standard, *Financial Instruments: Recognition and Measurement.* (June, 1998) (日本公認会計士協会訳. nd. 公開草案第62号『金融商品（案）－認識及び測定－』).
International Accounting Standards Committee (IASC). 1998e. SIC Draft Interpretation D12, *Consolidation of Special Purpose Entities.* (July, 1998) <http://web.archive.org/web/20010519142938/www.iasb.org.uk/frame/cen12012.htm> Last visited September 30, 2014.
International Accounting Standards Committee (IASC). 1998f. *News from the SIC.* 6. (October, 1998).
International Accounting Standards Committee (IASC). 1998g. SIC Interpretation No. 12, *Consolidation－Special Purpose Entities* (November, 1998). (企業会計基準委員会訳. 2009. SIC第12号「連結－SPE」『国際財務報告基準 (IFRS) 2009』中央経済社).
International Accounting Standards Committee (IASC). 1998h. International Accounting Standard No. 39, *Financial Instruments: Recognition and Measurement.* (December, 1998. Revised October, 2000). (企業会計基準委員会訳. 2009. IAS第39号「金融商品：認識及び測定」『国際財務報告基準 (IFRS) 2009』中央経済社).
International Accounting Standards Committee (IASC). 1998i. News Release: *IASC's Standing Interpretations Committee (SIC) Issues Four New Interpretations.* (December

7, 1998) <http://web.archive.org/web/19990219151736/www.iasc.org.uk/news/cen8_57. htm> Last visited September 30, 2014.
International Monetary Fund (IMF). 2007. *Global Financial Stability Report: Financial Market Turbulence: Causes, Consequences, and Policies*. (October, 2007).
International Monetary Fund (IMF). 2008a. *Global Financial Stability Report: Containing Systemic Risks and Restoring Financial Soundness*. (April, 2008).
International Monetary Fund (IMF). 2008b. *Global Financial Stability Report: Financial Stress and Deleverating Macrofinancial Implications and Policy*. (October, 2008).
International Organization of Securities Commissions (IOSCO). 1994. IOSCO Letter to IASC, dated June 16, 1994. (June 16, 1994). *JICPA Journal* 464: pp.129-131. (JICPAジャーナル編集部訳. 1994.「IASC比較改善可能プロジェクト等に対する検討結果について書簡を発信」『JICPAジャーナル』469: pp.127-146).
International Organization of Securities Commissions (IOSCO). 2000. *IASC Standards Assessment Report*. (May, 2000) <http://www.iosco.org/library/pubdocs/pdf/IOSCOPD109.pdf> Last visited September 30, 2014.
International Organization of Securities Commissions (IOSCO) 2008. *Report of the Taskforce in the Subprime Crisis Final Report*. (May, 2008).
Japanese Institute of Certified Public Accountants (JICPA). 1998a. Re: commence on Draft Interpretations (SIC D12 to D16). International Accounting Standards Committee (IASC). 1998. *Comment Letters on Draft Interpretations: SIC D12 D13, D14, D15 and D16*. pp.24-26.
Japanese Institute of Certified Public Accountants (JICPA). 1998b. Re: Exposure draft E62, Financial Instruments: Recognition and Measurement. International Accounting Standards Committee (IASC). 1999. *Comment Letters on the Exposure Draft, E62 Financial Instruments: Recognition and Measurement*. 2: pp.536-543. (日本公認会計士協会訳. 1998.「国際会計基準公開草案第62号『金融商品－認識及び測定－』に対する日本公認会計士協会のコメント」『JICPAジャーナル』(521): pp.26-29).
Japanese Institute of Certified Public Accountants (JICPA). 2001. *Comments on the JWG Draft Standard "Financial Instruments and Similar Items"*. (日本公認会計士協会訳. 2001.「JWG『金融商品及び類似項目』に対するコメント」『JICPAジャーナル』556: pp.69-77).
Jeffrey, P. 2002. International Harmonization of Accounting Standards, and the Question of Off-Balance Sheet Treatment. *Duke Journal of Comparative & International Law*. 12 (2): pp.341-351.
Jenkins. E. L. 2002a. *Testimony of Edmund L. Jenkins, Chairman Financial Accounting Standards Board, Before the Subcommittee on Commerce, Trade and Consumer Protection of the Committee on Energy and Commerce*. Full Text of Testimony. (February 14, 2002). <http://www.fasb.org/resources/ccurl/392/183/testimony,0.pdf> Last visited September 30, 2014.
Jenkins. E. L. 2002b. *Testimony of Edmund L. Jenkins, Chairman Financial Accounting Standards Board, Before the Subcommittee on Commerce, Trade and Consumer

Protection of the Committee on Energy and Commerce. Attachments. (February 14, 2002). <http://www.fasb.org/resources/ccurl/436/835/attachments.pdf> Last visited September 30, 2014.

Johnson, J. 1997. Accounting Issues. in Kravitt, J. H. P. (ed). *Securitization of Financial Asset 2nd edition.* Aspen Law & Business. Chapter 19. [19-1]-[19-58].

Joint Working Group of Standard-Setters (JWG). 2000. Draft standard: *Financial Instruments and Similar Items.* (December 14, 2000). (日本公認会計士協会訳. 2001.ドラフト基準「金融商品及び類似項目」).

Kendall, L. T. and Fishman, M. J. (ed). 2000. *A Primer on Securitization.* MIT press. (前田和彦・小池圭吾訳. 2000.『証券化の基礎と応用』東洋経済新報社).

Khurana, I. 1991. Security Market Effects Associated with SFAS No. 94 Concerning Consolidation Policy. *Accounting Review.* 66(3): pp.611-621.

Kindleberger, C. P. and Aliber, R. Z. 2011. *Manias Panics and Crashes a History of Financial Crises 6th edition.* Palgrave Macmillan. (高遠裕子訳. 2014「リーマン・ショック-避けられた恐慌」『熱狂,恐慌,崩壊(原著第6版)-金融危機の歴史-』日本経済新聞出版社).

Landsman, W.R., K.V. Peasnell and C. Shakespeare. 2008. Are Asset Securitization Sale of Loans? *The Accounting Review.* 83(5): pp.1251-1272.

Lesman, D. A. and R. L. Weil. 1978. Adjusting the Debt-Equity Ratio. *Financial Analysts Journal.* 34(5): pp.49-58.

Luo, T. and T. Warfield. 2014. The Implementation of Expanded Consolidation: The Case of Consolidating Special Purpose Entities. *Accounting & Finance.* 54(2): pp.539-566. (Article first published online: November 2, 2012).

Mannix, M. 2002. Accounting Rule Makers Struggle with Securitization Puzzle. *International Financial Law Review.* 21(11): pp.5-6.

Miller, P. B. and R. J. Redding. 1988. *The FASB: The People, The Process, and The Politics (2nd Edition).* (高橋治彦訳. 1989.『The FASB 財務会計基準審議会:その政治的メカニズム』同文舘出版).

Office of the Chief Accountant, Office of Economic Analysis, and Division of Corporate Finance. 2005. *Report and Recommendations Pursuant to Section 401(c) of the Sarbanes-Oxley Act of 2002 On Arrangements with Off-Balance Sheet Implications, Special Purpose Entities, and Transparency of Filings by Issuers.* United States Securities and Exchange Commission. (June 15, 2005).

Organization for Economic Cooperation and Development (OECD). 1988. *New Financial Instruments -Disclosure and Accounting-.* (森脇彬監訳,岩淵吉秀・奥村雅史・清水孝訳. 1990.『OECD新金融商品ガイドライン』同文舘出版).

Powers, W. C. Jr., R. S. Troubh. and H. S. Winokur, Jr. 2002. *Report of Investigation by the Special Investigative Committee of the Board of Directors of Enron Corp.* (February 1, 2002).

President's Working Group on Financial Markets (PWG). 2008. *Policy Statement on Financial Market Developments.*

Ranieri, L. S. 2000. The Origins of Securitization, Source of Its Growth, and Its Future Potential. Kendall, L. T. and Fishman, M. J. (ed) 2000. *A Primer on Securitization*. MIT press. Chaper 3: pp.31-43.（前田和彦・小池圭吾訳. 2000.「証券化の起源，成長の原動力，将来のポテンシャル」『証券化の基礎と応用』東洋経済新報社, 第3章: pp.37-36).

Rezaee, Z. 1991. The Impact of New Accounting Rules on the Consolidated Financial Statements of Multinational Companies. *International Journal of Accounting*. 26(3): pp.206-218.

Rosenblatt, M. 1999. Accounting for Securitizations under FASB 125. Fabozzi, F. J. (ed). *Issuer Perspective on Securitization*. John Wiley & Sons. Chapter 7: pp.109-135.

Roubini, N. and S. Mihm. 2010. *Crisis Economics: A Crash Course in the Future of Finance*. Penguin Press HC.（山岡洋一・北川知子訳. 2010.『大いなる不安定』ダイヤモンド社).

Securities Industry and Financial Markets Association (SIFMA). 2014. *US Mortgage-Related Issuance and Outstanding, data from 1996 to May 2014 (issuance), 2002 to 2014 Q1 (outstanding)*. Updated June 3, 2014.

Singer, D. 2001. Market Innovation in Securitization and Structured Finance. Fabozzi, J. F. (ed), *Accessing Capital Markets through Securitization*. Frank J. Fabozzi Associates. pp.1-11.

U.S. Congress Joint Economic Committee. 2007. *The Subprime Lending Crisis: The Economic Impact on Wealth, Property Values and Tax revenues, and How We Got Here*. (October, 2007).

Zhang, J. L. 2009. Economic Consequences of Recognizing Off-Balance Sheet Activities. *AAA 2009 Financial Accounting and Reporting Section (FRS) Paper*. <http://ssrn.com=1266456> Last visited September 30, 2014.

Zion, D. and B. Carcache. 2003. FIN46 New Rule Could Surprise Investors. *Credit Suisse Equity Research*.

付記：参考文献のうち，<http://web.archive.org/>から開始されるURLを記載したものは，ある時点において収集されたウェブアーカイブ（ウェブページのコピー）である。これらは，ウェブアーカイブの検索エンジンであるWayback Machine <http://web.archive.org/>を用いて検索し，閲覧した。

索 引

【数字】

8条7項SPE 103, 111, 154, 177, 187
1991年討議資料 44, 45
1994年予備的見解 46
1995年連結公開草案 47, 48
1997年DP 29, 80
1998年IAS第39号 30-32, 80
1998年具体的な基準（案）... 96-99, 108, 109
1998年具体的な取扱い 96, 102, 103, 177
1999年連結公開草案 48
2000年作業草案 49
2002年解釈指針書公開草案 55
2002年暫定的な結論 55
2003年IAS第39号 32, 33, 86, 87, 142, 173
2003年SFAS第140号改訂公開草案 ... 70, 71
2005年SFAS第140号改訂公開草案 ... 71, 72
2006年MoU 126, 137
2008年予備的見解 141, 142, 150
2008年連結公開草案 143, 144
2009年MoU 146
2009年論点整理 151, 152, 155, 156
2010年公開草案 160
2011年連結会計基準 163, 187
2013年中間取りまとめ 165, 174-176

【欧文】

ABCP（Asset Backed Commercial Paper）
.... 133, 187
ABCP Conduit 133, 136
ABS（Asset Backed Securities）
.... 1-3, 6, 16
AICPA（American Institute of Certified Public Accountants） 39, 40

ARB第51号 39, 40
ASBJ・FASBプロジェクト 128
ASBJ・IASBプロジェクト 127, 128
ASBJプロジェクト計画表 129
ASC810 .... 138, 139
ASC860 .... 140, 142, 174

BIS規制 7

CAP（The Committee on Accounting Procedure） 39
CBO（Collateralized Bond Obligations）
.... 9
CDO（Collateralized Debt Obligations）
.... 8, 9, 131, 133, 134
CDO²（CDO-Squared） 131, 133
CDS（Credit Default Swap） 7, 9, 10
CESR（The Committee of European Securities Regulators）
.... 123, 124, 128, 129, 156
Chewco 53, 54
CLO（Collateralized Loan Obligations）
.... 9
CMBS（Commercial Mortgage Backed Securities） 3
CMO（Collateralized Mortgage Obligations） 8

D/Eレシオギャップ 190-192

EC指令 123
EITF（Emerging Issue Task Force）
.... 41, 66-68

231

EITFトピックD-14号 ……………… 42-44
EITF論点第84-30号 ……………… 41
EITF論点第90-15号 ……………… 43, 44
EITF論点第96-20号 ……… 66-68, 70, 101, 172
EU（European Union） ……………… 123

FASB（Financial Accounting Standards
　Board） ……………… ⅰ, 25, 40, 125, 128, 137
FASB金融商品プロジェクト ……………… 25
FASB連結プロジェクト ……… 40, 44, 49, 64
FIN第46号 ……………… 56
FSF（Financial Stability Forum） ……… 136
FSF報告書 ……………… 136, 137

G7 ……………… 136

IAS39IG ……………… 84
IASB（International Accounting
　Standards Board） …… ⅱ, 32, 88, 125, 127
IASB・FASBプロジェクト ……………… 125
IASB連結プロジェクト
　……………… 88, 89, 91, 171, 173
IASC（International Accounting
　Standards Committee） …… ⅱ, 29, 30, 75
IASC金融商品プロジェクト ……… 29, 76
IAS規則 ……………… 123
IAS第27号 ……………… 75, 143
IFRS（International Financial Reporting
　Standards） ……………… ⅰ, 123-126
IFRS第10号 ……………… 146, 165
IFRS第12号 ……………… 147
IOSCO（International Organization of
　Securities Commissions） ……… 30, 76
IOSCO/WP1 ……………… 76

JEDI（Joint Energy Development
　Investments Limited） ……………… 54
JICPA理事会諮問 ……………… 110

JWG（Joint Working Group of Standard-
　Setters） ……………… 37, 85, 92
JWGドラフト基準 ……………… 85

LBO（Leveraged Buyout） ……………… 17

MBO（Management Buyout） ……………… 17
MBS（Mortgage Backed Securities） … 1, 9

Off-Balance Sheet Entities ……………… 136
Off-Balance Sheet Vehicles ……………… 136

PWG（President's Working Group on
　Financial Markets） ……………… 136

QSPE（Qualifying Special Purpose
　Entities） … 28, 64, 66, 67, 70, 155, 174, 175

REIT（Real Estate Investment Trust）
　……………… 11
Rhythms社 ……………… 54, 55
RMBS（Residencial Mortgage Backed
　Securities） ……………… 3

SAC（Standards Advisory Council）
　……………… 89, 93
SE（Structured Entities） ……………… 144
SEC（U.S. Securities and Exchange
　Commission） ……………… 41
securitization vehicles ……………… 148
SFAS第125号 ……………… 26, 64, 67, 68
SFAS第140号 ……………… 27, 60
SFAS第166号 ……………… 139-142, 174
SFAS第167号 ……………… 138
SFAS第94号 ……………… 40, 60
SIC（Standing Interpretation Committee）
　……………… 76, 92
SIC12号 ……………… 77, 78, 82, 87, 167, 169

索引

SIFMA（Securities Industry and Financial Market Association）……… 3
SIV（Structured Investment Vehicle）
……… 133
SPE（Special Purpose Entities）
……… ⅰ, 14-17
SPE専門委 ……… 114, 150
SPE調査報告 ……… 109, 110
SPE提言 ……… 111-113
SPE取引Q&A ……… 111

TMK（Tokutei Mokuteki Kaisha）
……… 14, 98, 101, 104, 107, 113, 120
TMK類似SPE ……… 104, 107

VIE（Variable Interest Entities）
……… 56, 57, 60, 138, 139, 167-169

WP1（Working Party No.1）……… 76

【ア行】

アービトラージ型資産証券化 ……… 8, 9
アービトラージ型証券化 ……… 5, 8
アービトラージ型リスク証券化 ……… 9, 10

異業種子会社 ……… 39, 40

エンロン社 ……… 51, 53-55
エンロン特別調査委員会報告書 ……… 53

欧州委員会 ……… 123
欧州証券規制当局委員会（CESR）……… 123
欧州連合（EU）……… 123
オフ・バランス ……… 6, 19, 21, 34, 180
オフバランス・ヴィークル
　（Off-Balance Sheet Vehicles）……… 136
オフ・バランス金融 ……… 40, 53
オフバランスシート・エンティティ
　（Off-Balance Sheet Entities）……… 136
オリジネーター ……… 6

【カ行】

会計手続委員会（CAP）……… 39
開示対象SPE ……… 177, 178, 188
解釈指針委員会（SIC）……… 76
解釈指針書SIC12号 ……… 77
解釈指針書公開草案D12号 ……… 77, 81-83
改訂FIN第46号 ……… 56, 57, 167, 180
概念フレームワーク ……… 141, 150
概念ペーパー ……… 124
開発型SPE ……… 111-113
開発型証券化 ……… 154-156, 158, 160, 164
外部信用補完 ……… 12
価値関連性 ……… 177, 184, 185, 200

企画調整部会 ……… 128
企業会計基準委員会 ……… 127
企業会計審議会 ……… 34, 35, 95, 97, 102
議決権基準 ……… 23, 96, 167, 168
技術的助言 ……… 123, 124, 128, 129, 156, 164
基準諮問会議（SAC）……… 89
期待残余利益 ……… 57, 59, 60, 139
期待損失 ……… 57, 59, 60, 139
業務執行権限 ……… 115, 116
業務執行者 ……… 115
緊急専門委員会（EITF）……… 41
金融安定化フォーラム（FSF）……… 136
金融商品起草委員会 ……… 80
金融商品取引法 ……… 95

クレジット・エンジニアリング ……… 12
クレジット・デフォルト・スワップ
　（CDS）……… 7

経済的業績 ……… 139
検討留保項目 ……… 76, 92

233

コア・スタンダード ·················· 30
公開草案E40号 ····················· 29
公開草案E48号 ····················· 29
公開草案E62号 ············· 30, 81, 83
国際会計基準委員会（IASC）······ ⅱ, 29
国際会計基準審議会（IASB）············ ⅱ
国際財務報告基準（IFRS）·············· ⅰ
コンバージェンス ····125, 128, 136, 137, 169,
171, 172, 174, 175
コンフリクト ········22, 25, 70, 80-85, 87, 100,
101, 172, 174

【サ行】

財務構成要素 ···················· 23, 27
財務構成要素アプローチ
················23, 26, 27, 31, 32, 34, 86, 101
財務諸表等規則第8条第7項 ········· 98
債務担保証券（CDO）················· 8
サブプライムRMBS·············· 131, 133
サブプライム金融危機
··················3, 135, 136, 169, 171
サブプライム・ローン ············ 131

資金循環統計 ···················· 2, 3
仕組事業体（SE）················· 144
資産運用型資産証券化 ············· 11
資産運用型証券化 ················ 6, 10
資産運用型リスク証券化 ··········· 11
資産証券化 ························ 5
資産譲渡タイプのSPE············ 15, 17
資産担保証券（ABS）················ 1
資産の流動化 ···················· 106
資産流動化計画 ·················· 106
資産流動化法
············14, 18, 98, 104-106, 110, 113, 177
実体的裁量行動
···········187, 189, 191, 193-195, 199, 200

実務対応報告第20号
···············115, 116, 118, 119, 167, 169
支配的財務持分 ············ 39, 57, 139
支配の推定 ················· 45, 47, 48
支配力基準 ·······22, 23, 75, 96, 167, 168
修正ネットD/Eレシオ ·········· 190, 191
住宅ローン用不動産担保証券（RMBS）···3
集団投資タイプのSPE············ 15, 17
主たる受益者 ··········· 56, 57, 62, 138, 139
ジョイント・ワーキング・グループ（JWG）
···························· 37, 85
商業用不動産ローン担保証券（CMBS）···3
証券化 ·························· 1, 4
証券化ヴィークル
（securitization vehicles）·········· 148
証券監督者国際機構（IOSCO）········ 30
証券取引法 ······················· 95
白鳥レター ······················· 76
真正売買 ························ 11
信用補完 ························ 12

スプレッド・アカウント ········· 12, 19

世界金融危機 ··············· 3, 135, 171
潜在的影響 ········187, 189, 190, 191, 199, 200
全体像アプローチ ············ 127, 128

総資本対SPE負債比率ギャップ ······ 191
総資本対開示対象SPE負債比率ギャップ
······················· 193-195, 197, 198

【タ行】

第1作業部会 ····················· 76
第一部会 ························ 96
第10回テーマ協議会提言書 ········ 114
大統領作業部会（PWG）············ 136
大統領作業部会報告書 ············ 136

索引

チャリタブル・トラスト ………… 11-13, 108
超過担保 …………………………………… 12, 19

テーマ協議会 ……………………………… 114
適格特別目的事業体（QSPE）…………… 28
適用指針第15号 …………… 154, 177, 178, 182

東京合意 ………………… 151, 156, 164, 174
倒産隔離 ……………………………… 11, 16, 36
投資先の目的および設計 …………… 149, 150
投資事業組合 ………………… 115, 116, 118
投資事業有限責任組合 …………………… 115
同等性評価 ………………………………… 123, 174
特定資産 …………………………………… 105
特定目的会社（TMK）
　　　　　　　　……… 14, 98, 101, 102, 120
特定持分 ……………………………………… 14
特定持分信託 ………………………………… 14
特別目的会社 ………………………… 101, 102
特別目的会社専門委員会 ………………… 114
特別目的事業体（SPE）…………………… i
匿名組合 …………………………………… 115

【ナ行】
内部信用補完 ……………………………… 12

任意組合 …………………………………… 115
認識中止 …………………………… 19, 21, 24-25

ネットD/Eレシオ ……………………… 190, 191

ノーウォーク合意 ……………………… 125

【ハ行】
ハイグレードCDO ……………………… 131
バランスシート型資産証券化 …… 6, 104, 106
バランスシート型証券化 …………………… 5
バランスシート型リスク証券化 ………… 7

パワー規準 ………………………………… 89

非連結金融子会社 ………………………… 40

フェーズD ………………………… 141, 142
フェーズド・アプローチ ………………… 127
不動産投資信託（REIT）………………… 11
不動産ローン担保証券（MBS）…………… 1
不良債権処理 ……………………………… 3
プロジェクト計画 ………………… 128, 129

米国会計基準 …………… 124-126, 167-174
米国公認会計士協会（AICPA）………… 39
米国財務会計基準審議会（FASB）
　　　　　　　　　　　　…… i, 25, 125
米国証券業金融市場協会（SIFMA）…… 3
米国証券取引委員会（SEC）…………… 41
米国連邦準備制度理事会 ………………… 2
ヘッジ・ファンド ………………… 133, 134
ベネフィット規準 ………………………… 89
変動持分 ……………………………… 56, 169
変動持分事業体（VIE）………………… 56
変動リターン ………………………… 146, 147

報告エンティティ ………………………… 141
報告企業 …………………………………… 139
補完計算書 ………………………… 124, 129
補完措置 …………………………… 124, 128, 129

【マ行】
メザニンCDO …………………………… 133

モーゲージ担保証券（CMO）…………… 8
目論見書指令 ……………………………… 123
持株基準 ……………………………… 23, 96, 167

【ヤ行】
優先劣後構造 ……………………………… 12, 19

235

【ラ行】

リーマン・ブラザーズ社 ……………134, 135
リエゾン国会議 ………………………88, 89
リスク・経済価値アプローチ ……23, 29, 32
リスク証券化 ……………………………………5
流動性危機 ……………………………………134
流動性補完 ……………………………………12

リンク規準 ………………………………………89
例外規定 ……64, 66, 68, 70, 103-105, 107, 111,
153-165, 172-177
連結範囲Q&A ………108, 109, 119, 167, 169
論点提示書 ……………………………………40

【著者紹介】

威知 謙豪（たけち のりひで）
　1977年7月　秋田県生まれ
　2002年3月　京都産業大学経営学部卒業
　2004年3月　京都産業大学大学院マネジメント研究科修士課程修了
　　　　　　　修士（マネジメント）
　2007年9月　京都産業大学大学院マネジメント研究科博士後期課程修了
　　　　　　　博士（マネジメント）
　2008年4月　愛知産業大学経営学部 専任講師
　2011年4月　中部大学経営情報学部 専任講師
　2013年4月　中部大学経営情報学部 准教授 現在に至る
　2015年1月－3月　オハイオ大学Robert Glidden客員准教授

主要業績
『チャレンジ・アカウンティング』同文舘出版（共著），2007年（同新訂版，2011年，三訂版，2014年）．
「国際財務報告基準における金融資産の認識中止に関する会計基準－特別目的事業体の連結会計基準との関係を中心に－」『国際会計研究学会年報』（国際会計研究学会），2009年度，2010年3月，87-98頁．
「資本利益率の価値関連性に関する実証研究－証券市場からみた資本と利益の関係－」『年報 経営分析研究』（日本経営分析学会），第27号，2011年3月，23-29頁（共著）．

平成27年3月10日　初版発行　　　　　　　　　　　《検印省略》
　　　　　　　　　　　　　　　　　　　　略称：特別目的事業体

特別目的事業体と連結会計基準

　　　　著　者　　威　知　謙　豪
　　　　発行者　　中　島　治　久

　　　　発行所　　同文舘出版株式会社
　　　　　　東京都千代田区神田神保町1-41　　　〒101-0051
　　　　　　電話　営業(03)3294-1801　　　　　編集(03)3294-1803
　　　　　　振替　00100-8-42935　　　　http://www.dobunkan.co.jp

©N.TAKECHI　　　　　　　　　　　　　　　　製版：一企画
Printed in Japan 2015　　　　　　　　　　印刷・製本：萩原印刷

ISBN 978-4-495-20141-8

JCOPY 〈(社)出版者著作権管理機構 委託出版物〉
本書の無断複写は著作権法上での例外を除き禁じられています。複写される場合は，そのつど事前に，(社)出版者著作権管理機構（電話 03-3513-6969，FAX 03-3513-6979, e-mail : info@jcopy.or.jp）の許諾を得てください。